U0679419

名师工程 教育细节系列

新课标·新理念·新教学

丛书编委会主任：马立　宋乃庆

名师最有效的批评细节

沈旎◎编著

西南师范大学出版社
SOUTHWEST CHINA NORMAL UNIVERSITY PRESS

图书在版编目（CIP）数据

名师最有效的批评细节/沈旎编著．—重庆：西南师范大学出版社，2009.7

（名师工程系列丛书）

ISBN 978-7-5621-4603-2

Ⅰ.名… Ⅱ.沈… Ⅲ.批评—教育方式 Ⅳ.G44

中国版本图书馆CIP数据核字（2009）第126188号

名师工程系列丛书

编委会主任： 马　立　宋乃庆

总策划： 周安平

策　划： 李远毅　卢　旭　郑持军　郭德军

名师最有效的批评细节

编著　沈　旎

责任编辑： 任志林

封面设计： 大象设计

出版发行： 西南师范大学出版社

地址：重庆市北碚区天生路1号

邮编：400715　市场营销部电话：023-68868624

http：//www.xscbs.com

经　　销： 新华书店

印　　刷： 九洲财鑫印刷有限公司

开　　本： 787mm×1092mm　1/16

印　　张： 16.5

字　　数： 200千字

版　　次： 2009年9月　第1版

印　　次： 2011年8月　第2次印刷

书　　号： ISBN 978-7-5621-4603-2

定　　价： 30.00元

若有印装质量问题，请联系出版社调换

《名师工程》

系列丛书

编者的话

当前，以人为本的教育理念正在逐步深化，素质教育以及基础教育课程改革不断推进。在这场深刻又艰苦的教育改革中，涌现了无数甘为人梯、乐于奉献的优秀教师。他们积极探索、更新观念、敢于创新、善于改革，在实践中创造性地发展、总结了很多先进的教育思想、教育理念；创造性地开发了很多新的教学模式、教学内容和教学方法。这些新思想、新模式、新方法在实践中极大地提高了教学质量，是教育改革实践中的新内涵和宝贵财富。这些优秀教师就是我们的名师，这些新内涵就是名师的核心教育力。整理、总结、发展、推广这些教育新内涵，是深化教育改革、完善教育体制、提高教育质量、提升教师水平的一件大事。

教育，是民族振兴的基石；教师，是教育发展的根基。

胡锦涛总书记在全国优秀教师代表座谈会上指出："教师是人类文明的传承者。推动教育事业又好又快发展，培养高素质人才，教师是关键。没有高水平的教师队伍，就没有高质量的教育。"十七大报告又进一步强调了必须加强教师队伍建设，不断提高教师的素质。当今世界，社会进步一日千里，科技发展日新月异，知识更新的周期越来越短。教师作为"文明的传承者"更要与时俱进，刻苦钻研、奋发进取，尽快提升自身素质和能力，为推动教育事业的健康发展贡献自己的力量。

基于以上，西南师范大学出版社策划、组织出版了大型系列教育丛书——《名师工程》。希望通过总结名师的创新经验、先进理念，宣传名师的核心教育力，为广大教师职业生涯提供精神源泉和实践动力，在教育实践层面切实推动从教者职业素养的提升。通过《名师工程》实现"打造名师的工程"。

丛书在策划、创作过程中力求实现以下特色：

一、理念创新，体现教育的人本精神

教师角色在以人为本的教育理念下发生了重大的变化，教师的素质和能力也面临更高的要求。如何弘扬、培植学生的主体性、增强学生的主体意识、发展学生的主体能力、塑造学生的主体人格等问题成为教师在目前教育中亟待解决的难题。丛书以教育管理者和教师为主要读者对象，通过教师综合素质的提高而将人本教育的思想落实到教育实践中，真正实现教育培养人、塑造人、发展人的本质要求。

二、全面构建，系统提升教师的教育能力

丛书选题的最大特点就是系统、全面地针对教师教育能力的提升而展开。施教者的能力决定教育的效果，教育改革的落实、教育效果的提高无不体现在教师身上。丛书针对不同教育能力、不同教学要求、不同教育对象，有针对性地设置选题。棘手学生、课堂切入、引导艺术、班主任的教导力、互动艺术、课堂效率、心灵教育等等，这些鲜明的主题从教育的细节出发，从教育实际情况出发，有针对性地解决问题，让教师在阅读中学有所指、读有所获。

三、科学权威，体现教育的时代前沿性

丛书邀请全国各地著名的教育工作者执笔，汇集在教育改革与实践中涌现的先进理念、成果和方法，经过专家认真遴选、评点总结而成，代表了目前教育实践中先进的教育生产力，具有时代前沿性，是广大一线教师学习、借鉴的好素材。

四、注重实践，突出施教的实用价值

丛书采用了通俗的创作方法，把死板的道理鲜活化，把教条的写法改变为以案例为主，分析、评点为辅，把最先进的教育理念和方法融入有趣的情境中。经典的案例，情境式的叙述，流畅的语言，充满感情的评述，发人深省的剖析，娓娓道来、深入浅出，让教师更充分地领会先进、有效的教育方法。

在诸多教育、出版界同仁的支持与努力下，《名师工程》陆续推出了《名师讲述系列》《教学提升系列》《教学新突破系列》《高中新课程系列》《教师成长系列》《大师讲坛系列》《教育细节系列》《创新语文教学系列》《教育管理力系列》《教师修炼系列》《创新数学教学系列》《教育通识系列》《教育心理系列》《创新课堂系列》《思想者系列》《名师名课系列》《幼师提升系列》《优化教学系列》《教研提升系列》《名校长核心思想系列》《名校系列》《高效课堂系列》《班主任专业化系列》等系列，共110多个品种，后续图书也将陆续出版。

丛书在出版创作过程中得到各地、各级教育部门与教育工作者的大力支持与帮助，在此一并表示感谢！

教育事业是全社会共同的事业，本丛书的出版一方面希望能对广大教育工作者有所帮助，共飨先进成果；另一方面也是抛砖引玉，希望更多的教育工作者参与到出版创作中来，百家争鸣、百花齐放，为促进教育事业的发展共同努力！

前言 Qian Yan

上学期我曾应邀观摩一所学校工会组织的教师辩论赛，其中一方抽到的观点是“无批评教育”。仔细听其发言，发现这一方在思想上并没有准备放弃批评，因为他们在攻辩时总是尽可能强调批评不当带来的伤害，或干脆在陈述中偷梁换柱，将批评等同于惩罚来反对。

马卡连柯说，“尽量多地要求一个人，也尽可能地尊重一个人。”批评的前提和宗旨都是对学生的关爱、理解、尊重和希望，而不是伤害。倘若将批评理解为一种希望、一种关注、一种要求、一种尊重、一种肯定、一种信任，那么，教师对学生的期望值越高，关注度越高，也就希望他做得更好，对他的行为指正——批评也就越多。著名心理学家斯金纳认为，对某一行为的肯定或否定，在一定程度上决定着该行为是否能被重复。而批评是对学生不当行为的否定表达，本是教育应尽的职责。如果基于对批评这样的解读，辩论双方的观点就比较容易趋同。而在此前提下，我们不难形成“没有批评的教育是不完整的教育”的结论。

如何增加批评中教育的意味，减少它对孩子的伤害？仅有爱心显然是不够的，现实中我们不难找到打着爱的旗号使批评对孩子造成伤害的例子。批评不是一件容易的事情，它有一个临界点，人们对它分寸的把握，决定了是维持批评正面积极的意义——爱护，还是滑向它的反面——伤害，这可能是为人师者绕不过去的问题。如何有效地实施批评？一方面，教师需要进行自身经验的积累与反思；另一方面，批评的危险性要求教师也必须学会在他人的经验中学习。

本书为大家呈现了大量批评的实例，是老师们在研究、实践中积累而成的。读者们或许能在其中找到熟悉的场景，似曾相识的批评策略。当然，这些方法或许很难直接运用于您的实践，或许您在实践中的尝试，并不能获得案例中呈现的效果。因为它们只是提供一种思路，不同的处理问题的视角，在实际的教育教学情境中，您仍需要根据实际的情境进行判断、决策。也正因如此，批评不仅是教育教学技术层面上的问题，更是教育教学艺术的重要组成部分。

米开朗琪罗说："被约束的力才是美的。"这本书告诉我们，"智慧的批评才是有效的。"

沈　旎

2009 年 6 月 15 日

目 录

CONTENTS

四、含蓄式批评

五、发问式批评

六、寓批评于故事中

七、商讨式批评

十七、点名式批评

十八、暗示式批评

十九、换位思考式批评

二十、批评时要注意控制自己的情绪

二十一、批评时应注意学生的情绪变化

一、启迪式批评

"学校就是这样一个场所，每个人都可以尝试错误，并从错误中学会正确。'学校是每个人可以犯错误的地方'，如果教师明白了这个道理，就意味着教师已经知道什么是真正的学习了。"

郑杰老师上面的话意味着不断尝试错误也是一种学习的方式。因此，在教育教学活动中，学生犯错误是难免的，而教师对学生犯的错误进行批评也是无可厚非的。但是，教育旨在唤醒学生的自觉意识，完善学生的品格，发展学生的才智。所以，如何通过实施批评达到教育目的就值得思考了。因为有经验的教师都明白，简单粗暴地处理学生所犯的错误，学生只是机械地接受了批评，表面上解决了矛盾。这样的批评方式往往会挫伤学生的自尊心，弱化学生自我反省、改正错误的欲望和能力。也就是说，这种教育仅仅停留在了"他律"的层面上。

批评是教育的手段之一，而不是教育的目的。如何才能做到当学生犯错误时，我们的批评能让他们认识到自己的错误，从而进行自我教育呢？

启迪式批评不失为一种很有效的方法。启迪即开导、启发的意思。启迪式批评不是死死缠住学生的错误不放，而是把重点放在挖掘错误事件背后的原因，从而启发学生认知，使他们知耻而后律，着眼于对学生未来的塑造上。

（一）引导学生自我批评

有个男孩脾气很大，常惹是生非。有一天，父亲给了他一包钉子，要求他每发一次脾气就在栅栏上钉一个钉子。第一天，男孩钉了 37 个钉子。后来，他钉钉子的次数逐渐减少，因为他发现克制自己不发脾气要比钉钉子容易得多。终于有一天，男孩一次脾气也没发。父亲又让他哪天没发脾气就拔出一个钉子。一段日子后，他把钉子全拔出来了。这时，父亲说："孩子，栅栏已不再是原来的栅栏了，它留下了洞。就像当你在生气时说了伤人的话，它就会在被你伤害的人心上留下疤痕一样，以后，不管你说多少次'对不起'，疤痕都不会消失。"

从这个故事中，我们可以领悟到这位父亲教育孩子的高明之处。对孩子犯的错误，他没有训斥，没有责罚，而只是提了一个简简单单的要求：每发一次脾气时就钉一个钉子。佛学大师萨班·贡噶坚赞曾说："聪明人能勇敢地改正错误，傻瓜连缺点都不敢承认。"对有过失的孩子，如果他是"聪明人"，则只需轻轻一点即可使他明白自己错在哪里、应怎样改正；反之，就是你费尽心机，也很难让他改过，说不定还会因此越来越"傻"。

故事中的这个男孩自然是个"聪明人"，父亲的"轻轻一点"使他深受启发，明白了其中的道理，并改正了自己的错误。

广东省番禺市桥实验小学的林桦老师在处理学生犯错误的问题上，就有着和这位父亲一样明智、高超的批评艺术。他既不用任何惩罚，也不用一点儿批评的话语，却让学生在认识错误的同时，自觉自愿地改正错误。

案例回放

早上7：50～8：10是晨读晨会时间，教室里比较安静。年轻的女实习教师来到三（1）班教室，告诉学生们，现在可以集体排队借书（班里有自己的图书柜，书是学生自己从家里带来的）。学生们纷纷从自己的座位上站起来，到教室前的书柜里取书，教室里顿时乱了起来。实习教师着急了，显然，她不知该如何处理。这时，正巧班主任林桦老师走了进来，教室里才得以安静。

林老师问："同学们发现今天教室里有什么不好的现象？"

学生回答："同学们借书时声音太大了。课桌摆放不整齐。地板上也不干净……"

林老师说："这些问题，我希望同学们在老师来上课之前自己解决好。

另外，老师还发现几处做得不好的地方：文具柜的门没关，黑板报的边被擦掉了……”

这时，下课铃响了。林老师刚离开教室，学生们就自觉地把林老师提到的问题都解决了。

案例解读

小学阶段，正是学生独立意识和独立能力形成的重要时期。年龄特点决定了小学生对老师的依赖性较强。因此，我们培养学生的独立意识和独立能力就非常重要。

针对学生晨读课上出现的问题，林老师没有采取一般的批评、训斥的办法，而是启发、引导学生自己发现问题、解决问题，培养学生自我教育的能力，从而取得了良好的教育效果，达到了思想教育的艺术性与科学性的高度统一。

（二）让学生在信任中觉悟

案例回放

一天中午放学后，江苏省赣榆县柘汪中心小学范曰伦老师刚回到办公室，班上的小震就哭丧着脸找了上来：“范老师，我爸给我的20元钱丢了。”

“你把钱放哪儿了？”范老师急忙问。

“夹在课本里了，第三节课还在呢。”

“有谁看到过吗？”范老师又问。

“只有同桌的某某同学一个人看到。”

经过简单的询问，范老师急忙返回教室，谁知小震丢钱的事已在全班学生中传扬开了。有的说，搜查每个人的书包，不愁找不到；也有的说，20元钱是小事，丢就丢了，懒得找哟！见此情景，范老师安慰了一下丢钱的小震，只留他同桌和前后座位的学生核实一下情况，便让其他学生都回家去了。

小震前后座位的4名学生来到了范老师的跟前，唯有小震的同桌不辞而别。范老师让他们谈了情况，只见这4名学生神色正常，泰然自若，有的责怪小震为什么不把钱放好；有的表白自己连钱的影子也没看见；有的提出让老师搜查……听着这些充满稚气的话语，范老师越发感到这一问题的重要性，绝不能让铜臭气污染了孩子们纯洁的心灵。

下午，范老师把小震的同桌请到了办公室。只见他平时黑而透红的脸一反常态，有些苍白，两眼不敢正视范老师。范老师意识到他内心的慌乱和不安，便轻声地问："你知道小震同学丢钱的事吗?"他没有吱声。"老师请你留下问问情况，为什么走了呢?"他还是不吱声。几句问话，他全是低头不语。范老师进一步猜测丢钱之事可能与他有关，就耐心地开导他，最后终于打动了他的心，他低声承认说："钱是我拿的。"

对他这种勇于承认错误的态度，范老师刚想表扬几句，谁知他又接着解释道："我是跟小震同学开玩笑才这么做的……"

这绝不是开玩笑。这一点，范老师是很清楚的。然而，是否需要当场揭穿他的谎言呢？当时，范老师真想狠狠地训斥他一顿：偷了就偷了，还说是开玩笑。但转念一想，不能那样做，对学生的思想教育不能强求一次奏效，而应潜移默化，耐心等待，想办法创造条件，启发他们自身的觉悟，让他们靠自身的内在动力解决问题。为此，必须给学生留有余地。

于是，范老师装作相信他的话，并严肃地指出："这种玩笑不能再开了。你要知道，一个人的名誉是金钱买不到的。"他连连点头，迟疑着走了。

钱虽然找到了，但问题并没有就此了结。范老师想，在青少年学生中间，对金钱有着模糊认识的，又何止那一个学生呢！于是，范老师利用班会时间，讲了"金钱的价值""金钱和做人"两课，列举了许多革命前辈不为金钱所动、赤胆忠心干革命的生动事例，要求学生们认真对照思考。接着，又组织召开了"谈谈我对金钱的认识"的专题讨论会，学生们一个接一个热烈地发言，讲得都很好。唯有小震的同桌始终一言不发，但从他欲言又止的神态中，范老师知道他心灵深处受到了震动，便向他递去了信任和鼓励的眼神。

班会后，那个学生含着眼泪递给范老师一张纸条，上面写道："我错了。偷别人钱是我的第一错；偷了钱还撒谎骗老师，说是开玩笑，更是错上加错。请老师看我今后的行动吧!”

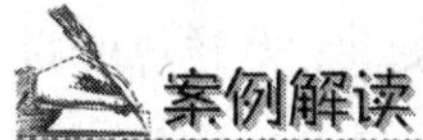

在学生中，特别是在小学生中，小偷小摸的现象时有发生。处理这类问题，看起来比较简单，实际上却并非如此。关键是我们要讲究批评教育的方法，使学生终身受益。

面对那个偷了同桌钱的学生，范老师并没有训斥他，而是通过耐心地开导使他承认了自己的不当行为，接着范老师一句“这种玩笑不能再开了。你要知道，一个人的名誉，是金钱买不到的”，彻底震动了这名学生的心。

不仅如此，范老师还以此为契机，给全班学生上了一节生动的关于金钱的教育课，使全班学生都深受启发，并进一步深化了对偷钱同学的教育，使他下决心不再犯类似的错误，收到了很好的教育效果。

范老师对犯错误学生的教育方式告诉我们：对于犯错误的学生，不能一概当头棒喝，有些情况下，当头一棒会打伤他的自尊心，使他可能永远都抬不起头。我们不妨根据学生的接受能力，给他们一个台阶下，相信他们，用耐心的教育唤起他们自身的觉悟。

（三）自尊而后自律

湖南省长沙市东风小学王建新老师刚接手一个新班时，一位学生家长就找到他，说王老师班上的两位男生在自家门前的马路上拦截了自己的孩子，并强迫孩子将自行车借给他们骑，孩子不肯就要挨打。安抚了家长后，王老师开始着手了解此事。

一听说是小杜做的，有些老师又叹气又摇头，说：“哦，又是他啊，那你有什么办法?”王老师也曾听前任班主任提起过这个学生，说他常常惹是生非，实在难以管教。

真的没有办法？问题的严重性倒更加激发了王老师的责任感，况且他一直都在寻找合适的机会想好好教育一下这两个学生。

于是，王老师找到了这两个学生，没有呵斥，仅轻言细语地问起了事情的原委。小杜他们很忐忑、也很诚实地说了事情的来龙去脉。王老师边听边观察他们的表情，心里盘算着如何处理：老师们都反映他俩调皮，这样的学生自尊心一般都是特别强的，他们比别的学生更需要肯定。特别是在一个不熟悉的人面前，他们希望能留下一个好印象，一旦他们确定你欣赏他们，他们就会“赴汤蹈火”地维护这个形象。

想到这些，王老师认真倾听这两个学生的述说，期望从中发现什么，找到谈话的切入点。小杜说：“放学了，我们在家门口玩，看到那个孩子骑着自行车在路上来来往往，很威风，我的表弟也很想玩，于是我去找对方借，对方很不耐烦，不愿借给我们。我们就强行抢过来玩了一会儿……”

听了这些，王老师问了他们几个问题：“你们两个是好朋友吧?”“你很爱你的表弟吧?”他俩疑惑地点着头，不知王老师的葫芦里卖的什么药。“我很欣赏你们，你们是男子汉!”两个学生更不明白了，表情也有些难为情。王老师笑笑，说：“因为你对朋友仗义，你对表弟有情义。”听了这话，小杜的脸红了，表情更不自然了。王老师接着问：“你们是很有主见的学生，如果这件事可以重来，你们想想怎么能做得更好呢?”……

和王老师预想的一样，两个学生态度十分诚恳地反思了自己的问题，王老师想说的问题他们自己都意识到了。“你们真不错，非常聪明，老师相信你们的问题一定能自己解决！今天我不批评也不惩罚你们，并且不告诉其他学生、老师和家长。你们商量一下，怎么妥善处理那位家长的投诉?”两个学生得到了“赦免”，马上讨论起来，最后决定登门向那位学生和家长道歉。

王老师点着头道：“我很愿意与你们俩成为朋友，我把我的住宅电话和手机号码告诉你们，有什么事随时联系我。”两个学生接过纸条，有些受宠若惊，也许在他们的心中，这是一份沉甸甸的尊重与信任。突然，另一个学生说：“我们不知道那个学生住在哪里，怎么办?”于是，王老师把地址告诉他们，并嘱咐两人放学后一同前往。放学后，他们果然守信，远远地，王老师看到他们去了，心中也舒了一口气。晚上，王老师接到了小杜打来的电话，他说去是去了，可对方家长不在家，他们明天还会再去……

第三天，他们把登门道歉的情况跟王老师述说了一下，说对方家长看到他们上门道歉很惊讶，很满意，心一下子就被软化了，还拿水果给他们吃呢。

见事情处理得如此顺利，小杜原来的班主任忍不住对王老师说：“你真有办法，6 年了，这个小杜还是第一次服了一位老师，而且是心服口服。”

案例解读

青少年教育专家孙云晓曾说过：“一般来说，孩子犯错的时候，恰恰是教育的良机，因为内疚和不安会使他急于求助，而此时明白的道理可能使他刻骨铭心。”“教育不是改造人，是唤醒人，唤醒人内心中沉睡的巨人。”

那么，什么方式才最能向学生传达“明白的道理”？最能“唤醒”他“内心中沉睡的巨人”？是“弄不好会伤害人”的批评或惩罚吗？肯定不是。因为批评和惩罚，尤其是带有暴力色彩的批评和惩罚，很容易激起受教育者的反感乃至反抗。

王老师正是抓准了小杜犯错误的这一教育良机，一步步地开导、启发他认识错误，改正错误的。在这个过程中，王老师先充当一个倾听者的角色，听学生叙述事情的来龙去脉；了解了事情的原委后，又扮演一个崇拜者的角色，对学生的行为表现大加赞赏；在学生充分获得自尊的情况下，又以朋友的身份让学生自己找到解决办法，并且相信他们一定能处理好。

学生虽然还小，但他们是有思想、有头脑的，王老师给他们的待遇自然让他们受宠若惊。他们在充分获得尊重与信任的前提下，认识、改正了自己所犯的错误。

（四）小木棒的启示

案例回放

一天在课堂上，杭州市长寿桥小学陈启生老师想通过让学生自己搭小棒的方法，让他们认识长方体、正方体的顶点、面、棱及其特点。

在教授学生用小棒搭长方体时，陈老师发现小霞所在小组的小俊忘记带小棒了。而更令人恼火的是，小霞不愿将多余的小棒借给他，理由是：小棒是我的，我不想借给他。

这节课陈老师所设计的教学目标是让全体学生配合，自己用小棒搭长方体，再通过观察实物，得出正确的结论。这样做既可以培养学生动手、动脑的习惯，又能激发他们的学习兴趣。但这个小插曲却可能让陈老师的教学设计付诸东流。

陈老师很生气，但他想，如果大动肝火，用简单说教来批评小霞的自私，那结果可能只有两种：其一，小霞因老师的“激动”表情和言语，勉强将自己的小棒借给小俊；其二，小霞不知所措地低下头，认识到不帮助其他同学是不对的，但在她幼小的心灵里将会留下一丝阴影。这两种结果都没有起到水到渠成的自我唤醒的教育作用。

在认真权衡之后，陈老师改变了教学策略。他把这个小组的同学叫到讲台上，然后对小霞说：“现在你用自制的长方体教大家认识顶点、面、棱，好吗?”由于前面已经自学过课本，小霞做得非常好，得到了陈老师的表扬，她的情绪也随之高涨，小脸儿通红地望着大家。

陈老师接着说：“你做得非常好，那么，几个小的正方体可以拼成一个大的正方体吗?”

小霞拿着自己搭成的正方体反复地尝试着，不一会儿，她的情绪开始渐渐低落，不停地摇着头，显得很不好意思。陈老师又和蔼地说：“你知道自己为什么不能搭成大的正方体吗?”

在陈老师的提示下，小霞意识到了问题所在，也明白了老师的用意。她抬起头对陈老师说：“老师，我明白了，我需要大家的帮助才能做好这件事，所以我也应当帮助他们。”“对，因为组成一个大正方体不只需要一个小正方体，所以你需要其他同学的帮助。也只有这样互相帮助，发挥出集体的力量，才能成功地完成一件事情。”陈老师的话音刚落，小霞就拿出了未用的小棒，分给了小俊。最后，他们小组用了 8 个小正方体组成了一个大的正方体。

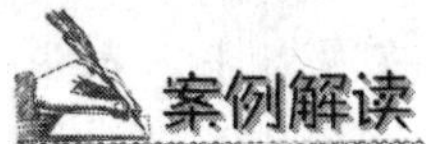

在日常教学中，我们常常会遇到像小霞这样的学生，或不喜欢助人为乐，或不喜欢与人合作。

面对这样的学生，有些老师可能会简单地批评两句，或直接叫她把木棒借给其他同学，结果问题也就"解决"了。可是，这些做法比起陈老师的方法无疑略逊一筹。陈老师不仅让小霞意识到了自己所犯的错误，自觉地改正了错误，还让她明白了一个道理：只有互相帮助、团结、合作，发挥集体的力量，才能成功地完成一件事情。这种教学机智的生成来自于老师正确的教育观以及对学生的关爱。

（五）运用启迪式批评的讲究

启迪式批评多用于性格相对沉静的学生，这类学生在老师的娓娓道来、细细分析、和风细雨的劝说中，很容易认识到自己的错误，进而改正错误。启迪式批评既能达到教育学生的目的，又不伤害学生的自尊心。这种方式已经被越来越多的老师所采用了，但我们也不能盲用、滥用，否则就适得其反了。这就要求我们在使用启迪式批评时应有所讲究。

1. 巧用言外之意

所谓醉翁之意不在酒，也就是说我们在批评学生时，可以不从正面指责，而说一些看似无关的话或讲个小笑话，启发学生去思考，从而使学生认识错误，改正错误，达到批评教育的目的。

例如，一个下雨天，走廊过道上都是水，学生们个个挽着裤脚，踮着脚尖走过去，却没有一个人打扫。某老师想批评学生，但又怕伤害学生的自尊心，达不到预期的目的。于是，他打趣地说："我们班门口的水积得够深的，都可以架座小桥了。"接着又拿来门口的砖块铺在了上面。学生们听出了老师的言外之意，又看见老师这样做了，便不好意思地扫了起来。从那以后，门口只要有积水，不用老师吩咐，学生们一定会扫掉。

又如，某老师班上的学生出现“早恋”现象，他巧妙地讲起家乡果园的事情，启发了学生。他说：“我们村子里有大片的苹果园，寒暑往来，春华秋实。有一天秋末冬初，我突然惊奇地发现，有些要落叶的果树枝上竟然开出了一簇簇小小的果花。不久，花谢了，居然也结出了山楂般大小的果子。可惜没过几天，霜冻就来了，叶落了，小果实也烂掉了。小时候，我每每捧着这些小果子发呆。后来，我才明白：不该开花的时候开花了，不该结果的时候结果了，是会受到自然界的惩罚的。今天，同学们的一些事情又引起了我的思考。你们是否从中得到了一些启示呢?”

2. 巧借他人事例

在批评教育中，我们可以把道理寓于生动的事例中。借助于批评类似现象启发诱导，或用正面的事例来引起学生的联想、比较，从而使学生认识到自己的错误。

例如，在教育学生不要说谎时，可以用革命家列宁做客姑妈家打碎花瓶的例子，使学生认识到说谎会受到良心的谴责，而应该做一个诚实的人；在做转化后进生的工作时，可以用历史人物张学良戒毒等典型例子，引导学生认识到“悬崖勒马”的重要性，从而坚定他们改正错误的意志……

这种方式能寓思想性和形象性于一体，深入浅出，大大增强批评教育的感召力和说服力。

3. 巧设模拟情境

没有哪个老师愿意等到学生犯错，再给学生“擦屁股”。为此，除了加强日常教育外，我们还可以借助班会组织一些活动，设置模拟情境，让学生身临其境，从而使他们更真切地认识到错误行为将会带来哪些危害，做到防患于未然。

某中学七（1）班的班主任就开了一次模拟法庭审理案件的主题班会，收到了很好的教育效果。

从“审判长”到“被告”，再到“证人”，所有角色均由学生扮演。

审理的案件是虚拟的：被告小A在一天中午与同学小B嬉戏，后来发生口角。小B用绰号骂了小A，小A被激怒，挥拳打去，正中小B的鼻梁。被同学劝阻后，小A住手。经医院检查，小B鼻梁轻度红肿，鼻骨未伤。

“法庭”审理开始，审判长由该班宣传委员担任，他宣布开庭——

先由“公诉人”起诉。公诉人是该班的班长，他在陈诉了案情后说：“发生这么一起不愉快的事情，主要是由于被告人的蛮横无理。为严肃班级纪律，提请法庭给予被告停课检讨的处分。”接着，被告的辩护人——该班体育委员说：“尽管这是一件不愉快的事情，但并非没有原因。导致被告动手打人的直接原因，是小B骂了我的当事人。这一点请法庭予以注意。”

……

经过一场激烈的辩论，审判长最后做出的判决如下：

第一，被告当众向原告赔礼道歉，并保证以后坚决改掉这一恶习；第二，赔偿原告去医院疗伤的一切费用。

被告表示服从。

被告当众向法庭作了最后陈述。他说：“感谢同学们和老师原谅了我的粗鲁和野蛮……我现在很后悔……”被告演得很真实，赢得了全班同学的掌声。

最后，班主任小结道：“课后玩耍，说说笑笑，这本是一种休息，一种精神调节，但我们从今天的班会中得出的教训是，开玩笑不可过分，要有节制。而这又离不开同学之间的友爱、关怀和谅解。如果我们都有了这些美德，就可以避免许多矛盾和摩擦，天天生活在和睦愉快的气氛之中了。”

这样的主题班会让学生从中受到了启发：深刻认识到了打人骂人的危害性；同时又了解了法庭审理最一般的程序。既长了知识，又受了教育。

当然，这种方法由于程序比较复杂，更适合于高年级学生。

4. 巧写评语

对于一些所犯错误比较隐蔽而又不是很严重的学生，老师也可以不用特意对其进行批评教育，适当地在学生的作业本上、周记本上等写一些启发性、激励性的评语，是不错的办法。成功的评语往往会产生良好的教育效果，起到促进的作用。好的评语艺术，既吸引学生的注意，又保护学生的自尊心，促使学生下决心克服缺点、改正错误。

例如，有一个学生平时喜欢看一些课外书籍，知识面广，但时常有迟交作业或不交作业的现象。于是，期末考试时，班主任给他写了这样的评语："老师佩服你，你的知识面很广，无论是宇宙、森林、海洋还是地球，你都能侃侃而谈，是同学们心目中的'小博士'，这是你日积月累的结果。学好课堂知识，完成课后作业是你遨游知识海洋的'船'和'桨'，有一艘坚固的'船'和灵活的'桨'，会使你尽早到达知识的彼岸，老师相信你，能用好这'船'和'桨'。"

还有一个学生，课堂上常常与邻桌说悄悄话，老师要不时地提醒她。班主任给她写了这样的评语："某某同学，你是一个聪明伶俐、活泼好动的小女生，也是个精美的小话匣子，一幅简单的图画都能被你说成一个生动而美丽的故事，就像你的名字一样充满了诗情画意。你总能在课堂上敏捷而准确地回答出问题，又能在课外组织同学搞好班级活动，大家都很喜欢你。但是，你的小话匣子却经常在不恰当的时候打开，影响同学们听课。希望你以后注意，并努力使自己成为一个精美而又有很好调控机能的'宝匣子'，好吗？"

学生都希望被尊重和信任，尤其是得到老师的尊重和信任。启迪式批评就是在不伤害学生自尊的情况下，通过多种手段引导和启发学生认识错误并加以改正的。这样的教育方式显然比简单粗暴的呵斥要好得多，既缓解了学生与老师对立的情绪，又使教育效果更明显，教育意义更深刻。

二、以鼓励替代批评

苏霍姆林斯基说过："你向自己的学生提出一条禁律，就应当同时提出十条鼓励——鼓励他们从事积极的活动。"

有一位老师把"鼓励""嘲笑""批评"三个词写到黑板上，并连续问了学生三个问题："同学们，你们最喜欢什么?"学生不约而同地大声说道"鼓励"；"最难以忍受的是什么?"——"嘲笑"；"不大喜欢什么?"——"批评"。

由此可见，鼓励是学生最喜欢、最愿意听到的；而批评是学生心里不愿意、却因为自己的某些错误或过失等行为不得不接受的。

任何人的能力都会在批评下萎缩，但却能在鼓励下提高。因为每个人的内心都希望得到他人诚恳的认同和慷慨的赞美。对于中小学生而言，最希望得到的、最能产生推动力的就是来自老师的赞美和鼓励。

当学生犯了错误时，严厉的批评或惩罚可能会让学生自暴自弃。适时的鼓励不但能让学生接受教育、改正错误，而且能激发出学生追求上进的内在动力，增强其自信心，使学生充分发挥自己的聪明才智。

（一）自信源自鼓励

一只小鹰在鹰妈妈外出觅食时不慎掉出来，刚巧被鸡妈妈看到，便带回去和一群小鸡放在一起喂养。

随着时光流逝，小鹰一天天长大了，但它已经习惯了鸡的生活，那群小鸡也把它看成是自己的同类。小鹰和它们一样外出刨食，从来也没试过要飞向高空。

一天，小鹰外出觅食时，碰到了鹰妈妈。鹰妈妈见到小鹰惊喜极了，对它说："小鹰，你怎么在这里？随我一起飞向高空吧！"小鹰说："我不是小鹰，我是小鸡呀，我不会飞，天那么高，怎么飞得上去呀？"

鹰妈妈有些生气，但还是大声地鼓励它说："小鹰，你不是小鸡，你是一只搏击蓝天的雄鹰呀！不信，咱们到悬崖边，我教你高飞。"

于是，小鹰将信将疑地随鹰妈妈来到了悬崖边，紧张得浑身发抖。鹰妈妈耐心地说："孩子，不要怕，你看我怎么飞，学我的样子，用力再用力。"小鹰战战兢兢，试了很多次都失败了，它认为自己很笨，几乎想要放弃。但鹰妈妈并没有因此而责怪小鹰、放弃小鹰，而是不厌其烦地在一旁教它，当它稍有一点儿进步时就夸赞它、鼓励它。最后，小鹰找回了自信，它鼓起勇气，战胜困难，刻苦训练，终于飞向了蓝天。

失败并不可怕，可怕的是因失败而丧失自信心，畏缩不前。当小鹰因失败而想退缩时，鹰妈妈及时地鼓励了它，让它觉得自己是有能力取得成功的。也就是这种自信促成了小鹰的成功。试想，如果每次小鹰失败，鹰妈妈就批评它，说它这里不对，那里没做好，小鹰还可能成功吗？显然不可能。它肯定也会认为自己确实很没用而自暴自弃。

动物尚且如此，更何况人呢？

哈尔滨师范附属小学张岩老师刚接管一个新的班级时，一下子就被学生们的纯真和质朴打动了，而唯一令他感到遗憾的是课堂上学生被动、沉闷的表现。

面对张老师的提问，即便是最容易回答的问题，学生们也大都把小脑袋藏在书本后面默不作声，呼应他的每次都是几只小手。

面对这样的情景，张老师本想批评学生一顿，让他们改掉这个毛病，可静下心来仔细一想，学生有此表现肯定是由于害怕回答错误，对自己缺乏应有的自信。要从根本上解决这个问题应从鼓励开始，树立他们的自信心。

想到这里，张老师决定把自己的身份与学生的地位等同起来，消除学生的惧怕心理，将以往老师教、学生学的方式转变为师生共同学习。他告诉学生：“今天老师将和大家共同学习，课前我也只是简单的预习而没有做过多的准备，有问题我们一起来讨论解决。”学生一听老师对新知识也未必事先懂，从心理上便拉近了师生之间的距离。在此基础上，张老师向学生提出了两个要求：“一是课堂上同学们可以随时向任何人提出不懂的问题；二是回答问题不论对与错，只看谁的声音洪亮、态度积极。”这下激起了学生们的热情，学生们纷纷举手，有的还给老师提出问题，有的向同学提问，还有的自问自答……

学生的表现既在张老师的意料之中又让他始料不及。原来学生都是那么出色。张老师说了很多夸奖的话：“你的声音可真大，同学们都应该向你学习。”“你又进步了，老师可真为你高兴！”“真了不起，今天你都发言三次了。”“原来你的声音这么好听，下次继续好吗？”……

在张老师接连不断的鼓励声中，学生们一次又一次站起来……他们陶醉在阵阵成功的喜悦中，一张张像绽开的花朵一样美丽的小脸上洋溢着惊喜，写满了自信，同时又充满了一种被他人认可的满足感。

学生们亲自品尝到了在课堂上踊跃发言的甜头。于是张老师乘胜追击，提出进一步的要求，以便规范他们的语言，使他们的回答更符合要求。针对不同的课型，使用不同的提问方法。但无论如何张老师总忘不了那句话：“你的回答可真棒，大家都应该向你学习，继续努力！”因为它给了学生源源不断的自信。

案例解读

自信取决于一个人的内在品质，当人缺少这种品质时，就会缺乏勇气，做事犹豫不决，没有主见等。给予学生赞扬、荣誉和责任，给他们以尊重，并为他们提供展示自己、表现自己的机会，这对培养学生的自信心是极为有益的。鼓励，尤其是来自老师的鼓励可以使学生找回自信。

每一个学生都有着强烈的自尊心，有时我们不经意的一句话就会伤了他，更不用说批评了。相反，以鼓励代替批评，一句鼓励的话却可以成为他们前进的动力。尤其是对于相对差一点的“笨孩子”来说，赞扬和鼓励的力量远远胜于批评和嘲笑，一句简简单单的赞扬和鼓励的话，或许可以改变他的一生。

作为教育工作者，我们更应该向鹰妈妈和张老师学习，不断地给自卑者以鼓励，让他们在鼓励中变得勇敢，变得自信。当我们发现学生有点滴进步的时候，可以说："你真棒!"当学生遇到困难不肯努力的时候，我们可以说："只要努力，你一定行!"

（二）认可，就是对他最大的鼓励

19世纪初期，英国伦敦有一位小伙子很想成为一名作家。但是，他做什么事都不太顺利。当时，他的父亲正在坐牢。因为欠很多债，他经常受饥饿之苦。最后，他终于找到了一份工作，在一个又脏又乱的货仓里贴鞋油的标签。

在这种环境下工作，他对前途一片茫然，对自己的能力毫无信心。他总是在深夜里溜出去寄稿子，因为他害怕被别人看见了会笑话自己。一篇又一篇文章被退了回来，但他始终没有放弃，而是坚持了下去。最终，他的一篇文章被接受了，编辑夸奖了他，承认了他的价值，并真诚地鼓励小伙子："你很有写作的天赋，这篇文章写得很好，继续努力，我希望看到你更多、更好的作品。"这让小伙子的心情无比激动，眼泪顿时流下了他的双颊。

这个小伙子就是英国维多利亚时期的著名小说家——查尔斯·狄更斯。

案例回放

上海市嘉定区迎园小学张辉老师所带的一个班，由于放了一个较长的寒假，刚开学时，班上学生的书写质量明显下降。原来几个学生的字写得有模有样的，现在也变得潦草了，横不平竖不直，字也写得没有了骨架。

因此，张老师不停地要求学生书写一定要工整，可他们并没有什么改进，怎么办呢？这时，张老师想出了一条妙计：他找出班中几个字写得漂亮的作业本在全班进行点名表扬，"晨晔，你的作业写得真好，奖你一颗五角星。""一君，老师看了你的作业，真开心，奖你一个新本子，本子上还贴有五角星。”……

不仅如此，张老师还在班上让学生传递欣赏写得好的作业本，结果那些学生都瞪大眼睛，很认可地点头。张老师又在讲台上摇着手中有五角星的本子，“引诱”学生写好字来赢取这个奖品。可是，张老师第二天发现收上来的作业还是没有预想得好，但那些受到表扬的孩子写得更认真，更好了，这给了张老师极大的启示：“对呀，学生是需要认可的！”于是在当天，张老师就毫不吝啬地在写得认真的作业本上写上：“书写得很好！”并画了个红五角星；在写得不够认真的孩子的作业本上写上：“下次你会写得更好，老师相信你。”以此来正面引导他们。张老师还在课堂上请得到红五角星的同学到讲台前亮相，让他们大声说出自己的名字，并说明自己是因为书写好才站到台上的，再让全班给予他们认可的掌声，最后还授予他们光荣的象征——有五角星的本子。

张老师让学生体验了认可、掌声和奖励，让他们得到了自信。不到一个星期的时间，讲台前已经站不下书写得好的学生了，台下的队伍也越来越小了。那天，张老师发觉台下仅有的几个学生特羡慕台上的学生，于是赶紧抓住时机，让台下的同学也说出自己什么时候能站到台上的愿望，要怎样努力才能实现。台下的学生都争先恐后地说：“今天的作业我一定认真书写，明天也要站到讲台上，也要得到认可、掌声和奖励。”

案例解读

查尔斯·狄更斯成功了，张老师的学生也进步了。张老师教育学生和编辑激励查尔斯·狄更斯的方法是一样的，那就是——用鼓励建立自信。

我们每个人都渴望得到他人的认可与赞美。当批评减少而鼓励增多时，我们所付出的努力就会增加，所取得的成就也会增大。

学生也一样，无论年龄大小，他们都希望得到认可、掌声。一道赞许的目光，一个善意的微笑，一句激励的话语，都会给学生莫大的鼓舞。如果能让这些鼓励变成看得见、摸得着、留得住的东西，比如一朵小红花、一颗五角星，也许更能激发学生的热情。

（三）竖起我们的大拇指

江苏省南京市六合区实验小学马骥老师班上有一位叫小刚的学生。他来自单亲家庭，母亲在他年幼时病故，父亲收入低微，一直靠低保生活。他很可爱，但上课时注意力却不集中，一节课听不到一半就走神儿了，学习成绩差，任课老师个个头疼。在深深地怜惜之余，马老师给了小刚更多的关怀，经常适时地竖起大拇指给他鼓励。

1. 早操上的大拇指

刚开学时，马老师最头疼的就是每天早晨的出操。歪歪扭扭的队伍，懒懒散散的学生，参差不齐的摆臂，后面几个学生交头接耳的谈论，让人看了很不舒服。怎么办呢？马老师决定先树立几个榜样。

一天早操前，马老师特地向学生们讲述了做操的重要性，并且提出了要求。音乐响起，进场了，马老师看到小刚走得不错，挺精神，而后面有几个学生却显得有气无力。于是，马老师向小刚竖起大拇指，说："看你的姿势，精神抖擞，就像解放军战士一样，太棒了！"听了马老师的夸奖，小刚的脊背挺得更直了，手臂也摆得更高了。接着，马老师向后面几位学生煞有介事地说："今天，马老师要送出 4 个大拇指奖，得奖者可以加一颗星！"于是，后面的学生也都认真起来，尽量摆动着手臂。那一天，马老师班级的早操受到了体育老师的表扬。

从那以后，每天的早操马老师都会送出几个"大拇指"，而且总是明确地告知缘由"你今天排队特别迅速""你走起路来特别有精神""你的动作特别到位""你很有毅力，这么长时间一动不动"……这样过了一个星期，马老师发现，学生的早操真的进步了很多。

2. 课堂上的大拇指

马老师走进课堂时，发现学生们积极性不高，一个问题问下去，没有几个人举手。而且，在教学过程中，总是有几个学生走神儿，尤其是小刚，看到这些情况，马老师很着急。

除了尽量让自己的课讲得精彩一些之外，马老师总是想方设法激发学生的积极性。每当小刚害怕表现自己的时候，马老师都用信任的眼光和激励的话语去鼓励他：“小刚，你能行的，为什么不试试?”有时小刚站起来，一句话也不说，对此马老师并没有一丝的斥责，而是让他坐下，轻轻告诉他下次一定要注意听课。

很多时候，马老师都用眼神默默地与小刚交流，给他爱抚与帮助，给他信任与鼓励。终于，小刚渐渐坚强自信起来。他上课活跃了，开始举手回答问题了，参与小组讨论了。他稚嫩的脸上浮现了更多的笑容与快乐!

有一次，马老师上组内课，指导学生用多种方法思考，眼看大家几乎把所有的方法都说完了，有的学生把头低了下去，生怕马老师叫到他。这时，一贯很少举手回答问题的小刚却突然怯生生地举起了手。马老师很惊讶，立即请他回答。他回答得很精彩，虽然声音有些轻，但从他微蹙的眉头，有些自信的神态可以看出，他深思熟虑过，看来他已经彻底融入课堂了。马老师暗自高兴，觉得这是一个好机会，便不由自主地竖起大拇指说：“太棒了!听了你的观点，大家肯定都有不少的收获。”

3. 班会上的大拇指

马老师常说：“理想决定态度，态度决定行为，行为形成习惯，习惯决定性格，性格决定命运。习惯是理想、态度、行为、性格和命运的中间环节，起着承前启后的作用，足见其重要性。因此，小学最重要的就是培养学生的良好习惯。这是送给学生最好的礼物!”

现在，在马老师的激励下，小刚已经能主动学习，按时完成老师布置的作业了，数学成绩也从不及格达到平均分了。最重要的是他养成了良好的学习习惯。

在期中考试结束后的班会课上，马老师对他进行了表扬，希望他再接再厉，争取更大的进步。班会上马老师对他竖起的大拇指，让小刚非常开心，他终于露出了腼腆而幸福的笑容。

赞扬是一种力量，而且这种积极的力量可以互相感染。

马老师大拇指的激励不仅使一个上课走神、学习成绩差、从不敢回答问题的“差生”变成了一个按时完成作业、积极回答老师提问、学习成绩良好的学生，而且使整个班级的学生也有了很大的进步，都能整整齐齐地出操，争先恐后地回答问题，积极主动地学习了。

马老师这种用大拇指给予学生鼓励的教育方式很值得我们借鉴。伸出大拇指，一个很简单、很不起眼的动作，却可以激励学生从自卑变得自信，从胆怯变得勇敢，从消极变得积极。

作为教育工作者，老师们请不要吝啬我们的大拇指，也不要小看大拇指带来的鼓励。当我们发现学生的微小进步时，也可以竖一竖我们的大拇指，比如早读时小干部的有效管理，放学时值日生认真的劳动，考试时学生细小的进步，同学间真诚的互助……

大拇指的鼓励可以带给学生无穷的力量，可以起到批评所无法达到的教育效果。

（四）旁敲侧击的鼓励

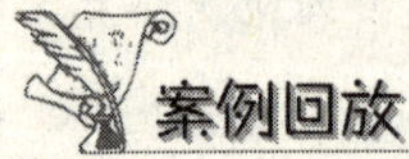

山东省德州市北园小学郭凤霞老师班上有一名学生叫小石。他是个很调皮、也很聪明的学生，但经常不写作业，“鬼点子”还特别多。学校开家长会，他从不告诉家长，老师打电话到他家，他甚至冒充家长欺骗老师。郭老师对他多次批评教育都不见效。这让郭老师很苦恼，怎么让他改掉这些不良习惯呢?

有一次，郭老师给小石的家长打电话，小石又冒充家长与郭老师对话，郭老师灵机一动装作没有听出来。事后，她找小石谈话：“小石，你的模仿能力真是太强了，我几乎听不出那是你的声音，而且和老师对话，对答如流，真了不起！你很聪明，如果把心思用在学习上，你的成绩一定能提高。希望你以后不要再冒充家长，欺骗老师了，好吗？”小石听后惭愧地低下了头。

郭老师班上还有一个叫小林的学生，成绩平平。有一次，小林为了多玩儿一会儿，就请求高年级的姐姐帮他把郭老师布置的数学作业写完。

第二天，郭老师批改到小林的作业时，一眼就看出不是他自己写的。郭老师当时非常生气，恨不得马上就找到小林狠批他一顿。但她转念一想“批他一顿又如何呢？不仅伤害了他的自尊心，还可能使他从此很讨厌我这个老师，这对他的学习一点儿帮助都没有。”想到这里，郭老师压住了怒火，打算上课时再说。

上数学课时，郭老师将作业本发到了每一位学生手里，唯独没有发给小林和另一位成绩很好的学生。小林心里忐忑不安，因为他知道姐姐写得太整齐、太漂亮了，同他以前的作业简直有着天壤之别，别说老师，就是任何一个同学也知道那作业不是他自己做的。小林脸色通红，低着头，紧张地等着老师的“判决”。

然而，出乎小林意料的是，郭老师全然不知似的，当着全班同学的面，将他和那位同学的作业本展示出来，并且说：“同学们，这是老师批改作业时遇到的最工整、最准确的两本作业，希望大家以后多向这两位同学学习！”然后说出了小林和那位同学的名字。

在同学们羡慕和怀疑的目光的注视下，小林恨不得找个地缝儿钻进去，同时也暗下决心，以后一定要认认真真地对待每一次作业。下课后，郭老师单独将作业本交给小林，意味深长地对他说：“你是个聪明的孩子，老师希望以后你能够自己将作业完成得像今天的这么好。”

从那以后，小林每次写作业都格外认真，甚至超过了姐姐，成绩也不断得到提高。

案例解读

面对小石、小林这两位学生的错误，郭老师没有批评、挖苦，而是以鼓励加谈笑的方式进行教育，从而取得了事半功倍的效果。我们也应该像郭老师一样，明知道学生所犯的错误，却不正面批评，而是从侧面一绕，把批评寓于鼓励和鞭策中，并在鼓励中饱含信任和期望，在信任中维护其自尊和自信，使学生明白自己的不足而又不灰心丧气，意识到自己的错误而又不觉得有失颜面，其效果自然要理想得多。

（五）以鼓励替代批评的讲究

苏联教育实践家和教育理论家苏霍姆林斯基说过："你向自己的学生提出一条禁律，就应当同时提出十条鼓励——鼓励他们从事积极的活动。"这就是说，我们教育学生不提倡批评，而应当多给予鼓励，让他们充满动力，从而愉快地接受教育。那么，以鼓励替代批评有哪些讲究？怎样鼓励学生才能取得更好的教育效果呢？

1. 寄予期望

"教育的力量不在于你说了多少话，做了多少事，而在于你满怀期待的热忱。"我们教育学生时，眼神、语言都应充满期望，让他们感受到自己责任的重大，从而让他们打心底里爆发出奋斗的信心和力量。

比如，学校田径运动会即将来临之际，学生不敢报名参加，面对没有体育特长的学生，班主任可以这样鼓励他们："胜利一定是属于敢于拼搏的人。首先，只要我们每一位同学都愿为这一胜利洒一把汗水，那我们就已经取得了胜利，因为重要的是参与；其次，半个学期努力学习、为班级争光的事实已经证明，大家都有一颗热爱集体、关心集体的火热的心，有敢于竞争的勇气。"

在班主任这样的鼓励下，学生可能会跃跃欲试，争着为班级争光。这远比批评他们不敢竞赛、缺乏集体意识要好得多。

2. 激发感情

针对学生自尊心强这一特点，批评教育学生时，我们应针对具体问题巧妙地采用激将式的话语，触动学生心灵，使他们鼓足信心，赶超别人。

比如，班里因一组学生做卫生不彻底而影响班级荣誉时，班主任可以趁势对学生说："人不怕犯错误，怕的是犯同样的错误，他们几个同学因疏忽影响了我们班的荣誉，他们心里也很难过。不过，我从他们眼神里看出，他们已化羞愧为力量，憋足了劲，要与大家争高低。不信，你们走着瞧。”

用这样的话语代替批评，相信这一组的卫生工作以后一定会做得很好。

3. 鼓励竞争

一般情况下，学生的荣誉感都比较强。我们在教育学生时，应针对这一特点，创设竞争环境，激发学生的荣誉感，使他们学有榜样，追有目标，从而刻苦学习。

比如，学校每学期期中、期末都要表彰一批学习成绩好，进步大的学生，但受奖面小，对大多数学生来说这个表彰是可望而不可即的。为此，老师可以制定“班级学习成绩奖励制度”，规定期中、期末总分前 10 名或前 5 名者都分等级给予奖励；凡进步 10 名或 5 名，甚至进步一个名次以上者都给予奖励。这种做法，可以大大振奋学生的精神，使他们在不同的起点上都有前进的目标。同时，每人都可以找出一个竞争对手，进行“比、学、赶、帮、超”的比赛，通过鼓励竞争，有效地调动学生的学习积极性。

因此，我们应随时注意学生的点滴进步，并及时予以鼓励，以增强他们的自信心，从而促使他们加倍努力。

我们都知道：

如果学生生活在批评中，他便会学会谴责；

如果学生生活在沮丧中，他便会垂头丧气；

如果学生生活在赞扬中，他便会懂得自赏；

如果学生生活在鼓励中，他便会得到自信和力量。

我们当然不会希望学生生活在批评和沮丧中，也不希望学生学会谴责或变得垂头丧气。为此，我们只有多给予学生赞扬和鼓励，让他们能够自赏和自信。

真诚的鼓励，能让学生意识到自身的不足，并能有信心去面对错误与不足，然后心情愉快地改变它。鼓励学生的方法有千百种，用眼神、用微笑、用语言、用行动、用发自内心的真诚肯定学生等，都能取得很好的效果。

三、平等待人式批评

如果您希望学生做到，老师请您自己先做到。您要向孩子们展示如何反思自己的行为，如何对待错误，并举例说明反思的规律。

一句“一日为师，终身为父”的古训，便将师生关系血缘化、政治化、等级化了。在“师道尊严”的旗帜下，教师自觉不自觉就会流露出一种优越感，随意对学生发号施令、指手画脚，这不准、那不行，甚至有些教师把学生当成敌人，把与学生作斗争当成教育。这是一种不平等的、畸形的、扭曲的师生关系。其实，学生与教师一样也是人，都具有人的权利、人的价值和人的尊严。教师与学生在人格上是完全平等的，教师要承认并保护每个学生作为人的尊严，要理解并满足每个学生作为人的情感需求，要尊重每个学生的人格，让学生自由而充分地表现自己，体验到自己作为人的尊严感与幸福感。尤其是在批评学生时，我们更要与学生站在同一高度上，平等对待他们。

这里的平等待人式批评包含两层意思：一是师生要平等、都能畅所欲言，把批评当作师生交流思想感情的过程；二是教师对学生要一视同仁、善待每一个学生，用诚心去启发、用爱心去疏导每一个学生。教师只有充分体现教育的“全体性”“公正性”“平等性”，学生才能心悦诚服地接受批评。

（一）老师也让学生指指缺点

广州市海珠区汇源小学语文老师苏剑莹平时对学生一视同仁，从来不偏袒学习好的学生，但她发现自己最近在教学中，经常自觉不自觉地指出学生的缺点，并因此批评过不少学生。而这不但没让学生改掉缺点，反而使师生关系疏远了，学生的学习积极性也没以前高了。

苏老师觉得不能再这样发展下去。发现学生的缺点是应该的，这样有利于学生改正缺点，促进其更好地发展，但过于苛刻地批评学生就不应该了。人无完人，谁能没有一点儿缺点？自己作为老师，不是一样也有很多缺点吗？为什么只想到找学生的缺点，何不让学生给自己找找缺点呢？这样对学生来说，至少也公平一点。

想到这里，苏老师决定让学生给自己找缺点。这一方面是为了缓和师生关系，另一方面也是为了促进自身的提高。

在班会上，苏老师对学生说："同学们，以前老师有很多做得不对的地方，比如，不该因某些同学字写得不好而批评他，不该因某些同学偶尔做小动作而指责他，不该……现在，我真心诚意地请大家给老师指出缺点或提出建议。"

显然，很少有老师让学生给自己找缺点的，听苏老师这么一说，学生愕然了："我们没听错吧，给老师找缺点？""老师会不会以后找茬儿批评我？"

"尽管提，老师不生气，不骂人，真的！""提得好的，老师还要感谢你呢！"在苏老师的一再保证下，学生真的很不客气地开始数缺点了。

"老师，我经常发现您上课时说广州话。普通话我们都懂，您就不用说广州话了。"

听了这个缺点，苏老师脸一红，就是嘛，平时要求学生讲普通话，可自己却没起到榜样作用。于是，苏老师马上向学生表示决心，一定要改正这个缺点。

"老师，我还发现您上课经常数 1、2、3，快坐好。您不是说过以后不说的吗?”

是啊，学生说得对，我是说过以后不再数 1、2、3 的，看来这个缺点还是没改掉，以后一定要改。苏老师想。

“老师，我发现您说话声音太大了，这样对咽喉有很大伤害的。”

多真诚的话语，苏老师非常感谢这些学生提出的宝贵意见。

……

从此，苏老师和学生之间一下子亲近了很多，又回到了原来那种胜似朋友的关系了。学生的学习积极性也提高了，课堂上踊跃发言，还时不时地提醒苏老师改正缺点；课后作业也做得非常好；还经常到苏老师办公室问问题。

案例解读

很多教师都知道要平等地对待学生，然而他们的平等是自己对每一个学生而言，没有考虑到自己本人与学生之间是否平等。从日常教育中我们可以看出，教师通常习惯于在评价学生的时候说：“你的缺点是……”但就是从没找过自己的缺点，这就是不平等的表现。

苏老师及时意识到了这一点，通过让学生找自己的缺点这一活动，让学生明白老师与他们是平等的，可以互相提意见。

缺点人人都有。让学生找老师的缺点，一方面让学生真正体会到了师生之间的平等关系，增进了师生之间的感情；另一方面，教师也会在这个过程当中发现自己的缺点，促进自己进步。

（二）一份不寻常的协议

案例回放

2007 年江西省“优秀班主任”、宜春市“优秀班主任”、丰城市“十佳教师”、丰城市“劳动模范”、丰城中学熊海荣老师曾担任过这样一个班的班主任：全班大多数学生不光学习基础差、厌学，而且行为恶劣，大错小错接连不断；他们的人生观、价值观大都扭曲，社会上的许多不良行为他们都有；他们和老师之间有很大的距离感，逆反心理特别强，对各种教育都漠然以对。整个班级难以形成正气，班级管理难度相当大。

多年的教育经验告诉熊老师，班中的每一个学生都有一段特殊的经历，用普通的教育方法对他们不会有多少成效，必须想方设法融入学生当中，走进他们的内心世界。于是，熊老师就试着和那些“问题生”每人签订一份协议——“师生共同创优目标协议”。他在名称的选择上刻意突出师生共同参与，一改过去单方面地对学生作出要求，而是师生双方都要受到制约。这样做的目的是协议容易被学生接受。

利用一次班会课，熊老师将签订协议的做法和意义进行了讲解。他指出，班上绝大多数学生的智力都很好，只是因为某些原因，走了一些弯路。希望通过这份协议的签订和执行，使大家的学习和表现有所进步，老师的教育管理水平有所提高，最后达到师生共同进步的目标。熊老师特别强调了平等和自愿，而不是强加给学生。协议中学生作为甲方，班主任作为乙方，明确甲乙双方应该做到的事情，以及违反约定后采取的处罚方式。每两周签订一次协议，两周内基本能做到协议上所规定的，下次再签订时适当把标准提高。协议双方各执一份，每个学生根据自身的情况签订协议的内容可以不同。但要求签订协议的学生每天对照协议写好自我评价，哪些条款做得好，哪些条款基本做到，哪些条款没有做到都要写出来。对于一周结束基本能达到协议上规定的目标的学生，熊老师在周末会给他们一张特别设计的喜报带回家，喜报上有学生的自我评价和老师的评价。熊老师特意把可以得到喜报的时间定为一个星期，让学生不用等得太久就有回报，以免泄气。

一经讲解后，那些平时调皮的学生都纷纷跑来和熊老师签订协议。他们之所以如此踊跃，一是冲着和老师的地位平等，有机会处罚老师；二是冲着周末带回家的喜报，想给父母一个惊喜；三是想使自己的进步得到承认。

熊老师和一个个学生面对面坐下，按照学校的规章制度和学生的实际情况，让他们想想自己在最近两周内能达到哪些最基本的要求，并把它们一条条写下来。学生做不到的熊老师绝不让写，因为这样只会挫伤学生的积极性。有的学生上课有爱说话的毛病，熊老师就特别要求他写下一堂课说闲话至多被老师提醒几次，否则按违约处理；允许有的学生某些学科的作业开始时不交；允许有的学生在上某些科目时只要不影响老师和其他学生就行。然后再要求学生承诺违反条款后愿意接受的处罚方式，比如，有的学生愿意做俯卧撑、跑步、大扫除、写不少于400字的违规说明书等。同样也让学生说说对老师的要求及处罚的方式，把它写在协议书上。如有的学生要求老师平等对待每一个学生，在公共场所和学生面前不准抽烟，学生在学校犯的小错误不能告诉家长，如果改正了缺点要及时向家长报告等。处罚的方式有：做俯卧撑、跑步、写道歉说明书、捐款充班费等。

由于这份协议采用的是平等自愿的方式，学生的心态很快就发生了变化。熊老师明显感觉到那些平时调皮的学生和自己的关系好多了，距离也缩短了。只要学生违反了协议中的条款，熊老师就按照协议对其进行处罚，学生也心服口服。

当然有些学生也会盯住熊老师的行为，如课间到办公室借机看看熊老师是否在抽烟。有一次真的被抓住，熊老师就在办公室里当场被罚做俯卧撑。不过熊老师有时也会故意违反一些无关紧要的条款，接受一次学生的处罚，以平衡学生的心态，拉近和学生的距离。

熊老师设计好师生评价表，上面有学生的自我评价和老师对学生的评价。每天学生对照协议写的自我评价很认真。例如，刚开始一个学生是这样写的："今天协议上所有的条款我全部做到了，表现太好了！"熊老师给他的评价是："你的表现真的让老师感到惊喜，这是一个相当好的开端，你还能继续坚持吗？"评语中包含着肯定和鼓励，同时也充满着期待。还有一个学生是这样写的："今天早晨又迟到了，表现一般，但请老师相信我，明天一定会做得更好！"熊老师在他的评价旁边写上："只要你有信心，没有失去希望，就没有克服不了的困难。记住：'世上无难事，只怕有心人'，老师相信你！"

在每天对学生的评价中，熊老师更多的是鼓励、表扬、发现他们的"闪光点"。学生们都很关心熊老师每天写给他们的评语，这成了熊老师和学生心灵的对话窗口。

通过师生感情的交流，心与心的碰撞，熊老师发现学生变了很多，自己的工作也轻松了许多。

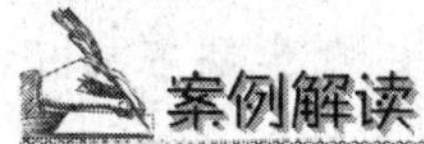

熊老师这样做，对学生的处罚刚开始确实很多，而且有点像体罚，但学生们都愿意接受。因为处罚不是熊老师的目的，熊老师只是想通过处罚让学生知道哪些是对的，哪些是错的，逐渐规范他们的行为，以达到教育转化的目的。

熊老师和学生签订一份不寻常的协议真可谓技高一筹。想想，如果熊老师只在协议中约束学生，那么学生还会愿意签这份协议吗？肯定不会，即使签了也是被逼无奈，而不愿意遵守。

正因为熊老师是本着师生平等的原则拟定协议的，这使学生充分感觉到自己和老师的地位是平等的，自己也可以处罚老师，内心深处那种上进心、积极性就被激发出来了。因此，越来越多的学生都愿意接受“处罚”，和熊老师签订“师生共同创优目标协议”。熊老师的教育策略也得到了很好的实施，收到了很好的教育效果。

（三）真诚向学生道歉

案例回放

在一次周六的兴趣活动课上，浙江省诸暨市浣江小学楼国生老师打算给学生播放一段教学资料片。

楼老师来到多媒体教室，见学生们的热情非常高涨。楼老师打开 DVD 开始放映，由于资料是法语，学生听不懂，希望楼老师能转为汉语。

于是，楼老师拿出遥控器，因为他自己从来没用过 DVD（以为和 VCD 差不多，没想到还有很大差别），所以一着急按出来的是无序。这时楼老师的手心开始出汗，而班里两个很调皮的男生偏偏不识相，因看不懂在座位上转来转去，于是楼老师批评道：“坐好，不要乱动！”转而向全班学生问道：“有没有懂 DVD 的同学？”没人应答。楼老师只好自己再试，结果出现了乱序。这时班上大部分学生出现了茫然的神色，几个成绩较好的学生试图认真看懂些什么，但因为乱了顺序而一无所获。

这时，那两位男生不但开始讲话，还把多余的凳子排好准备躺下来睡觉。这也太目中无人了！楼老师生气地让他们把凳子放好并保持安静，他们很不情愿。楼老师更加生气了，走过去把凳子拿回原位并重重地放到地上，然后开始大声地训话。结果可想而知，这节课糟透了。

事后，楼老师想想整件事情的经过，觉得不能都怪学生，主要是因为自己操作不当，使他们由于看不懂而坐不住。平时学生犯错总是要向老师道歉，而这次自己犯错，是不是也应该向学生道歉？如果不承认自己有错，可能这个班的课以后都不会像以前那样和谐了；而承认自己犯错，学生会不会因此看低老师而不尊重自己呢？思考再三，楼老师还是决定向全班学生道歉，特别是向那两个学生道歉。

又到了周一楼老师的课了，楼老师走进教室，看到那两位男生懒洋洋地趴在桌子上。很明显，他们已经出现了抵制楼老师的情绪。

楼老师走上讲台，真诚地对学生说："同学们，上课之前，我先说几句题外话。三班是我所教班级中最喜欢的一个班，平时在我们班上课我是最开心的。但是上周六我由于自己的操作不当而责怪大家，回头想想深感自责，觉得对不起大家。这里，我诚心地向同学们道歉，希望大家原谅我，希望我们还像以前一样合作愉快。"

在楼老师说这些话的时候，那两位男生慢慢地坐好，认真地听。当楼老师向全班学生道歉的时候，其中一个马上接口道："老师，不要说了，再说我要哭了。"

楼老师又说："我尤其要向你们两个道歉，那天批评得太重了。"

那个学生脸红红地说："老师，我们也有错，我们要向您道歉。"

而另一位此时也悄悄地低下了头。接着，楼老师开始上课。课堂又恢复了往日的和谐。下课后，楼老师回到办公室，那两位学生也马上跟了进去。

楼老师问："你们有什么事吗？"

先前没说话的那位学生说："老师，我们是来诚心向您道歉的，那天是我们不好。刚才在教室我想过了，一定要当面真心道歉，希望老师能接受。"

楼老师开玩笑地说："道歉还有不真心的？"

学生很天真也很调皮地回道："有时明明是老师的错还要我们认错，当然是不真心的了。您是第一个向我们承认自己有错的老师。”

“人无完人”。教师在学生面前也有说错话、做错事的时候，比如有的教师没有经过调查了解而对学生批评过火了，或在教学中不小心把字写错了、把音读错了等。但有些教师明明知道自己做错了，却不愿向学生道歉，说声“对不起”，甚至摆出一种“居高临下”的姿势，劈头盖脸地责骂学生一通。教师担心向学生说“对不起”有损教师的形象，会使他们在学生面前失去做教师的尊严和威信，学生就不会尊重他们了。

其实，这种想法是不正确的。把责任推到学生身上，有时可以较快地“解决”一些事情，但实际上，学生内在的真实感受得不到宣泄，更深层的矛盾得不到表露和解决，结果必然只是在表面上消除了一些现象，而不能从根本上解决问题。而且，这种做法还容易导致师生的隔阂甚至对立，使师生双方都感受到挫败。

当教师做错了一件事，向学生表示“对不起”时，对教师来讲不仅是适宜的，而且也给学生树立了榜样。教师向学生道歉，不仅可以纠正教育教学中不该发生的错误，防止谬误流传，而且可以在学生面前树立良好的形象，可以培养学生有错就改的良好习惯。教师向学生道歉，学生会觉得教师可亲、可信、可爱。因此，老师在做错的时候，我们要勇于向学生说“对不起”。

楼老师敢于承认错误，尊重学生，向学生道歉。正是他这种真心诚意的道歉化解了师生之间的矛盾，使学生也认识到了自己的错误，并诚心地向老师道歉，课堂才得以恢复往日的和谐。

（四）公平对待每一位学生

这天，浙江省象山县西周中心小学陈慧娣老师批改作业时，发现作业质

量普遍不高。陈老师当时就在班上把作业做得不好的学生逐个叫上讲台，被叫上台的学生也大都是成绩不太理想的学生。他们个个一脸恐惧地走上讲台，又一脸忧郁地回到座位，甚至有的学生眼里还含着泪花。被老师批评的滋味肯定不好受，更何况有的学生可能真是被其他的事情耽误了，却没有得到老师的理解，那种心情可想而知。

突然，一个优秀生的名字映入了陈老师的眼帘——小英，她平常在上课时表现很好，成绩也很不错，怎么会没有完成作业呢？陈老师内心充满疑惑和气愤，准备狠狠地批评她一顿。

可是，当小英走上讲台时，一脸的哀伤，像已经挨了批评似的，陈老师的心一下子就软了下来，只说了句："下次不许再犯了，马上补回来。"听到这样的话语，小英雀跃了，一脸得意地回到了座位上。

看到小英的表情，陈老师的心里有了些想法，耳边也马上响起了第一桌男生的对话：

"老师真偏心，我们没做好就要被批评，她却不用。"

"谁叫你的成绩不好？"

"老师就是偏心。"

陈老师呆住了，再巡视那些被批评的学生，看到了他们眼神中明显流露出的不满。陈老师陷入了沉思中：虽然一再要求自己对待学生要一视同仁，可是一到关键时刻却又做不到，总以为好学生的自尊心更强，有时候一批评就哭，而后进生的耐挫能力较强，经得起批评，所以多说几句也没关系。

被批评学生的表情和两位男生的对话却彻底推翻了陈老师自以为是的想法。是啊，成绩好的学生犯了错也同样应该受到批评教育，而差生的耐挫能力也并不比好学生强，他们的心灵其实更脆弱，更需要"网开一面"。

想到这些，陈老师当着全班学生的面坦白了自己片面的想法，承认了自己所犯的错误，并承诺改变自己的观念，坚决做到一视同仁。陈老师的勇气和决心换来了所有学生的赞同。

此后，陈老师确实履行了自己的承诺，他经常观察班级学生的表现，挖掘每个学生身上的优点，不再偏爱学习好的学生。在陈老师一视同仁的教育观中，优生不再有犯错不必受批评的侥幸心理了，做任何事情也都更加仔细认真了；后进生也不再嫉妒优生了，不再是老师的眼中钉了，他们的学习也变得更轻松、更愉快。

在批评学生时，我们容易犯的一个毛病就是对后进生所犯的错误进行非常严厉的批评，往往是“罚重于过”；而对于好学生的错误往往采取“大事化小、小事化了”的态度，甚至是“视而不见”。

案例中的陈老师就是犯了这种错误，以至于引起了学生的“公愤”。从这个案例中我们知道，不平等的批评态度会导致学生对于惩罚不以为然，批评不仅收不到应有的效果，还会产生极大的负面效应。

因此，教师在运用批评这种手段时，不论是好学生还是后进生，都一定要做到一视同仁，公平地对待每一个学生，让每一个学生都做到遵守共同的“规则”，而不能让任何人凌驾于集体规则之上。只有这样，批评才能发挥其应有的效果与威力。

（五）运用平等待人式批评的讲究

“平等待人”这四个字看似简单，但实际上是“说起来容易，做起来难”。要真正做到师生之间完全平等、对所有学生一视同仁，还真不容易，它需要我们具备师生民主平等观。

所谓师生民主平等观，就是在教育过程中教师和学生以平等的身份共同参与教育活动，形成平等与友好、理解与尊重、信任与接纳、关心与帮助的师生关系。师生间这种民主、平等关系的建立基础是互相理解和互相尊重。

只有确立这种师生民主平等观，我们才能把平等待人式批评应用好。

1. 理解学生

理解是建立师生感情的基础，是积极行动的先导。无论什么事情，学生不理解，而老师硬要他去做，都不会产生好的结果。

师生关系的一些裂痕，往往是由于彼此缺乏理解造成的。学生年龄小，与教师在认识问题、处理问题上总是有非常大的差异。在处理问题时，老师要充分理解学生，热情地关心、爱护学生，尽可能地消除师生心理上存在的隔膜。

一次，一位教师发现一个学生故意让旁边的一个学生抄作业，便在全班学生面前严厉地批评了他，说他这样做是害了那个学生。挨批评的学生很不服气，下课后，主动找到老师说："我知道让他抄作业不好，可是他说看看我怎么做的。我想让他看看也没什么不对。"听学生这么一说，教师意识到自己调查了解得不够，没完全弄清楚事情的真相就批评学生是不对的。于是，老师诚恳地做了自我批评，向那位学生道歉，及时解决了出现的矛盾。

诸如此类事情，如果师生双方相互理解，就会避免许多不必要的矛盾发生。

2. 尊重学生

如果说理解是建立民主、平等的师生关系的基础，那么，尊重就是这一关系的核心。教师不是法官，学生不是被告，双方是完成教育教学任务的统一体，利益是共同的，目的是一致的，没有理由不相互尊重。

一些学生对教师的不礼貌行为，究其原因，常常是由教师引起的。有些老师受旧观念影响，往往唯我独尊，遇事不设身处地地替学生着想，不注意体会学生的思想感情，不尊重学生，结果使学生极为不满，出现抵触行为，甚至在背后议论教师、给教师起外号等。

有一位刚从师范毕业的青年女教师，才华出众，能言善辩，但她在上课时总喜欢批评学生，且语言偏激、过分，伤害了学生的自尊心，而且，她为了提高自己所带的这门课的成绩，经常占用学生的课余时间。为此，师生关系搞得很紧张，部分学生开始以不完成作业、上课玩耍、起外号等各种形式抗议。而这位教师则以学生不听话为由变本加厉，以更加偏激的语言刺激学生，以更加严厉的手段惩罚学生，师生之间闹得不可开交，导致课堂教学无法正常进行。最终，学校只好换了这位教师才平息了此事。

"人非圣贤，孰能无过？"更何况是不太懂事的小学生呢？学生犯了错误是正常的，这并不重要，重要的是在于教师如何教育引导学生认识错误，帮助学生改正错误。即使批评也应注意方式方法，尊重应该成为教师工作的出发点。

作为一名教师，我们应心胸宽广，善于用尊重他人的行为影响学生，对学生的不礼貌行为，应采取宽容态度，适当加以疏导，使学生能及时认识错误，改正错误。

3. 一视同仁

一视同仁是建立民主、平等师生关系的关键。教师不应因学生性别、相貌、成绩等方面的差别而对他们区别对待。公平地对待每一位学生，无论在学习上还是在生活上，都要真正做到心里想着每一个学生，眼里看着每一个学生，爱心惠及每一位学生。我们要多倾听学生的呼声，常听取学生的建议，并不断调查研究，及时发现他们身上的优点，帮助他们克服缺点，努力挖掘他们的潜在能力，给所有的学生创造表现才能的机会，这样才能建立民主、平等的师生关系。

4. 信任学生

中小学生年龄小，好胜心强，特别是小学生，他们做每一件事都希望得到老师的肯定，也希望自己能得到老师的信任。信任是开启学生心灵窗户的一把钥匙，只有相互信任，学生才会向老师坦露自己的心声，及时反映自己在学习和生活上遇到的困难；教师才能更加深入地了解学生，做到有的放矢，因材施教。

一次，一位教师发现一个成绩较差的学生连续几天的作业都完成得不错，便怀疑是抄袭他人的。这位教师直言不讳地问道："你是不是抄袭了别人的作业？"谁知，这句话极大地伤害了学生的心。这位学生在日记中写道："为什么老师不相信我呢？是不是我天生就是一个差学生？"原来，这个学生在最近一段时间里，刻苦用功，发奋学习，想用实际行动向老师和同学证明自己并不笨，自己天生不是差学生。可是，老师简单的一句话，却浇灭了他奋进的愿望。原因何在？就在于学生觉得老师不信任他，一切辛苦都是徒劳的。

对于教师而言，一方面，我们要相信每一位学生，在教学过程中充分发挥学生的主观能动性，不断改进教学方法和管理方式，积极适应教育发展的新形势和新要求；另一方面，我们要充分发挥班干部的作用。正如特级教师魏书生所讲的："同学能管的事，班委不管；班委能管的事，班长不管；班长能管的事，老师不管。"这样做不但能调动起班干部管理的积极性，还让他们获得了参与管理的机会，提高了管理能力。更重要的是由于班干部每天和其他同学一起生活，很容易发现问题并及时处理，能把问题消灭在萌芽状态，对于维护班级的团结稳定有重大的作用。另外，这样做还能把教师从烦琐的班级事务中解脱出来，省下时间，对课堂教学和班级管理进行更深层次的观察与思考。

新教改强调，教学活动中师生关系必须是"民主、平等"的。不仅需要学生尊重老师，老师也应该尊重学生的个性与人格尊严，使师生之间形成相互尊重、相互关心的和谐关系。另外，老师还应对所有学生一视同仁，不偏袒。我们只有这两点都做到了，才能真正做到平等对待每一位学生。

四、含蓄式批评

苏霍姆林斯基曾说过："教育者的意图，应该隐藏在毫无拘束的友好气氛中。"

甲、乙两位后进转先进的学生同样受到了学校的表彰，成为学校其他学生的典范。可是一段时间过后，他们又都反复犯错误，他们各自的班主任对他们采取了两种截然不同的批评方式。

甲学生的老师对他说："你不得了啦，刚受到学校表扬，尾巴就翘到天上去了，真是不知天高地厚……"

乙学生的老师却说："前一阵你进步可大了，学校给了你那么高的荣誉，老师和同学们都替你高兴，你父母也放心了。真希望你能持之以恒，取得更大的成绩……"

结果甲学生对其班主任深恶痛绝，故意违反班级纪律，处处和老师作对，学习也越来越差，明显一副破罐子破摔的样子；而乙学生听了老师的话后对自己的行为进行了深刻的反省、自责，他很感激老师对他的肯定，并决定以更好的成绩和表现来报答老师。从此，他不但不再给老师添乱，而且学习成绩上升，在班级中名列前茅。

从这个事例中我们可以看出，虽然两位老师都是对学生进行批评，但两种不同的批评方式却得出了两种截然相反的效果。甲学生的老师虽然也是为学生好，想激励学生努力学习，但他过于直接的批评中明显带有讽刺打击，从而使学生一蹶不振、自暴自弃。而乙学生的老师却寓贬于褒之中，采用委婉含蓄的批评方式促使犯错误的学生深刻地认识到了自身的错误，并改正错误，取得了很好的教育效果。

苏霍姆林斯基曾说过："教育者的意图，应该隐藏在毫无拘束的友好气氛中。"这就是含蓄的力量。

含蓄，自古以来被看做是有君子风度的人的标准。成人之间需保持此风度，教师与学生之间亦应如此。所谓含蓄式批评，就是说在对学生所犯的错误进行批评时，忌一泻无遗，忌节外生枝，忌累赘琐碎，而要给学生留有思考的余地，使他自己自觉地认识错误并改正错误。尤其是对于性格内向、自尊心强的学生，批评时更要委婉含蓄。

含蓄式批评是一种含而不露、柔中带刚的影射批评。当发现学生有某种错误苗头，或者已经犯了错误，但不是很严重时，我们可采用含蓄式批评方法，以打消学生的不良动机或错误行为。这种批评方式既不会伤害到学生的自尊心，又能让学生认识到自身的错误，往往能起到直接批评所起不到的作用。

（一）批评于"踏雪无痕"中

宋太祖赵匡胤在臣子张思先面前说下大话："因你这次为君为国做出了这么大贡献，我决定让你官拜司徒。"

张思先左等右等总不见任命下来，可是又不好当面问讯。左思右想，只能含蓄地表达出自己的意思，来个皆大欢喜。

有一天，张思先故意骑一匹奇瘦之马从赵匡胤面前经过，并惊慌下马向皇帝请安。赵匡胤问道："你这匹马为何如此之瘦？是不是你不好好喂它？"张思先答："一天三斗。"皇帝说："吃得这么多，为何还如此之瘦？"张思先答："我答应给它一天三斗粮，可是我没给它吃那么多。"于是，二人大笑不止。

赵匡胤是个聪明人，马上有所顿悟。第二天，就下旨任命张思先为司徒长史。

在一个阳光明媚的星期天，聪明的男孩汤姆给妈妈写了一张账单："汤姆给妈妈到超市买食品，妈妈应付 5 美元；汤姆自己起床叠被，妈妈应付 2 美元；汤姆擦地板，妈妈应付 3 美元；汤姆是一个听话的好孩子，妈妈应付 10 美元；合计：20 美元。"汤姆写完，把纸条压在餐桌上，就上床睡大觉去了。

忙得满头大汗的妈妈看到这张纸条后，只是宽容地笑了笑，随即在上面添上几行字，连同 20 美元一同放到了汤姆的枕边。醒来的汤姆，看到了 20 美元和这样的一张账单："妈妈含辛茹苦地抚养汤姆，汤姆应付 0 美元；妈妈教汤姆走路、说话，汤姆应付 0 美元；妈妈以后还将继续为汤姆奉献，汤姆应付 0 美元；妈妈拥有一个天使般可爱的小男孩，汤姆应付 0 美元；合计 0 美元。"这张纸条，至今仍被汤姆珍藏着，它记录了一个孩子从懵懂走向懂事的经历。

读完上面这两个故事，我们不禁被张思先含蓄地表达出自己的想法和这位母亲独特而卓有成效的教育所折服。这两个故事虽然一个是下级对上级的委婉提示，一个是长辈对晚辈的含蓄批评，但都达到了"批评无痕"的效果。这种含蓄、无言的教育方式远比大声训斥、当面指责、讽刺挖苦等高明得多。

苏州工业园区第二高级中学高春明班主任就使用了含蓄式批评的方法教育他的学生，并收到了很好的效果。

案例回放

开学时接任一个新的班级，高老师发现不少男生的头发很长，就想，用什么方式来劝告他们呢？过去常常是当面指出、大声呵斥，但效果往往不佳，是否可以改变策略呢？

这一想，高老师倒是想出了个好主意。于是，一天中午，高老师特意去了一趟理发店，把自己原本不长的头发又精心地理了一次。

下午上课前，高老师不露声色地来到班里，召集全班同学开了一个 5 分钟的交流会。高老师首先问："看谁最先发现班中有哪些新变化？包括我和你们。"当学生发现并说出老师理发了时，高老师的话锋一转："现在，我很想知道老师理发之后你们的感觉如何？"于是，高老师听到了一片赞扬声。最后，高老师说："有位名家说得好：'诚心诚意赞美别人一句，就能让人多活 20 分钟！'因此，我很感谢同学们今天对我真心诚意的夸奖！你们是否也想得到这种夸奖呢?”就这样，短暂的5分钟交流会在愉快的氛围中结束了。

高老师没有点任何留长发的男生的姓名。第二天，高老师再去上课，欣喜地发现那几个男生的长发变短了，有的还剪成了小平头。

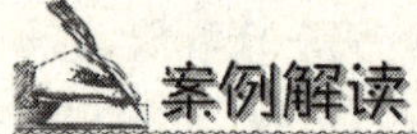

理发后的“美妙滋味”（大家的赞美）老师享受到了，学生也多么希望自己也能享受一下呀！高老师唤醒了学生心中的“美好”愿望，使学生满怀热情地向其靠拢，从而达到了批评教育的“无痕”境界。

苏霍姆林斯基说：“造成教育青少年的困难的最重要的原因，在于教育实践在他们面前以赤裸裸的形式进行，而处于这个年龄期的人，就其本性来说是不愿意感到有人在教育他们的。”

因此，当学生有过错时，老师要多想办法，含蓄地提出批评，给学生以良性的刺激。就如同武林高手“踏雪无痕”一样，在呵护和引导中显示出强大的威力。这样的批评不伤害学生的自尊，不丢学生的面子，更不会引起学生的抵触情绪。相反，它可以加强师生之间的情感交流、保护学生的自尊，激发学生的进取心，更有利于学生的健康发展，从而收到最佳的教育效果。

（二）批评于“出奇制胜”中

有位妇人傲慢无理地要求林肯，让她的儿子在军队中担任陆军上校的职务。她对林肯说：“先生，我的祖父曾参加过列克星敦的战斗，我的父亲参加过新奥尔良之战，而我丈夫则在蒙特雷阵亡了。我的一家为国家作出了巨大的贡献。因此，我的儿子有理由……”“依我看，夫人，”林肯说，“你家已经够为国家效劳的了，现在应该把机会让给别人了。”

罗斯福在当选美国总统之前，曾在海军担任要职。一天，一位朋友向他打听海军在加勒比海一个小岛上建立潜艇基地的有关计划，这显然是一个军事秘密。罗斯福听后故意左右看看，然后压低声音问：“你能保密吗?”“当然能。”那位朋友答道。“那么，”罗斯福微笑着说，“我也能。”

这两位前美国总统批评人的方式真可谓奇妙，出奇制胜地批评了对方，而且让受教育者“防不胜防”，既委婉而含蓄地表达了自己的意思，避免了争吵，又使那位妇人和罗斯福的朋友明白了其中的道理。上海市嘉定区绿地小学洪伟彦老师也曾使用了“出奇制胜”这招批评学生，让我们一起学学。

案例回放

那是一次语文测验，也许是题目太难，下课铃声刚刚响过，教室里便躁动不安起来。

这时，洪老师发现班上一个叫小冯的学生脸上露出喜悦的表情，好像胜利正在向她招手。直觉告诉洪老师，小冯在作弊。

洪老师岂能容学生如此胆大妄为。于是他决定“迂回前进”，悄悄地来到小冯的背后，准备来个“人赃俱获”，并当众没收她的卷子。当洪老师出其不意地把手按在小冯的卷子上时，他看到了一张因极度恐慌而扭曲变形的脸，小冯双手紧紧地握住手中的笔，用近乎乞求的目光怔怔地看着洪老师。一刹间，洪老师忽然动了恻隐之心，灵机一动，将卷子拿起来，装作看看她答得如何的样子，然后意味深长地说道：“好好检查，不能有丝毫的侥幸心理。也许让你懊悔的正是那些微乎其微的细节，可是差之毫厘，却谬以千里啊。”

听了洪老师的话，小冯慢慢地低下了头。过了几天，洪老师收到了小冯的纸条，上面写着：“洪老师，我错了。我不该在测验时抄袭别人的试卷，谢谢您当时没有直接批评我，我以后要做个诚实的孩子。”

看到这个纸条，洪老师感到无比欣慰。

案例解读

每一位孩子的成长都需要一个过程，需要老师耐心地等待。在等待中，我们要不断播撒爱的阳光，让等待充满憧憬，寄托希冀……

正如洪老师所料，他等到了学生小冯的自我觉醒。不敢想象，如果洪老师当着其他学生的面指责小冯抄袭，让她难堪得无地自容，那么一向争强好胜的小冯会不会一蹶不振呢？曾经明朗的天空会不会从此留下一团挥不去的阴影呢？

幸好洪老师没有那么做。被洪老师吓得胆战心惊，准备好挨训的小冯没想到洪老师不但没揭穿她，反而提醒自己好好检查。在洪老师这种委婉含蓄的提示、批评下，小冯学会了自我反省、自我认识、自我教育。

（三）批评于“旁敲侧击”中

于1923年登上美国总统宝座的卡尔文·柯立芝以少言寡语出名，常被人们称作“沉默的卡尔”，但他也有出人意料的时候。

柯立芝有一位漂亮的女秘书，人虽长得不错，但很骄傲，工作中常粗心出错。一天早晨，柯立芝看见秘书走进办公室，便对她说：“今天你穿的这身衣服真漂亮，正适合你这位年轻漂亮的小姐。”

这几句话出自柯立芝总统口中，简直让秘书受宠若惊。可是，柯立芝接着说：“但也不要骄傲，我相信你的公文处理也能和你一样漂亮的。”果然从那天起，女秘书在公文上很少出错了。

面对骄傲的下属，总统的批评可以变得如此含而不露，是不是也可以给我们一些启发？学生当中也不免存在一些骄傲的学生，因此，我们在批评这些学生时，是不是也可以学学柯立芝总统含蓄的批评技巧，既不使学生尴尬，又达到非同寻常的批评效果？

成都市实验外国语学校（西区）黄勇老师在这点上就达到了和柯立芝“总统”同样的境界。

案例回放

小林是黄老师班上的小体育健将，但在课堂上很喜欢开小差，干一些与教学无关的事。有一次，刚开始上课没一会儿，小林的两只手就缩到桌子下面玩起来了。黄老师注视了他很久，可小林玩得正起劲，一点儿也没察觉到黄老师“盯”上他了。于是，黄老师故意点小林起来回答一个非常简单的问题，聪明的小林很轻松地就回答出来了，并表现出一副很得意的样子。黄老师及时表扬道："小林，你真棒，我相信你在课堂上会和在运动场上一样出色。"小林听出了黄老师的言外之意，脸顿时红了。

从那以后，小林再也没有在课堂上开小差了，每次表现都非常好，学习成绩也渐渐和他的体育成绩一样出色了。

还有一次上公开课，黄老师提出了一个有点难度的问题让学生分析回答。结果只有一个学生举手，其他学生都低着头。有少数几个学生有表达的意愿，但又慑于许多老师在听课而有些犹豫，课堂气氛趋于沉闷。此时，黄老师急中生智，巧妙地借用刚刚学过的契诃夫的《装在套子里的人》中的套中人对学生说："谁说我们是别里科夫？不！我们永远不做缩头缩尾的别里科夫。"许多学生经过黄老师这么一番旁敲侧击，终于举起了手，大胆地表达了自己的见解，课堂气氛也因此活跃起来了。

案例解读

这就是"旁敲侧击"的智慧批评，一种不露痕迹的批评艺术！

黄老师不但是一个善于处理突发情况、化尴尬为自如、化沉闷为活跃的能者，更是一个善于寓批评于旁敲侧击中的智者。他总是在愉快的氛围中，含蓄地指出学生的错误，给予学生自我修正的时间，自我进步的主动发挥空间，既不伤害学生的自尊，又启迪了学生的思考。而这种没有难堪，没有声色俱厉的批评，却使学生深深地领悟到了老师内在的批评之意。

（四）批评于"声东击西"中

有个小女孩一心贪玩，居然把她的小狗"贝贝"带进了一家严禁携带小狗入内的商场。小女孩只顾与她的"贝贝"说着悄悄话，一点也没有意识到这条规定。

当她上了二楼突然看见楼上"严禁携带小狗入内"的警示牌时，才发现小狗已没地方藏了。她挺着急，便赶紧乖乖地站好，一边搂着"贝贝"，一边看着迎面走来的保安，等待着想象中的"狂风骤雨"。

不料，保安不仅没有生气，还笑眯眯地看了看她，问：“啊！多么可爱的小狗，它叫什么名字?”小女孩轻轻回答：“它叫贝贝。”而那位保安叔叔也再次笑笑，摸摸小狗的头说：“亲爱的贝贝，你怎么糊涂了？我们这儿不准小狗带小女孩进来的。但既然来了，也就不难为你了。请离开时记住，千万别忘了带走你身边的这位小姑娘!”

这位保安给人留下的肯定是无比美好的印象。想想，如果他对小女孩大声吼道：“为什么带狗进来？出去!”小女孩可能连楼门都找不到了。

我们不能不允许学生犯错误，关键是我们怎样来正视他们所犯的错误!

同样是否定一个孩子某种错误的行为，这位保安采用了一种与众不同的批评方式。既让小女孩认识到了自己的错误，又让她很欣然、很自然地改正了错误，而这一切都似乎是在无形中进行的。

保安的做法充满了教育的智慧，这种处理问题的方式很值得我们借鉴。

案例回放

浙江省宁波市慈湖书院黄童平老师带过的一届毕业班中，有些男生非常好动，下课不好好休息，常用粉笔头打仗，你扔我，我扔你，弄得教室里鸡犬不宁，乌烟瘴气。其他学生纷纷逃到教室外“避难”。

这是严重影响其他学生课间休息、扰乱班纪班规的事情。黄老师知道后，非常生气，恨不得马上冲进教室，抓他们一个现行，然后进行严厉的批评，并扣操行分，报政教处，甚至通知家长。但他转念一想，这样做即使学生们以后再也不敢在教室里用粉笔头打仗了，但是他们心中对老师的处理肯定会有想法，并可能因此讨厌老师。

冷静下来后，黄老师等他们打完了，走进教室，将一个个粉笔头重新捡起，放回粉笔盒里，并问班上的学生：“是不是哪位老师上课时不小心将粉笔盒打翻了？这位老师怎么能不将粉笔捡起来呢？或许是他没注意到，但无论如何这都是一种不负责任、没有素质的行为！希望咱们班同学不要跟这位老师一样。我希望以后如果老师再打翻粉笔盒时，能有同学帮老师一起捡起来，以免弄脏教室里的卫生。”同时，他用眼睛观察班级里的那几个男生。

此时，那些男生脸红了，眼神里露出一丝不安，表情也很尴尬……

在以后的日子里，黄老师班上再也没有出现过用粉笔头打闹的事情。一个看起来很严重的问题就这样轻松地被解决了。

案例解读

在黄老师的批评中，看似在指责哪位没有素养的老师，实则在批评学生。这种“声东击西”的批评方式起到了意想不到的教育效果。

在批评学生的过程中，教师应指出学生行为上的错误、错误造成的影响和改正错误的方法，绝不能对学生讽刺挖苦，进行人身攻击。尤其是对常犯错误的学生，我们更需要保护他们的自尊心。我们不妨把批评的语言先“包装”一下，使用轻松诙谐的语言去批评学生，既使他们容易接受，又达到了批评的目的。

（五）运用含蓄式批评的讲究

在我们的教学中，总有些让我们头痛的学生：他们或调皮、或学习差、或不认真、或管不住自己。对这些学生，我们要对其进行批评，帮助他们提高认识、改正错误行为。但由于自尊心等原因，学生难以接受当面的直接的批评，这就要求我们在工作过程中，既要讲原则，又要讲究方法与技巧，适当运用管理艺术。含蓄式的批评就是学生比较容易接受的方法之一。含蓄式批评方法除了上面案例中讲到的几种以外，还有以下几种：

1. 借景抒情，以情感人

汉武帝的奶妈在皇宫住了几十年，不愿离开皇宫去外面生活。但汉武帝嫌她啰唆、好管闲事，打算把她迁出宫。奶妈无可奈何地找到东方朔，请他帮忙说句话。东方朔安慰她说：“当你向皇上辞行的时候，只要回头看皇上两次，我就有办法了。”这天，奶妈叩别汉武帝，热泪盈眶，边走边回头看汉武帝。东方朔乘机大声说：“奶妈，你快走吧！皇上现在已用不着你喂奶了，还担心什么呢?”汉武帝听了，如雷轰顶，想起自己是吃她的奶长大的，她又没犯什么大错，感到十分内疚，于是收回了成命，留奶妈继续住在宫里。

这个传说看上去是东方朔顺水推舟，让奶妈不要担心，放心地离去，暗地里却批评汉武帝忘恩负义。而汉武帝却能欣然接受，就是因为这个批评委婉而含蓄，无损于君王的尊严和体面。因此，我们也可以借鉴这种方法来批评学生，指出学生的不当之处。

2. 避实就虚，循序渐进

晚年的郑板桥辞去官职后，“一扇明月，两袖清风”，带了一盆兰花和一条黄狗回乡隐居。一天晚上，天寒月黑，风雨交加，他辗转难眠。这时，一个小偷溜进了他的屋子，郑板桥略加思索，转身低吟道：“细雨霏霏夜深沉，梁上君子进我门。”小偷临近床边，闻声暗惊。接着，郑板桥又吟道：“腹内诗书存万卷，床头金银无半文。”小偷听得出这是房主暗示自己并不富有，自觉羞愧，赶忙转身出门，飞也似的逃走了。

郑板桥对付小偷尚可如此。我们在批评有不良倾向或不良动向的学生时，当然也可以效用他这种方法，使学生自省，在错误的道路上及时回头。

3. 巧设台阶

当老师发现了学生的错误时，学生一般会感到尴尬难堪，无地自容。这时，我们千万不能穷追猛打，而是要给学生搭一架下台的梯子。这样学生才会感激老师，为老师的宽容雅量所折服，老师也会因此而成为受学生爱戴和尊敬的人。

一位教师在布置课堂书面作业后，发现有位男生伏在桌上迟迟未动笔。坐在旁边的女生忍不住说：“老师，某某趴在桌子上，他什么也没有做。”这时，那位老师委婉地说：“做作业以前是要进行认真思考的，可能他正在想问题呢！相信他考虑成熟以后是会提笔做作业的。”那位男生慢慢抬起头来，向老师报以感激的目光，迅速拿起笔开始做作业。

4. 谐趣引导

德国著名演讲家海因雷曼麦说：“用幽默方式说出严肃的真理，比直截了当提出更能为人接受。”因此，教师有时不妨使用幽默的语言来批评学生，引导其改正错误。

吃过早饭，几位男生在宿舍闹着玩，把盛满水的塑料袋放在门上边，等着下一位同学进门。就在这时，聂老师去男生宿舍，看门虚掩着就随手推门而进，“哗”的一声，一袋水全洒在他身上了。宿舍里的学生都吓得目瞪口呆，静等老师的训斥。不料聂老师却笑着说：“今天是泼水节吗？我怎么不知道啊！再说我们这里是不过这个节的。”大家都笑了，那位在门上放水的学生不好意思地低下了头。

含蓄地表达出批评的方法还有很多，我们不能奉行拿来主义，全盘照搬。对于学生所犯的错误还需要多动动脑筋，多想想办法，多使用批评技巧，要做到因人而异、因地而异、因时而异。

五、发问式批评

《论语·述而》："不愤不启，不悱不发，举一隅不以三隅反，则不复也。"宋代理学家朱熹解释："愤者，心求通而未得之状也；悱者，口欲言而未能之貌也。启，谓开其意；发，谓达其辞。"

"南风效应"的寓言故事是大家耳熟能详的，它给我们的启示是：在教育学生时，由于方法不一样，结果大相径庭。

如果我们对学生动辄采取怒骂，甚至处罚等这些简单强制的教育方法，只会使学生将"大衣裹得更紧"；而如果采用和风细雨"南风"式的教育方法，根据学生的个性特点，循循善诱，积极引导，则会轻而易举地让学生"脱掉大衣"，从而达到我们的教育目的，收到更好的教育效果。

对性格内向、善于思考、各方面比较成熟的学生，我们不妨使用发问式批评法。发问式批评，就是老师对犯错误的学生进行有针对性的发问，学生通过对问题的思考和回答，加深自己对所犯错误的认识并愉快地接受老师的批评教育的过程。这种批评方式对事不对人，是通过启发、讨论来引起犯错误学生的反思，调动他们自责的主动性，在保护犯错误学生自尊心的基础上，使之接受批评，改正错误。

发问式批评这种方法不仅适用于各方面比较成熟、有一定思考能力、性格内向的优等生，同样也适用于那些脑筋机灵、敏感好动而又淘气的后进生。因为，他们一般都有一定的思考能力，对自己的过失多数情况下都可以自我醒悟。如果我们在交谈时，多设计一些他们能接受的问题让他们思考，让他们觉悟，这样不仅能加深师生之间的相互理解和信任，也能避免正面交锋，收到更理想的批评教育效果。

（一）用问题引导学生自省

案例回放

山西省稷山县稷王小学杨学玲老师曾教过一个叫小秦的学生。小秦从小就以野、泼、凶出名，骂人像唱山歌似的一串一串的，走路像男娃儿似的风风火火，所以，大家都称她“二男娃”。

一天上课前，小秦将雨伞挂在教室后面的墙上。伞上的水一滴一滴地滴在一个男生的身上，那男生便把伞拿了下来。她看到了，也不管当时正在上课，就气呼呼地跑过去，跃上课桌，把雨伞挂了上去，并且当着老师和同学的面对那位男生双手叉腰，怒目而视。

竟然在班主任眼皮子底下这么嚣张！杨老师十分生气，但她强压住心中的怒火，稍微说了她几句。没想到不说不要紧，这一说小秦不但不听，反而跟杨老师大吵大闹。杨老师不想影响其他学生听课，也不想影响自己上课的情绪，于是决定先不理她，接着讲课。可令杨老师没想到的是，老师讲课，她讲话；老师在黑板上板书，她拿起扫帚跟在老师后面擦；老师要将她拉出教室，她大叫老师要耍流氓……

尽管杨老师也知道小秦野，但无论如何也没想到她竟野到这种程度！怎样帮她克服这种不良品性呢？经验告诉杨老师，对于这样的学生，只能软，不能硬，越硬越会使她的不良个性得到强化。

下课后，杨老师把小秦叫到办公室，以开玩笑的口吻对她说：“看你人不大，可脾气倒不小。你知道吗？今天我的魂差点被你吓飞了！”

小秦“扑哧”笑了起来，但很快又收住笑，说：“他那样对我，我面子上下不来。”

“什么面子下不来？假如雨伞的水滴在你身上，你会怎么样？”

“反正我面子上下不来！”

很明显，杨老师再问下去就会陷入僵局。于是，杨老师说道：“好，你是很爱面子的，我很高兴。我知道，凡爱面子的人，不会再犯第二次错误的，你说是吧？”

小秦低着头走了。

从此，杨老师有意识地接近她，多方面关心她，平时一有机会，就把她安排在身边，只字不提上次课上的事。渐渐地，小秦乐意和杨老师在一起了，有时星期天也来杨老师家。她们接触多了，谈得也投机了。

有一次，杨老师问她："你为什么最近不对我发火？"她笑了笑说："老师，您是真心待我好，从不强人所难。我犯了错误，您找我谈，我都能听得进去。"

小秦讲这话是真动了感情的。杨老师抓住时机接着说："我也是有个性的，也会发火。如果我也按自己的个性办事，在你犯错误的时候，把你打一顿骂一通，那会是什么局面呢？"

她笑了起来，连连说道："不可能，不可能，您是老师。"

"你说得对，因为我是老师，行为要受师德的制约，我必须注意培养自己良好的个性。你是学生，就可以撒泼？难道中学生守则对你就没有约束力吗？"小秦不好意思地低下了头。

杨老师接着说："其实，那些不顾你的面子、批评你的老师，也是真心待你好的，只是他们一片好心没有被你理解，他们是恨铁不成钢啊！"

交谈中，有时杨老师并不要求她立即回答自己提出的问题，只要她听得进去就行。因为杨老师相信，她是会思考、要求进步的。事实上，小秦也确实安稳了好一阵子，没再惹是生非。

不料几个月后，小秦又和同学吵起来。这次，杨老师自己没有出面，只是让班干部去做了一番工作。杨老师故意冷落小秦，这使她着急起来。几天以后，小秦主动找杨老师承认了错误。这个倔强任性的"二男娃"第一次在杨老师面前流下了悔恨的眼泪。

后来，她慢慢地收起了那股"野"劲儿，开始变得礼貌、文静，像个姑娘的样子了。

案例解读

小秦虽然从小就野、泼，却也是个很聪明、很喜欢思考的学生。这种"野"孩子，往往吃软不吃硬，但一般的说教她可能根本就听不进去，只是左耳进右耳出。杨老师正抓住她善于思考这一点，在交谈中对她提了一些问题，却并不要求她立即作出回答，而是让她自己好好思考。这一招也确实使这个“野”孩子静了一阵子，因为她思考了老师的问题，意识到了自己的不对。

但因为从小就“野”，一下子很难完全改掉这个毛病，几个月后，她实在憋不住了，又和同学吵起来了。这次杨老师不出面解决，故意冷落她，目的就是想让她自己好好反省。杨老师这种做法对小秦其实也是一种无声的提问，必然会使小秦苦思：杨老师这次为什么没叫我去办公室交谈？她是不是生气了？她是不是对自己吵架的行为感到很失望？她是不是不再管自己了……这些问题足以让她懊悔。

因此，几天后，小秦主动找到杨老师承认了错误，“二男娃”也流泪了，而且是悔恨的泪水。从前大家眼中的“野”孩子不再野了，变成了有礼貌、文静的小姑娘。

（二）洞察错误行为背后的正面动机

案例回放

安徽省芜湖市中和路小学优秀班主任黄丽娟老师班上曾发生了这样一件事：

“老师，小明又跟同学打架了，他抓破了小江的脸，我们都劝不住。”班长急得满脸通红，气喘吁吁地跑来向黄老师报告。

又是小明？黄老师都害怕听到这个名字了，这个学生简直把跟同学打架当成家常便饭了。黄老师和其他任课老师都不知道对他教育了多少次，可就是不见效，他依然我行我素，接连不断地跟同学闹事。

这孩子怎么这么不让人省心呢？黄老师立即和班长到了班上。见班主任来了，小江忍不住“呜呜”地哭了起来，脸上好几道抓痕，还在不停地流血；而小明却站在一旁，很得意的样子。

黄老师想，既然多次批评都没有用，那就别再批评了吧，换种方式试试。因此，黄老师虽然很生气，但也没有当场训他，而是稍稍安慰了小江后，对小明使了个眼色，示意他到办公室去谈。小明“乖乖”地跟在黄老师后面，心里早已准备好像往常一样挨批。

到了办公室，出乎小明意料的是，黄老师不但没有训斥他，反而以平和的口气问道：“小明，你这样打小江，能得到什么？”

“我要出气。”小明理直气壮地说。师生二人开始进行了一问一答式的对话。

黄老师问：“哦，你要出气，出什么气？”

小明回答：“他说我是又笨又蠢的猪八戒。”

黄老师问：“他这样说话，伤害了你的自尊心，你很难受，是吗？”

小明哭了出来，因为老师说出了他的心里话。

黄老师问：“你希望他尊重你，喜欢你？”

小明仍然点头。

黄老师问：“原来你打他，就是希望他尊重你，喜欢你？”

小明还是点头。

黄老师接着问：“希望他尊重你，喜欢你，除了揍他一顿，还有什么办法？”

小明沉默，但已经开始觉得自己有点不对了。

黄老师拍拍他的肩头：“你先回去好好想想，好吗？想通了再告诉我。”

过了几天，小明找到黄老师，一脸兴奋而又有点内疚地说：“老师，对不起，以前都是我太冲动了，动不动就和同学打架，我已经向小江道歉了。我决定以后再也不跟人吵架、打架了。无论遇到什么事情，我都要先控制自己的冲动情绪，动脑不动手，用最好的方法解决问题。”

“嗯，很好！你能这么想我很高兴，说明你长大了，懂事了，也理解老师的一片苦心了。以后要遇到什么自己难以解决的问题，尽管找老师来商量，老师会尽力帮助你的。”黄老师欣慰地说道。

从此，小明再也没有因为打架或吵架这种事被叫进办公室了。

案例解读

像小明这样急性子、爱冲动的学生，老师的训斥、严厉批评不但起不到作用，反而可能使他的这种个性得到强化。

因此，黄老师一改往常对他的严厉批评，而是问清了他打架的原因，得知他打架是为了赢得对方的尊重与喜欢后，才向他讲明：赢得他人的尊重与喜欢没有错，但采取的方式方法是不合适的。黄老师和小明的对话后来就转变为“如何面对别人的挑衅并赢得别人的尊重”了。这显然是个方法问题而不再是道德问题或思想问题了。

小明就是没有去想除了打架征服别人以外，还有什么更好的办法能赢得他人的尊重。黄老师的提问恰恰提醒了他，使他明白原来事情可以不用武力解决，而是有更好的办法。

在我们日常的教育中，还有很多像小明打架这样看起来是道德品质的问题，其实背后都有正面动机的例子。例如，考试作弊是为了避免遭受家长、老师的责骂，是为了赢得老师、家长的喜欢，同学的尊重；不关心集体是为了避免受到他人的伤害，让自己有份安全感；冲撞老师是为了要保护自己，保护自己的自尊等。

因此，遇到此类行为问题，我们与学生谈话时，可采用层层剥笋的方法抽取出错误行为背后的正面动机（你这样做想得到什么?），然后针对方法问题再进行讨论，使学生从错误行为中真正学到方法，提高能力。

（三）全面思考，避免盲目

案例回放

江苏省铜山县铜山中学使用的七年级下册语文教科书中，安排了这样一次语文综合性学习——《我也追“星”》。为此，昝莹秋老师在活动中安排了一项写作练习：让学生以“我最崇敬的名人”为话题，写出自己对名人的独特感受和真切体验。

在批改作文时，昝老师发现，有个学生居然写了这样一篇作文——《我心中的偶像——希特勒》，他在文中写道：

“……他领导德军取得了许多辉煌战绩……他发明的狼群战术让当时的英国首相丘吉尔也忧心忡忡：‘战争中最使我心惊胆战的是德国潜艇的威

胁。’希特勒超人的政治谋略和军事才干，让我这个性格刚毅的小男孩深为折服。我觉得他好聪明，真得太了不起了。我佩服他，崇拜他，真希望自己将来可以成为希特勒第二……”

看着这些文字，昝老师的第一反应是：这个学生的思想和情感上出现了误区。于是，昝老师很快找来了这个学生。一听昝老师谈到他的这篇作文有问题时，他马上激动起来，滔滔不绝地向昝老师介绍希特勒的战术如何令他佩服。

说完之后，他有些不安地看着昝老师。这时，昝老师没有直接批评他，而是先肯定了他在学习中认真的态度，然后推荐他再去读更多的有关“二战”的书籍，搜集更多的资料，多角度、多层面地去认识他的这位“偶像”。然后又提出了几个问题让他去思考，去进行更深入的探究，如希特勒作为一个国家的领导者，他的战争行为最终给他的国家和人民带来的是什么？他那么聪明，为什么最终落得一个自杀焚尸的下场？联系当前的国际时事想想，拥有了强大的武力是否就可以耀武扬威？等等。

听了昝老师的话，这个学生先有些惊讶，既而是沉默，然后很认真地说：“老师，我会尽快给您我的答案的。”

他确实那样做了，思考了，还不时拿来一些资料和问题与昝老师分析讨论。昝老师也耐心地给予他帮助，同时还将自己查找的有关资料提供给他，指导他去阅读、去感受、去思索。

后来，在教八年级上册语文第一单元的“世界何时铸剑为犁”时，昝老师鼓励这个学生担任以“古今战争知多少”这一活动内容为主题的活动组组长，他愉快地接受了这一任务，并带领他的小组以“第二次世界大战与希特勒的关系”为重点进行探索。为此，他搜集了大量而翔实的资料，又整理成“集中营里的罪恶”“战争铁蹄下呻吟的欧洲”等几个方面的内容，在班里的成果展示会上向全班同学介绍。他自己也走上讲台，朗读了他的作文——《偶像到战犯》，文中写道：

“在希特勒发明的战术下，成千上万的无辜者倒在了血泊中，一个个鲜活的生命转眼间从地球上消失了。根据‘二战’后的统计数字表明：二战中仅犹太人就被屠杀了600多万，而总的死亡人数则高达5700多万；全球因战争而造成的经济损失有5000多亿美元……希特勒是战争狂魔，我憎恶他。

正义与和平才是我们共同捍卫的大旗，我要作一个热爱和平的人。”

在同学们的掌声中，昝老师欣喜地看到：这个学生的情感、态度、价值观在一年后已有了质的转变。

案例解读

昝老师的教育不仅纠正了一个学生的错误行为，更重要的是，他纠正了一个学生的错误思想，使学生从情感误区中走了出来，这对他人生发展方向的确定起到了很重要的作用。

对待学生的盲从行为，有的老师可能会批评学生的思想不端正，把战犯当成偶像；有的老师可能会责怪学生知识面太窄，没弄清事物的本质就盲目崇拜。昝老师不但没有批评他，反而先肯定了他在学习中认真的态度，然后再推荐他去读更多有关“二战”的书籍。昝老师这一举动的目的就是想让学生更全面地了解事物，看清事物的本质，而不致产生片面的观点。

昝老师随后对学生提出的几个问题，无疑是想让他在全面了解事物的真相后再去思考。有了全面的了解，学生既看到了事物的正面，也看到了事物的反面，这样产生的思想认识也就不像以前那样片面了，就不会盲目崇拜了。

（四）追根溯源，层层剖析

案例回放

山东省威海市高技区田村小学王爱宁老师班上有个学生叫小鹏。王老师刚接这个班时，发现小鹏上课要么无精打采，要么搞小动作影响别人学习，提不起一点儿学习的兴趣；下课追逐打闹，喜欢动手动脚；作业不做，即使做了，也做不完整，书写相当潦草……每天不是任课老师就是学生向王老师告他的“状”。

于是，王老师找他谈话，希望他能遵守学校的各项规章制度，以学习为重，按时完成作业，知错就改，争取进步，争取做一个他人喜欢、父母喜欢、老师喜欢的好孩子。小鹏开始时是一副爱答不理的样子，后来虽然口头上答应了，可在行动上仍然一如既往，毫无长进。真是“承认错误，坚决不改”。此时王老师的心都快凉了，心想算了吧，或许他是根“不可雕的朽木”。但又觉得自己身为班主任，不能因一点困难就退缩，不能因一个后进生无法转化而影响整个班集体，必须面对现实！小鹏无进步，或许是他并没有真正认识自己的错误。王老师把心一横：不转化你，誓不罢休！

为了有针对性地做工作，王老师决定先让他认识自己的错误。于是王老师再次找他谈话，谈话中，王老师了解到小鹏心里十分怨恨二年级的班主任老师。王老师心里一喜，让他认识错误的机会来了。于是王老师轻声问小鹏：“你为什么会恨那个老师?”小鹏不好意思地回答：“因为她常常批评我。”王老师顺着问：“老师为什么会常在课堂上批评你，你知道吗?”小鹏说：“因为我常常违反纪律，没有按时完成作业，书写也不工整……”

王老师问：“你已经认识到了自己的错误，说明你是一个勇于认错的好孩子，但是，这还不够。要改正错误、做一个受他人欢迎的孩子，你要怎样做才好呢?”

小鹏回答：“我今后一定要遵守纪律，团结友爱，认真完成作业……”

王老师点头：“那你可要说到做到哟!”

“好!”

后来，在老师和同学的帮助下，小鹏无论是在纪律上，还是在学习上，都有了明显的进步。

在第一学期期末考试中，小鹏取得了平均73分的好成绩。王老师为了鼓励他，奖给他一个日记本。奖品虽少，但能表达老师的一点心意。第二学期，小鹏学习更努力了。

案例解读

像小鹏这类调皮捣蛋、学习成绩差的学生，是最让老师头疼的。因为他们不像一般学习成绩差的学生，老师的批评激发不了他们的上进心。相反，批评对这些学生来说，起初或许还能起到一点点作用，但次数多了，学生的“皮”就厚了，对老师的批评产生了“抗体”，批评也就显得微不足道了，甚至会产生反作用。

因此，教育这样的学生，我们必须转换思维，改变方式，关键是要让他们认识到自己的错误行为，以及这种错误行为将会造成什么样的影响，带来什么不良后果；还要让他明白自己以后该如何改正错误，明确前行的方向。这样才不至于重蹈覆辙，屡教屡犯。

王老师就是这样转变小鹏的。当批评对他毫无作用时，王老师决定先让他认识自己的错误，树立做个受人喜欢的人的思想。在王老师一步步的提问中，小鹏认识到了自己的错误所在，也知道自己该怎么改正错误了。

人一旦有了要求进步的思想，就会努力去追求目标、实现目标。小鹏就是这样，他一旦认识到了自己的错误，认识到了老师和同学们都是为了自己好，都在帮助自己，也就不好意思再调皮捣蛋、不务正业了，反而有种不好好学习就对不起老师和同学的愧疚感。正是这种认识上的转变成为他学习的动力，促使他不断地进步。

（五）一颗来之不易的小糖果

这是上海市教科院实验小学 2007 年最后一天上课了，放学的铃声一响，学生们就迫不及待地整理好书包，等着家长来接了。

忽然，一声很轻的叫声叫住了欧阳志平老师，欧阳老师回头一看，原来是小名同学，这原本是个不调皮却有点懒惰的学生。这时叫住我有什么事啊？欧阳老师有点纳闷，只见小名忽闪着大眼睛说：“欧阳老师，给您吃！”欧阳老师低头一看，原来他的手心里攥着一颗红色的奶糖。“要过新年了，祝欧阳老师新年快乐！”说完，小名羞涩地低下了头。欧阳老师欣喜地用双手接过这颗糖果，连声说：“谢谢，也祝小名新年里有进步！”这小家伙听了眼里透出一丝光芒，绽开了笑脸。

欧阳老师攥着这颗糖果回到办公室，不禁想起了开学初一次晚自习的事。那天，交完作业的学生都陆续回宿舍休息了，欧阳老师清点了作业本后，发现少了小名的本子。欧阳老师赶紧上楼追到住宿部找到小名，幸好小名还没有上床休息，于是就柔声细语地问他："时间还早，是先睡觉呢还是现在马上下楼做作业？"小名听了欧阳老师的话，走出了宿舍的大门。

等到小名作业全部做完之后，欧阳老师平静地对小名说："现在你作业完成了，睡觉会不会更踏实些？"小名点点头。

欧阳老师又问："如果不完成作业结果会怎样？""明天会被老师批评的，还要罚写作业……"小名答。

欧阳老师语重心长地对小名说："老师批评是次要的，老师更不想罚你，关键是你自己欺骗了自己，浪费了时间。明天还有明天的事，今天不做好，今天的知识就不过关，这样积少成多，就会影响自己的学习成绩。即使你睡在床上，老师相信你也不会睡安稳的。是吗？"小名听了低头不说话。这时，欧阳老师抚摸着小名的小平头说："老师希望你每天都像现在这样，好吗？"小名红着脸，眼睛里闪着泪花说："好的！"

从此以后，小名总会自觉地做作业，再也没有发生过偷偷逃走的事了。欧阳老师也不断地鼓励他，看到他进步了就用一些小糖果来奖励他，碰到他"病"了就给他打气。

怪不得今天小名要送给欧阳老师一颗糖果，原来他尝到了进步的快乐，学习的甜蜜，他要用这颗糖果让老师分享他的进步、他的快乐，更要让老师知道他有一颗要求上进的心。欧阳老师怎能不欣然接受呢？

案例解读

著名教育家苏霍姆林斯基认为：尊重与要求之间存在着一种"数学依存性"——即10与1之比。也就是说严格的要求始于高度尊重孩子的人格和个性。

在教育或要求的表述形式上，我们应摒弃严厉训斥的批评教育方式，代之以低声细语的对话，并且在对话中，多以提问的形式引发学生思考，使其在思考中发现问题，发现自己的错误行为，然后再引导学生分析错误行为将会带来哪些不良影响或导致什么样的后果。

这样，学生才会领会老师的一片苦心，从而在不知不觉中接受老师所讲的道理，改正错误。同时，这种交流形式还可以增强学生对老师的信任感，增强学生与老师进行交流的自信心，增进师生之间的感情。

（六）运用发问式批评的讲究

每位老师都希望自己的批评能对学生产生积极作用，但如果不注意批评的方式，就可能事与愿违。发问式批评是老师们常用的一种批评方式，教师在使用这种批评方式时，主要应注意“发问”二字，也就是说，在问题上应有所讲究，否则就达不到应有的效果。

1. 要设计好发问的先后顺序

批评学生前，老师首先要做到心中有数，将批评目标分解到每个小问题上，设计好发问的先后顺序，形成递进的层次。因为很多表面看似轻松的问题，实际上有严密的内在逻辑。只有合理、有序的发问才能引发学生思考，并使他们认识到自己的错误行为。毫无条理、逻辑的提问不仅起不到批评的效果，还可能将学生引入新的误区。

2. 发问时要注意保护学生的自尊心

我们在问题的设计上要特别重视对学生自尊心的保护，面对突发事件也要注意语言的表述，注意保护学生的自尊心，这样才能使批评达到事半功倍的效果。

有一次上语文课，“错别字大王”小文自告奋勇上黑板板书课题。语文老师提醒他带课本上去照着写，他却草草瞟了一眼便大步上台。谁知 4 个字竟错了 2 个，立即引起了其他学生的哄堂大笑。语文老师看他脸红一阵白一阵，便咽下要指责的话语，转而问全班学生：“小文同学有没有优点？请从态度、字体等方面找找看。”学生们止住笑，有的说他主动上台态度积极，有的说他字体大小适当，体现了标题要醒目的特点。语文老师又问：“刚才大家笑，是体谅的笑，希望的笑，是愿他努力学习，克服粗心大意、错字连篇的毛病，大家说对不对？”“对！”老师又问小文同学：“明天我们还继续学习这篇课文，你敢不敢上台来再板书一次？”他说：“敢。”从此以后再上台板书，小文总是看了又看，检查了再检查，生怕出错，因此，错别字也越来越少了。

3. 所设问题要有启发性

我们提出的问题要有启发性，要能促使学生思考，从而认识错误，改正错误。中小学生年龄小，好动好胜，虽然思考不周，犯错在所难免，但可塑性强。只要我们启发得好，就能让他们认识错误，改正错误。如果动辄发一顿脾气或厉言相责，只是表面暂时奏效，而学生心里不一定服气。更可怕的是，这可能会造成学生的逆反心理，以后什么说教也听不进去了。

“六一”游园活动时，值日老师反映艾老师班上的几个学生在活动时拥挤，便扣了他们班的纪律分。当时艾老师真想将这几个学生叫来训一顿。这时，又有学生告诉他，伤了手的小勇在别人为他挤出一个较前的位置时，他坚持排在队尾。

于是艾老师在全班集合时表扬了小勇，并问大家：“他这种表现体现了什么？”得到肯定回答后，艾老师又问：“有些人又为什么要挤呢？”大家七嘴八舌地说：“想先参加活动”“怕迟了得不到自己喜欢的礼物”“想逞强好胜”……艾老师接着问：“既然大家认识到这些问题，以后还挤不挤呢？”艾老师特地点了几个喜欢挤的学生表态，他们都回答：“不挤了。”

总而言之，运用发问式批评能避免学生对批评所持的消极心理，最大限度地避免批评的零效应或负效应，也可以最大限度地尊重学生，保护学生的自尊心，调动学生的情感因素，从而取得批评的最大效应。

六、寓批评于故事中

良药不必苦口，忠言也需顺耳。

生动的故事是一部可供借鉴的“历史”。当学生犯了错误或出现不良倾向时，我们不妨讲述相关的故事，以此启发学生认识错误，感化其心灵。如我们可以通过讲述名人奋斗史，使那些学习有困难、甚至失去学习兴趣的学生热爱学习，重新振作起来；通过讲述“浪子回头”的故事，使那些犯了错误而破罐子破摔的学生勒马回头……

一则故事可以改变人生。用故事感化学生，胜过千百次的批评。学生对大道理往往是不理解或听不进去，然而他们对故事却很感兴趣。用讲故事的方式来教育他们，让他们慢慢明白其中的道理，效果会更好。

（一）一天一个故事，学习变得有意思

案例回放

这几天，浙江省云和县实验小学教师季小娟心里有点烦，原因是学生的作业总是出错，本来很简单的题，不是数字写错了，就是符号写错了，再就是计算忘进位、退位了，小数点点错了；遇到稍微有一点难度的应用题，他们就放下不做了，专等老师讲，就连平时学习比较好的学生，也不想多动脑筋。而且学生还觉得无所谓，一副满不在乎的样子。

对学生的这种情况，季老师是看在眼里，气在心里，可是责任感告诉她必须想尽一切办法帮助他们。怎么办呢？还是先从自身找找原因吧，是不是对学生要求有点过高，对学生太严厉了？鼓励得少了，训斥得多了？性子太

急了？毕竟学生还是10岁左右、贪玩的孩子呀！

上课的铃声响了，季老师和往常一样走进教室，大声问学生："你们喜欢听故事吗?"学生们顿时高兴得手舞足蹈，教室里响起了热烈的掌声。甚至有的学生还提议说："老师，您讲慢些，声音大点儿。"

季老师说："没问题，一定做到。"

季老师讲的第一个小故事是：自己度自己。

某人在屋檐下躲雨，看见观音正撑伞走过。这人说："观音菩萨，普度一下众生吧，度我一段如何?"

观音说："我在雨里，你在檐下，而檐下无雨，你不需要我度。"

这人立刻跳出檐下，站在雨中："现在我也在雨中了，该度我了吧?"

观音说："你在雨中，我也在雨中。我不被淋，因为有伞；你被雨淋，因为无伞。所以不是我度自己，而是伞度我。你要想被度，不必找我，请自找伞去!"说完便走了。

第二天，这人遇到了难事，便去寺庙里求观音。走进庙里，才发现观音的像前也有一个人在拜，那个人长得和观音一模一样，丝毫不差。这人问："你是观音吗?"

那人答道："我正是观音。"

这人又问："那你为何还拜自己?"

观音笑道："我也遇到了难事，但我知道，求人不如求己。"

故事讲完了，还没等季老师问，有几只小手已经高高举起，有的学生说："遇到难事，求别人是没有用的，不如自己求自己。"有的学生说："遇到难事，要多动脑筋，多思考。"有的学生说："成功者善于自救。"

接着季老师又讲了第二个小故事：狮子和羚羊的家教。

每天，当太阳升起来的时候，非洲大草原上的动物们就开始奔跑了。狮子妈妈在教育自己的孩子："孩子，你必须跑得再快一点，再快一点，你要是跑不过最慢的羚羊，你就会被活活地饿死。"在另外一个场地上，羚羊妈妈也在教育自己的孩子："孩子，你必须跑得再快一点，再快一点，如果你不能比跑得最快的狮子还要快，那你就肯定会被他们吃掉。"

季老师刚讲完，就有学生说："这个故事告诉我们，强中自有强中手。"有的学生说："我们要记住，你跑得快，别人跑得更快。所以，永远不要自满。”有的学生说：“我们以后取得一点成绩绝不要骄傲。”还有的学生说：“我们做一件事要有顽强的精神，要不断地努力去做。”

这时，季老师告诉学生：“这就是成功的秘诀：成功者善于自救。记住，你跑得快，别人跑得更快。成功就是属于那些不怕困难，勇于拼搏的人；属于那些有决心、有信心的人。”

看到学生的热情被激发，季老师趁势又讲了粗心的危害性，告诉学生成功＝99％的汗水＋1％的天分。天才出于勤奋，细节决定成败。

有个学生说：“老师，以后，您每天给我们讲一个这样的故事吧！那样，我们会受到启发，会细心、认真的。”其他学生也都随声附和。他们看着季老师，说话的神情也都认真多了。

……

离下课还有 5 分钟，季老师布置了课堂作业。结果那天的作业出奇得好，不但交得快，写得还工整，正确率还高。

案例解读

面对学生普遍不认真做作业，学习态度散漫的情况，季老师虽然心里头也着急，但她并没有一味地指责学生，而是采用了一种与众不同的批评方式——讲故事，使学生从故事中明白道理，从而改正自己的缺点和错误。

（二）故事中蕴涵着学习的方法

期中考试虽然已经结束了，但是班主任的事还很多：统计好学生的成绩，与以前的考试作对比，分析学生的学习状况等。

重庆市万盛区南桐镇中心学校黄芳老师为了能更好地了解学生，让学生每人写了一份个人小结，针对自己的情况，恰如其分地评价自己：学习上有哪些优点，存在哪些不足。最好能针对自己的不足制定改进的措施。坐在办公桌前，翻看着学生的小结：李晓、张明写得很好，对自己的评价很到位。

这两个平时很调皮的学生，说自己以前没认真学习，让老师操心，父母伤心，很是后悔……

咦，这是谁的小结？折叠在一起，很工整。打开看看，原来是一封写给黄老师的信。写信的学生是班里那个平时很少说话，课间也总是默默坐在教室里的小徐。信中写道：

“老师，您说，我是不是很笨呢？您经常给我们讲，现在的社会是个竞争相当激烈的社会，而竞争的前提首先要有实力、有知识。我想做一个有实力、有知识的人。平时我都是很认真地对待学习的，从不浪费时间。别的同学在学习时，我也在学；他们在玩耍时，我还是在学，甚至晚上我会学到11、12点才上床睡觉。我深信‘只要功夫深，铁杵磨成针’，然而成绩还是不理想。为什么我竭尽了全力，还是没能获得好成绩呢？期中数学试卷中的最后一道题，我在平时练习时见过，但是当时我做了两个多小时，也没能做出来（黄老师在这句话下面用红笔画了两道线）。谁想考试又考到了！那可是整整14分！……”

必须马上找她好好谈一谈，黄老师想。

“小徐，你认为你学习上真的是竭尽全力了吗？”黄老师把信放在桌子上，她想小徐应该明白自己已读了她的信。

“老师，我真的很努力了。”小徐的声音不大，但是很肯定，也有一点被人怀疑的委屈。

“你没有！”黄老师的声音高了好几个分贝。

小徐的神情很疑惑，但更多的是委屈。

“你读一读这篇文章吧。你会明白的。”黄老师把准备好的一篇文章递给她。这篇文章说的是这样一个故事：

一位贤明的父亲和他7岁大的儿子整理后花园，他们遇到了一块埋在土中的大石头。父亲觉得这是一个教育孩子的好机会，于是他要孩子自己将大石头移开。

孩子推了半天，见石头不动，就聪明地在旁边挖了个洞，找来一根木头插进洞中，把另一块小石头垫在底下，使劲地往上撬，但大石头仍纹丝不动。显而易见，以他的力气是不足以搬动大石头的。

孩子告诉父亲他搬不动那块大石头，父亲在一旁看得很清楚，但仍冷冷地说你要尽全力。

这一次，孩子用尽了全身的力气，小脸都憋得通红，到后来将整个身体的重量都压在木头上了，石头仍纹丝不动。

孩子大喘着气，颓然坐下。

父亲和蔼地走到他身边，问道："你确定真的用尽全力了吗？"孩子说当然用尽了。

这时父亲温柔地拉起孩子的小手说："不，儿子，你还没有用尽全力。我就在你旁边，可你没有向我求援。"

小徐读完后，神情开朗了好多："老师，我明白了。我知道我的问题在哪里了。学习当然要靠自己的努力，但是也要学会向别人求助。是这样吗？"

"这么快就领会老师的意思了？真聪明！不仅学习是这样，时代发展到今天，很多事情都必须要与人合作才能完成的。记住，要想成功，最快速的办法就是寻求成功的帮助。"

案例解读

看到这里，我们不得不赞叹黄老师高超的教育艺术。面对一个因学习方法不当而成绩不好、产生自卑感的学生，黄老师没有安慰她，因为安慰只会加重学生的心理负担，让学生认为自己确实很笨，从而对学习失去信心。

简短的两句"你学习上真的是竭尽全力了吗？""你没有！"充分肯定了学生并不笨，只是没有尽全力而已，无形中增强了学生的自信心，使学生感觉到自己是有能力学好的。而一个与学生经历相同的故事让学生彻底找到了自己失败的原因，明白了学习要不懂就问，做任何事情都要寻求他人帮助的道理。

（三）一个寓言故事激起学生团结一致

案例回放

开学一个月后，学校要进行体操比赛。因为这是河南省灵宝市实验小学新生入学后参加的第一个集体比赛，无论能否获奖，都有利于培养学生的集体观念和竞争意识。所以，何川老师很重视，学生干部也十分投入地准备这次活动。

比赛前一周，同学们的动作已基本学会。有一天下午课外活动时间，学生干部应何老师的要求紧锣密鼓地编排队形、排练上下场。何老师把任务交给班干部，目的是培养他们的组织能力、领导才能，树立他们在学生中的威信。谁知何老师无意中走进教室，却发现有6个同学情绪很低落地坐在自己的座位上。经询问才知道，班干部嫌他们协调能力差、动作不标准，说了他们几句，他们一赌气便不上场了，而班干部和其他同学竟也同意了。

了解情况后，何老师马上把全班学生集合到教室里。他首先表扬了班干部认真负责和同学们严于律己的态度，接着很动情地对那6个做操不标准的学生说："我十分希望我们班能得冠军，但如果你们不参加，得了冠军我们班也不光彩，这样的冠军我们不稀罕。你们是我们班的成员，无论在学习上，还是在运动会上，我不希望也不允许我们班的任何一名同学掉队。我相信你们什么事都能做好。同学们也愿意帮助你们，大家说是吗?"

其他同学和班干部都连连点头，班长马上表示愿意帮助他们。何老师继续说："这是我们进校以来的第一次团体比赛，这一次我们一定要同心协力、全力以赴，赛出我们的风格，赛出我们的班威，向冠军进军，大家有信心吗?"

学生们异口同声地答道："有!"何老师接着说："我们班的口号是：不允许任何一名同学掉队……"没等何老师说完，那6个同学中就有人流下了眼泪。

何老师知道如果这一次不让他们参加比赛，以后所有的集体活动他们可能都不愿意参加，这对培养他们的集体主义精神和班级的团结发展都极为不利。讲完这一席话，学生们的排练热情高涨，精神面貌焕然一新，口号声响彻云霄。在全班同学的努力下，何老师的班级取得了优异的成绩。

比赛之后，何老师和同学们一样激动、自豪，但他深知良好的班风尚未形成。现在的学生都是独生子女，个性张扬，在家里说一不二；有的学生初次住校，不会和他人相处，因此同学之间矛盾重重；有的学生因为成绩不好，丧失了学习信心；有的学生老盯着自己的弱点，悲观失望。针对这些情况，何老师想："如果只对他们讲空洞的大道理，学生一定不会往心里去的。怎么办?"

为了让学生心悦诚服地接受教育，何老师在一张大白纸上用毛笔点了一个黑点，拿给学生看，并问他们看到了什么。学生异口同声地说看到了一个黑点。何老师摇摇头说："不对，你们这样看问题是不对的。这么一大张白纸，只有一个黑点，你们就看到了，而那么大的空白却被你们忽略了。同学们，人无完人，每个人都有缺点，就像白纸上有黑点一样，但我们不能总盯住别人的缺点，忽视别人的优点。我们要学会容忍别人，这样才会有更多的朋友，这样才会拥有精彩的生活、快乐的人生。这是你们在与人交往中要注意的。我们每个人在成长的过程中都可能失败过、迷茫过，但你们想想，一个人如果能活 80 岁，曾经的那一点点失败就好像是你人生这张纸上的一个小黑点，而你的人生还有那么大的空白，足够你描绘更美丽的前景，说不定这个失败的黑点还会被你巧妙地利用，变成美景中的一景！失败是成功之母，无论是做事还是看待自己的人生，我都希望同学们能把视野放宽、放远，不要只看眼前。"

听了何老师的话，有的学生惭愧地低下了头，有的则露出了喜悦的笑容。学生们都听懂了其中的寓意，都体会到了何老师的良苦用心。从那以后，无论哪个学生遇到困难，大家都会伸出援助之手，主动帮忙；无论学校举办什么活动，大家也都一块儿商量，想参加的参加，不想参加的同学就做一些后勤工作，给比赛的同学呐喊助威，端水擦汗，一同体会参与的乐趣。整个班集体其乐融融，好比人间的天堂，学生的成绩也整体有所进步。

案例解读

现实社会中不免存在一些勾心斗角、互相排挤的现象，而生活在这个社会中的学生自然也难免会受到一些传染。所以，何老师班上的学生出现了为了不影响班级的整体成绩，而排斥表现稍差的同学参加全校体操比赛的现象。

好在这种现象被何老师及时发现了，他首先站在受排斥学生的立场上，替他们挽回了自尊，重塑了自信，让他们感觉到缺少他们的班集体是不完整的，没有他们参加而得到的冠军是不光彩的。接着何老师又在一大张白纸上画了一个黑点，以此教育学生不要只看到别人的缺点，而忽视别人的优点；既要发现自己的缺点，也要善于利用自己的优点；无论做人还是做事，都要有长远的眼光，而不要只看眼前。

（四）故事可以使忠言顺耳

湖北省宜昌市第一中学的刘晓平老师曾经历过一件感触颇深的事。

在刘老师担任初三数学老师期间，有一段时间学生学习积极性明显下降。据课代表反映，学生埋怨刘老师对他们的要求过严、过高，练习和测验过多。刘老师听了之后，心里很不是滋味，心想自己消耗了那么大精力，不都是为了学生的前途吗？过后，刘老师冷静地检查了自己的工作，分析了原因。

首先，刘老师在课堂上给学生分析他们目前的学习现状，并指出造成这种现状的主要责任在于老师，因为老师心太急，而给了大家太大的压力；接着，刘老师又进行了问卷调查，请大家就其教学方法、进度以及作业等方面提出意见；然后，刘老师将学生们提的意见进行了归纳，并诚恳地表示一定好好吸取他们建设性的意见；最后，刘老师才指出教与学需要师生双方密切配合，而求知是一件十分严肃的事情，希望学生在支持老师工作的同时，尽到自己的责任。

经过刘老师仔细地分析完客观存在的事实和原因后，大部分学生都意识到了刘老师的一片苦心，是为了让大家学得更好，取得更好的成绩，于是，都下定决心要克服困难，刻苦学习，争取以优异的成绩报答老师。

但还是有个别懒惰的学生，他们虽然有努力学习的意识，但就是克服不了自身懒惰的缺点。为此，刘老师又给他们讲了“弯一弯腰”的故事。

耶稣带着他的门徒彼得远行，途中发现一块破烂的马蹄铁，耶稣就让彼得把它捡起来。不料彼得因懒得弯腰假装没听见，耶稣没说什么就自己弯腰捡起马蹄铁，用它从铁匠那儿换来的钱，买了18个樱桃。出了城，两人继续前行，经过的地方全是茫茫的荒野。耶稣猜到彼得渴得够呛，就让藏于袖中的樱桃悄悄地掉出一颗，彼得一见，赶紧捡起来吃。耶稣边走边丢，彼得也就狼狈地弯了18次腰。于是耶稣笑着对他说："要是你刚才弯一次腰，就不会在后来没完没了地弯腰。小事不干，将来就会在更小的事情上操劳。"

这个故事阐明了一个道理：今天多弯腰拾起一些"小事"，或许明天，它就会在我们的怀中孵化成美丽的宝石。

案例解读

俗话说良药苦口利于病，忠言逆耳利于行。这里的良药和忠言即指语言直率，用意善良的批评，尽管大家都明白这个道理，但"苦"和"逆"的东西，人们总是不情愿接受的。

要使学生比较情愿地听取我们的意见，我们最好采用"忠言顺耳"的方法，即将忠言讲得顺耳一些，这样就会帮助我们达到期望的目的。

刘老师在消除学生心里的埋怨、提高学生的学习积极性时，正是避免了直接训斥学生的弊端，而采用了责己喻人、讲故事等"忠言顺耳"的方式，取得了较好的教育效果。

（五）用故事教给学生做人的道理

案例回放

江苏省镇江市八叉巷小学开学2个月后的一天下午，刚接手四（3）班班主任的孟姝老师正在办公室里批作业，突然小皓同学跑到孟老师办公室，委屈地说："我昨天丢了一支自动铅笔，我刚才看到小李用的那支和我那支一模一样，我说是我的，他不承认也不肯还给我。"

听小皓这么一说，孟老师就起身去班里问个究竟。孟老师走进教室，见很多同学都围着小李，认定是他偷了小皓的笔。见了孟老师，几个同学愤愤地告诉孟老师："老师，肯定是他偷的，他以前总是偷别人的笔、橡皮、笔芯什么的。"此时，小李一脸愤怒并且极力为自己辩解。

孟老师之前也听其前任班主任说过，小李经常会做些小偷小摸的事情。刚升入一年级时，有一次，一名同学的一块橡皮掉在地上被小李捡到了，那是一块小鸭子形状的香橡皮。他捡到后爱不释手，觉得这块橡皮比自己的好多了，而且还不用花自己的钱买。于是他无论上课下课，总会时不时地看看地上有没有同学掉的东西，如果发现了，就会马上捡起放入自己的书包，据为己有。有一段时间他捡不到东西，看见别人的东西好时，便顺手牵羊地拿走了。时间久了，就养成了偷窃的习惯。

于是，孟老师把小李叫到办公室和他进行了单独谈话。小李却一脸委屈地说："这笔是我自己的，是我妈妈给我的。""妈妈什么时候给你的呢？"孟老师问道。小李想了想说："前天我妈妈帮我从厂里拿回来的。"这句话引起了孟老师的注意，"你妈妈厂里用自动铅笔？"小李肯定地回答："是的。"

看小李那么肯定，孟老师也只好给他妈妈打电话，孟老师先说明事情经过，他妈妈惊讶地说道："我没有给过他什么笔，平时学习用品都是他自己买的。"听妈妈这么一说，小李低下头结结巴巴地说道："这是我捡到的，然后就自己用了。"很显然，小李还是在用谎言掩饰自己的错误。

孟老师认识到问题的严重性了，心想，一定要趁着这次机会对他有更深地了解并且对他进行必要的引导，让他把这种"偷窃"的习惯彻底改掉，否则以后他很可能会误入歧途。

孟老师首先给小李讲了一个故事。

琼太太发现自己9岁的儿子杰米从店里偷泡泡糖，杰米的行为让她大吃一惊。她仔细地想了想，试图找到转化儿子的方法。

一天，当家里只有妈妈和儿子两个人时，琼太太把杰米叫了过来。她用很慈祥的眼光看着儿子，将他抱在膝头，然后告诉他，自己听说了有人昨天从店里偷东西的事。接着妈妈讲起了自己在五年级时，曾从店里偷过钢笔。她知道这是小偷行为，心里很害怕，很长时间都觉得惭愧，有犯罪的感觉，认为这样的事做不得，也不应该做，以后便不再这样做了。开始时杰米试图为自己辩解："可是店里有好多泡泡糖，拿一点没关系。"琼太太便仔细地同他讨论起来：店里要卖多少泡泡糖及其他物品，才能赚足够的钱付房租，付雇员的工资及进货，有足够的钱养家糊口？经营者也很不容易。再说这个商店不是我们的，是别人的，拿别人的东西是不对的。杰米同意妈妈的说法，以前他从来没有从这个角度考虑问题。他们接着又谈到杰米和妈妈也不喜欢别人从自己家里偷东西，最后杰米决定再也不偷店里的东西了，同时，他还为偷来的泡泡糖付了钱。

听孟老师讲这个故事时，小李低下了头，而且头越来越低。他已经意识到自己做错了。

“你拿别人的东西时，考虑过别人的感受吗?”“如果是你自己心爱的东西被别人拿走了，你的心情会怎样，会有什么样的感受?”“拿了别人的东西心里舒服吗？踏实吗？是不是时时刻刻都在担心被人家发现?”孟老师又接着问。

小李依旧没有吭声，但他的眼泪流了下来。然后，他哭着对孟老师说：“老师，对不起，我错了。我不该偷同学的东西，我现在很后悔，我不想一辈子当小偷。老师，请相信我，我一定会改掉这个坏习惯的。”

案例解读

“偷窃”的行为在10岁左右的一些学生中普遍存在，他们有的偷家里的，也有的偷拿商店的东西，但我们并不能因此说他们是可耻的。因为每个人都要经过家庭、社会和学校的教育才能具有诚实的品格。学生处在这个年龄的时候，价值观念还模糊不清，容易以自我为中心，所以有一种“我喜欢，就要得到”的强烈愿望，便不由自主地去“拿”了。

为了让小李了解偷窃的危害，同时又不伤害他的自尊心，孟老师没有对小李进行简单的斥责与批评，也没有让他觉得自己是一个坏人或小偷，而是通过一个故事加以适当的引导，让他明白为什么不该偷拿东西，以及偷东西对社会及他人的损害，使小李很好地改正了自己的不当行为。

（六）寓批评于故事中的讲究

寓批评于故事中固然是批评学生的好方法，既不会让学生觉得自己被老师批评了，又能起到一般批评起不到的作用。但在使用这种方法批评学生时，我们还是要注意一些讲究。只有恰当的故事被老师引用得恰到好处，这个故事才能起到相应的教育效果，否则不但失去了故事原有的含义，也失去了批评的意义。

1. 顺应学生的心理

我们讲故事的目的是想让学生从故事中明白道理，达到批评教育学生的目的。所以，在给学生讲或看故事之前，一定要揣摩学生的心理，然后尽量选一些故事中的主人公与学生当前心理相同或相似的故事，这样学生就会有一种身临其境的感觉，感觉故事中说的就是自己，从而使故事发挥出更大的作用，达到更好的教育效果。

2. 适合学生的特点

教师选用故事批评学生，自然要抓住学生的特点。教育对象是小学生就选用适合小学生特点的故事，教育对象是中学生就选择适合中学生特点的故事。对中学生，可多用哲理故事等，因为他们的思想觉悟和感知能力比较强；对小学生，比较适合用童话故事、儿童故事等，因为这些故事更能吸引他们读或听的兴趣。

比如，要批评不勤奋学习的中学生，我们就没有必要再给他们讲诸如“龟兔赛跑”的故事，最多点到为止，因为这个故事对中学生来说都是耳熟能详了；而对于小学生，用这个故事就能起到很好的教育效果。

3. 对学生有一定的启发作用

我们选用故事批评学生时，还应注意故事必须要有一定的启发作用，否则就和跟学生讲一堆大道理没有区别了。

对于对学习没意志的学生，我们可以用一些激励学生要有坚定意志的故事；对于陷入情感误区的学生，我们可以给他们读一些过早投入情感将会带来危害的故事；对一些学习懒惰的学生，我们可以给他们讲一些勤奋致富、勤奋成才的故事等。

总之，我们不要忘了是用故事来批评学生，而不是用于活跃课堂气氛或其他目的，所以，不太适合选用一些幽默故事或笑话故事。

4. 短小而富含哲理

在选用故事时，我们应尽量选择短小精悍而富含哲理的故事，尽量不用长篇故事。因为前者既能让学生迅速明白道理，不至于产生厌烦感，又节约了时间；而后者容易使学生感到疲倦，以致不愿再往下听或读，也就收不到我们所期望的教育效果了。

总之，寓批评于讲故事中，只有故事选得合理、选得恰当、用得及时，才能起到很好的批评教育作用。

七、商讨式批评

美国前总统威尔逊说："如果你挥舞着拳头来找我，我会告诉你，我的拳头比你还有力。但是，如果你说让我们坐下来讨论讨论，我们的观点为何不同，那么你会发现，我们之间的距离并不遥远。"

对待犯错误或有某种不良表现的学生，有些老师总是放不下师道尊严的架子，总是以居高临下的姿态去训斥、责备、甚至处罚学生，即使学生最初有些反抗，但最后看起来还是被老师"驯服"了。学生不敢再惹事儿了，老师也不再烦恼了。

可是，这种批评真的起到作用了吗？答案是否定的。那只是学生对抗不过老师，表面表现出的妥协、接受批评而已，实际上他们内心还是不服老师的。这样的情况可能会导致两种结果：第一，学生可能会变本加厉，犯错次数可能越来越多，越来越严重，偏离轨道越来越远，而老师却毫不察觉，因为他会想方设法避开老师的视线，以免再受处罚；第二，学生从此以后可能变得消沉，不再说话，不再捣乱，表面上看似乎改好了，事实上却是把内心封锁了。这两种结果对学生的发展都是很不利的。

因此，老师在批评犯错误的学生时，不能只靠威信，还得讲究方式方法。因为对一些有逆反心理、自尊心强、性格倔强、脾气暴躁、感情容易冲动的学生来说，一般的批评方式往往会导致老师话还没有说完，学生就同老师顶撞起来了。

那么，批评这些学生，采用什么方法比较好呢？这里所提出的商讨式批评就不失为一种好的方式。

商讨式批评，即老师在批评学生时采用商量、讨论的口气，平心静气地与学生交换意见、看法，使其在一种友好的气氛中自然接受批评意见。

这种方式比较缓和，可以营造出一种商讨式气氛，老师以商讨的态度逐步地引导犯错的学生认识自己的错误，消除他们的对抗心理，使之能虚心地接受批评，改正错误。

（一）商讨知利与害

一天早上，上海市嘉定区迎园小学黄菊英老师来到学校大门口，无意中朝那块公布每日行规检查评比的黑板望去，真是不看不知道，一看吓一跳：四（5）中队零食栏里连续3天扣了3分。

顿时一股莫名的怒火涌上黄老师心头，这几天大队部三令五申，禁止学生去学校旁边的小店买零食，自己也在班队课、晨会课甚至语文课上天天重申不能买零食，可是不该发生的事还是发生了。是什么神秘的零食有这么大的魅力，迷住了那些学生呢？

黄老师一路小跑来到了班里，看到学生们在小干部的带领下，正秩序井然地读英语。看到这一幕，黄老师心头的火气消了一点，她转回办公室，静静地想：只有校门口的值日生才能扣分，莫非有人利用中午吃饭的时间，溜出去偷偷地买零食？如果能现场摸清情况，那不是更好吗？对，就这样。

到了午饭时间，黄老师匆匆地扒了几口饭就赶紧来到学校的小店旁边，躲在一个不易被人发觉的地方。果然不出所料，黄老师刚站稳脚跟，班上的小高、小东就来了。他们先看了看四周的动静，然后就出手买了一包花花绿绿的零食，正要往口袋里塞时，黄老师迅速追上去，把他们和他们手中的“幽灵”给“逮”住了。这时他们傻眼了，实在没料到黄老师会出现在他们面前，只得乖乖地交出了刚买的“幽灵”——变色糖。

这两位学生因为太紧张，脸色都变白了。黄老师本想狠狠地批评他们一顿，但转念一想，具体的情况还没问清楚，而且在校门口也不适合开展教育工作，于是什么也没说，只是吩咐他们先回教室。

黄老师回到办公室叫齐了班上7个中队委员，拿出了那包变色糖，讲清了它的来历。黄老师和干部们一块儿商量该如何处理这件事，完全融入了学生的角色中，而学生们也似乎忘了黄老师是老师，都在那里畅所欲言，献计献策。最后大家得出的一致结论是：开展一次全班大讨论，谈谈变色糖的利和害。于是，大家分头行动，组织第二天的晨会。

第二天的晨会课上，黄老师走进教室，小高和小东不敢抬头看黄老师，脸火辣辣的，心里也忐忑不安，不知道该如何面对即将来临的“暴风雨”。不料黄老师什么也没说，只是转身在黑板上写了“变色糖的利和害”七个醒目的大字，接着请中队长和纪律部长主持晨会，请大家谈谈变色糖的利与害。学生们你一言，我一语，发言积极，气氛热烈。

有的说“这种糖看着很美丽，会变色彩很诱人，但是一点儿也没有营养价值”；有的说“很多同学吃了以后，随地乱扔糖纸，影响了校园环境”；有的说“这样乱花钱太浪费”。特别是小涛同学，为了这次大讨论，还特地请了做医生的父亲帮忙，他把从父亲那里了解的知识告诉同学们：变色糖含有对人体极其有害的超标的色素，如果长期食用，色素在身体内累积会导致癌症。大家还从这些变色糖的包装上检查出这是三无产品，无厂家、无日期、无条形码。

最后，中队长问小高他们，听了同学们的大讨论，有什么感触。小高惭愧地低下了头，以充满感激的眼神看了看黄老师，认真地说：“非常感谢老师没有当场批评我们，以前我们实在不知道这种糖的危害，今后再也不买了，请大家看我的表现吧！”小东也说：“这次晨会对我触动很大。这种会变色的糖，过去我常常被它的色彩吸引，现在它骗不了我的心，我不会再买了。”班上响起一片热烈的掌声……

一天过去了，一个星期过去了，一个月过去了，黄老师班上再也没有发生过类似的事件。

案例解读

看完这个案例，我们不得不赞叹：黄老师的教育方式真是高明！对于学生的错误行为，她没有丝毫的批评，却收到了比千百次批评还要好的效果。

冷静的黄老师没有因为抓住学生的现行而当场批评他们，而是顾于学生的面子，让他们先回了教室。事后，她又调查清楚事实，经思考后找出了解决问题的根本所在：即变色糖虽然会像幽灵一样变出各种诱人的色彩，但是只要学生们提高认识，增强免疫力，变色糖就是再变出什么新花样，大家也不会上当了。

于是，她召集了几个班级委员开了一次讨论会，商量如何教育这两个违规的学生，最后在班上开了一次以“讨论变色糖的利和害”为主题的晨会。这个主题会，不仅使两位犯错误的学生认识到了变色糖的危害，从此改掉了偷买变色糖的坏习惯，更是给全班学生上了生动的一课。

（二）蹲下身子与学生商讨

案例回放

初一时，新疆博乐市第二中学陈枝梅老师班里转来一位叫小朱的学生，他虽然长得人高马大的，但就是不做作业，课堂上还经常随便说话，影响别的学生听课。同学们厌恶他，任课老师对他也是头疼万分。

对他，陈老师可真是花了不少时间，苦口婆心地个别谈话，毫不留情地在班会课上批评，而这些方法用在他身上似乎是毛毛雨，根本不起作用，陈老师对他简直是束手无策了。最后，一向比较信奉“严师出高徒”的陈老师发了很大的脾气，把小朱的座位移到讲台边。在老师的眼皮底下，他该有所收敛了吧？哪知小朱依然我行我素，师生关系一度很僵。

怎么办？课堂是不允许这种情况长期存在的。陈老师想，是不是自己的方法不对呀？学生毕竟还是孩子，不能总以老师的身份对待学生，居高临下训斥学生，我应该换种思维方式，站在学生的角度，考虑到学生的心理特点，换一种方法也许就好了。

一天课间休息的时候，陈老师面带微笑、很随意地对小朱说：“你喜欢坐在讲台边吗？”

“谁愿意！”他脱口而出，“可是我成绩不好，上课经常讲话，你不是为了教育我才让我坐在讲台边吗？”

听着小朱伶牙俐齿、还带点狡辩的回答，陈老师想，他是知道自己身上的缺点的，应该有改正的希望，但他却如此自暴自弃，我要把他的自信找回来。

“小朱，你能举出一些你身上的优点吗，让我有理由让你回到原来的座位，好不好?”陈老师带着商量的口气问。

“真的? 讲出我的优点就能回原座位?”小朱带着深深的疑惑，用不相信的眼神盯着陈老师。

“真的！只要是拿得上台面的优点就行。”

“我农忙时帮我妈妈割稻，上次我妈妈身体不舒服是我送她到医院的，这算吗? 还有小学时运动会我得过铅球冠军……”小朱迫不及待地讲述了自己的优点，脸上带着难见的自豪。

陈老师感动了，原来小朱身上还有那么多不为人知的优点，而自己却老盯着他的缺点，并牢牢地印进脑海里挥之不去。自己能不能让他把这种自豪常常留在脸上呢? 陈老师轻轻地拍了拍小朱的肩膀：“你可以坐到原来的座位了，老师以前不了解，原来你有这么多优点。我只有一个小小的要求，能不能让我在学校里听不到有人说你的缺点? 这个要求你能答应老师吗?”小朱迟疑了一下，然后使劲地点点头。

后来，陈老师听到数学老师惊喜地说：“今天我收到小朱的作业了”；听到班长说：“幸亏小朱放学时检查了一下门窗，昨天晚上的大风才没把窗户玻璃摔碎”；听到同办公室的老师惊奇地说：“你后面的保镖怎么好久不见了?”……

案例解读

教育最忌急躁，急躁之下容易使用简单的方法，从而伤害学生的心灵。陈老师的这个案例就是很好的例子。

个别谈话，毫不留情的批评，甚至大发脾气，把小朱的座位移到讲台边也没能改变小朱的不良习惯，甚至遭到他的抵触。可是改变方式后，陈老师以一种商量的口气和小朱聊天，营造一种平和的谈话氛围，却得以使小朱接受老师，信任老师，从而与老师进行心与心的、真诚的交流。

蹲下身子，少用或不用命令方式，用互相商讨的口气与学生谈心，往往能与学生达成共识，创造转化落后学生的奇迹。

（三）促膝而谈，从心沟通

案例回放

崔培芬老师担任浙江省海盐县元通中心小学四（3）班的班主任时，学校开展过轰轰烈烈的读书活动，崔老师班上的学生当然也积极响应，捐了很多图书，在班里成立了图书角。

学生每天从班级图书角里借书、读书从而汲取了大量的知识营养。作为班主任，崔老师看到这次的读书活动办得如此成功，心里也感到很欣慰。

然而，到了这学期末，却发生了令崔老师意想不到的事——学生告诉崔老师，有2个学生的3本书怎么也找不到了。这时班里的学生议论纷纷，他们有的在查记录本，有的在猜测谁拿了，有的说下个学期再也不能把书拿出来了……

教室里顿时沸沸扬扬，不再像往常那么平静了。崔老师也感到这件事很棘手，当场就查或许能查出是哪些学生私藏了书，但就算查出来了又能怎么样呢？无非就是伤害了那些学生的自尊心，除此以外没别的好处。于是，崔老师决定不查，而是换一种方法。

崔老师先让学生安静下来，然后用商量的口吻跟学生说："今天已经很晚了，大家早点回去，以免爸爸妈妈担心。虽然现在3本书暂时还没找到，可能是有的同学忘在家里了，希望同学们回去都好好找一下好不好？我想同学们明天一定会看到物归原处的。"

大家都站在那儿不动，有的学生表情愤怒，有的学生有些失望。这时，崔老师注意到有几个学生表情尴尬，有点急促不安的样子。于是，她说："可能有的同学很喜欢这些书，一时又有些舍不得归还。我们再给他们一次机会，让他们明天把书带回来，大家说好不好？"这时，学生们也都同意给他们一次机会，纷纷背起书包，准备回家了。

崔老师悄悄地把那几个"可疑对象"留了下来，然后以很平和的语气说："你们几个是不是把书落在家里，忘记拿回来啦？"

那几个学生脸红了，不知该不该承认。

崔老师又接着说："喜欢书，爱看书是好事，老师应该表扬你们。但你们想想，你们这样做会带来什么坏处呢？"

他们一个说这样就害得别的同学看不了书了；一个说这是别人的书，不该据为己有；另一个学生则有点犹豫地从书包里掏出了一本书说："老师，这本书我真得很喜欢看，每天都放在书包里，有空就读。刚才是怕同学说我偷才不敢拿出来，我不是有意的，希望您原谅我。"

这时，他们都说："老师，我们错了，我们不应该这么自私。谢谢您刚才没有在同学面前揭穿我们，否则，我们就无地自容了。"

崔老师说："既然你们都认识到了自己的错误，那请你们明天把书带回来好吗？并且答应老师以后不能再把书带回家了。这样，大家才可以共同学习，共同进步！"

那两位学生异口同声地说："好的，老师，我们明天一定把书带回来。"

第二天，那两位学生早早地就把书放回原处了，一切都像没发生过的样子。

案例解读

崔老师对这件事情的处理可以称得上是完美了。试想，如果崔老师当时就把那 3 个学生揪出来批评一顿，他们也不会承认是自己拿了。树要皮，人要脸。学生也是人啊，而他们的自尊心往往更强。承认就意味着他们将会遭到其他同学的冷眼相待，就意味着他们品行不正。

崔老师很了解学生的心理，悄悄地把他们留下来，然后和他们促膝谈心，让他们了解到这样做的不对之处，意识到自己行为的错误，使学生很愉快地接受了批评，改正了错误。

通过崔老师处理这件事情的方法，我们知道，批评教育要重视与学生心灵的沟通，要建立起一个宽松、宽容和温馨的对话场景。这样才不会伤害学生的自尊心，才能让学生心悦诚服地接受批评。

（四）商讨着给学生分任务

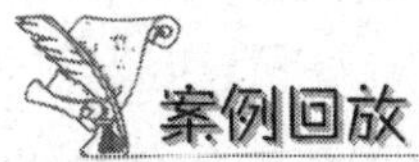

小刚是宁波奉化中学一个非常聪明的学生，数理化经常得满分，甚至加分题都能完成，但他的英语成绩却很差，常常不及格。英语老师周道义一直想方设法地提高他的英语成绩，但每到补课的时候，小刚不是说肚子疼，就是说家里有事，总找理由溜开。老师批评他，他嘻嘻哈哈打马虎眼，把事情岔开，老师拿他没办法。

有一次，周老师为小刚精心设计了"我的快乐进步"表格，还有补课计划。但他的"精心"遭到了小刚"无心"的打击。因为除了上课时间以外，周老师几乎找不到他的人影，周老师的"精心"不得不再次以失败告终。

不知不觉，期末考试来临，不出周老师所料，小刚的英语成绩又是所有科目中最低的一门——58分。这虽在周老师意料之中，可他还是很生气。周老师开始冷静下来分析小刚的英语学习情况。

又过了几天，周老师把小刚找来，先随便聊了聊，了解了一下小刚的学习情况，谈他哪科学得好，哪科学得差，什么原因等。然后拿起小刚的英语试卷，两人仔细地研究起来，结果发现凡是和背诵有关的题他都答不好。周老师以对待朋友似的口气问："你是不是对死记硬背的东西不感兴趣呀？答错的题大部分都是背的。"

这句话好像说到小刚的心坎里去了。没错，他虽然聪明，但就是懒，所有要背的东西他从来都不愿背。于是他急切地说："就是啊，老师，考试最头疼的就是那些要背的东西，我向来都记不住，所以也就懒得去背了。"

"可是，小刚，虽然你很聪明，但天才还是出自勤奋的。英语不像数学那样，光凭聪明就能取得好成绩，它需要花时间去记、去背，比如说单词，你不去记是不可能会写的。只不过记单词也有诀窍，而不是死记硬背。只要你慢慢投入进去了，就会发现，学英语原来是件多么快乐的事情！更何况如果你英语成绩太差，其他科就是再好总分也高不了的。这明显会影响你的整体成绩，影响你在班上的排名。"

听周老师这么一说，小刚恍然大悟，是啊，自己其他科分那么高，可总分总是排不到前几名，原来都是英语拖了后腿。想到这里，他说：“老师，我知道自己错了，我也想学好英语，指不定哪天还可以跟老外打个招呼呢，可是我现在真的很反感学英语，我该怎样才能学好英语呢？”

周老师想了想说：“这样吧，如果我这会儿留给你的‘小任务’你能完成，中午我检查合格了，剩余的时间你可以自由支配。”

“那好吧，不过希望这任务不要太重。”小刚不放心地说道。

“你放心，不多，凭你的能力肯定很快就能完成。”周老师向他保证。

“哈哈，那倒是。”小刚自信地答道。

周老师给小刚提出了一个具体的“小任务”——记住2个单词和第一模块的一幅图。小刚有些不相信地问：“啊？就2个啊？这么少？”

“嫌少啊？那再加点吧！”周老师逗他说。

小刚赶紧把书拿走，说道：“哈，不少，不少。”然后冲周老师做了个鬼脸跑了。

就这样，周老师每天给小刚补课，补完课后又给他布置小任务，小刚也每天都能按时完成任务，不仅没有了当初的厌烦情绪，有时还主动超额完成任务呢。周老师看到他的进步，也经常表扬他。

案例解读

案例中的小刚不但聪明，而且学习成绩也不错。但他明显偏科，也很调皮，周老师想方设法提高他的英语成绩，但调皮的小刚却一再找理由躲避，肚子疼、家里有事……反正总有理由不学英语。

然而，小刚的调皮不是我们常见的那种惹是生非、打架斗殴类型的，他的调皮更多地表现在贪玩上。加上英语对他来说属于弱项，所以他惧怕学习英语，用各种理由躲避周老师的补课也就是情理之中的事了。

对此，周老师不但没有责备他，反而跟他像朋友一样地坐在一块儿聊天，先消除小刚的对抗心理，拉近他和老师的心理距离，然后再慢慢转到英语学习上来。当小刚意识到英语多么重要，不学好英语将会产生多大的影响时，他当然会下定决心好好学了。

周老师很善于抓住学生的心理，站在学生的角度思考、解决问题，用商量的口吻向学生布置学习任务，不仅使学生愉快地完成了任务，更拉近了师生之间的距离，增进了师生之间的感情。

温州市永嘉中学肖蓓东老师也曾有过和周老师相似的经历。

案例回放

那是一个星期一的早上，小组长跑过来告诉肖老师说，班上的小森同学第一课的那3个自然段还是不会背，都一个多星期了，好几次问他，他总是找借口推来推去……

肖老师听后心里有点生气，其他同学都背到第三课了，怎么他连一个自然段还没背下来呢？但气归气，肖老师并没有呵斥、责备小森，而是把小森单独叫到了办公室，亲切地问："小森，别着急，慢慢来，你现在能背多少啦？试着背给老师听听，好不好？能背多少算多少。"小森见老师没有骂自己，反而安慰自己，有点受宠若惊，便慢腾腾地张开了嘴，可是才背了两三句就卡住了，然后低着头，怯怯地说："老师……我……我不会背……"

肖老师没有呵斥、打击他，而是轻声细语地说："那你读一遍给老师听好吗？"小森迟疑了一下，细声细语地读了起来，可是他读得断断续续的，不是添字就是漏字，很不流畅，一听就知道，因为他平时懒，所以他很少读或根本就没怎么去读。肖老师依然没有批评他，仍旧同他商量说："你大概读得很少，先在这里试着练读10分钟，然后再读给老师听，好不好？"于是，小森就坐在肖老师的身边练了起来……

10分钟后，小森再次读给肖老师听。这次比原来好了些，肖老师及时地肯定了小森小小的进步："不错！你看，只要多读多练，你也同样可以读得好起来。现在只有10分钟，要是你以后都能坚持，肯定会越来越好的。老师相信你！"面对肖老师的鼓励，小森渐渐地放松了表情。

"这样好不好，你回去也试着背背，可以一个自然段一个自然段地分几次背。"听了肖老师的这句话，小森有些高兴了，抬起头来看了看肖老师，重重地点了点头。"不过，你要告诉老师，你什么时候能背第一个自然段给老师听呢？"肖老师看着他，等着他的回答。小森犹豫着没出声。肖老师感觉他在担心着什么，于是语气肯定地说：“时间由你定，只要告诉老师就好了。”小森沉默了片刻，见肖老师满脸的真诚，终于说出了口：“下个星期一。”肖老师说：“行，老师等着你的消息！”

到了下个星期一早上，小森早早地就来找肖老师了。他果真顺利地背了第一个自然段，肖老师拍着小森的肩膀表扬他：“很好！虽然只有一小段，但你说到做到，老师也同样佩服！”小森憨笑着，搓着双手，有些不好意思的样子。

还没等肖老师问他后两个自然段什么时候背时，小森就主动地对肖老师说道：“老师，还有2个自然段我已经试着背了，因为有些长，还不太熟，我再过2天背给您听，行吗?”肖老师微笑着点点头。

两天后，小森又分两次顺利地把剩下的自然段给背了下来。肖老师欣慰地说：“你的任务完成了，祝贺你！老师也为你高兴！”

又过了一天，在一节自学课上，肖老师对全班说：“现在，老师要指名几个同学背第一课的3个自然段。当然，叫举手的！”话音刚落，有些同学就迫不及待地举起了手。肖老师叫几个学生背了之后，一直在等着小森，希望他也能举手，但他没有，他的眼神好像在徘徊着。于是，肖老师又说：“刚才老师是叫举手的，接下来也要叫没举手的！”肖老师又叫了几个有把握背成功的，然后就叫到了小森。小森有些紧张，但他看到肖老师信任、鼓励的目光，也很快就背了下来。

案例解读

在我们的日常教学中，总会有像小森这样的学生，他们懒惰、不爱学习、基础差等。由于这些“问题”，教师的批评已是“家常便饭”，他们对此也早就麻木了。事实证明，他们大都不会因为教师的批评而改变。

肖老师没有采取一些老师通常使用的方法——先批评，再给施加压力，而是采取了温和的、学生易于接受的方法——商讨式批评。

肖老师自始至终都没有摆出老师的架子，而是把学生当成主角，自己当作陪衬，学生说什么时候背就什么时候背，他毫无反对意见，一切遵从学生自己的安排。

这让学生感觉到老师无比亲近，对自己又是如此尊重，于是，那种信心、那种决心也就被激发出来了。这股力量促使他们一定要背出来，一定要取得好成绩！

不得不承认，这绝对是一般的批评训斥所无法获得的效果。

（五）运用商讨式批评的讲究

美国前总统威尔逊说："如果你挥舞着拳头来找我，我会告诉你，我的拳头比你还有力。但是如果你说让我们坐下来讨论讨论，我们的观点为何不同，那么你会发现，我们之间的距离并不遥远。"

我们批评学生的目的在于使其从不同的角度来重新审视某一事物，即希望学生接受正确意见。商讨式批评是教师以商讨问题的口气，将学生的不良行为变换角度提出来并传递给学生，造成一种平等商讨问题的气氛，使学生易于接受批评。

要运用好商讨式批评，我们还应注意以下几点。

1. 选准商讨对象

商讨的对象有多种组合方式，可以是全体学生，也可以是个别学生。是只和犯错误的学生商讨呢？还是和班干部商讨？抑或和全班同学进行商讨？

这个问题是老师在运用商讨式批评时首先需要考虑的问题，我们应该根据自己的教育目的、根据事件的性质等选择最佳的谈话对象，这样才能取得更好的教育效果。

2. 明确商讨目的

老师与学生进行商讨时要明确商讨的目的，根据这个目的来确定商讨的内容、方式等。这样才能在商讨时有明确的中心，做到有的放矢，从而取得预期的效果。

3. 商讨既不能强迫，也不能放纵

与学生商讨时，教师主要起引导作用，而教师的引导要建立在与学生沟通、商量的基础上。我们要多用商量的口吻与学生交流；我们要积极采纳学生的合理建议，并能改变自己已作出的决定；我们要善于在实际沟通中遇到抵制情绪和冲动行为时，自觉地控制、调节自己。

当学生对我们的要求不能愉快接受时，我们不能以所谓的“师道尊严”来强迫学生立刻接受，不能为了维护教师的“威信”而压制学生的意见，也不能过于崇尚或曲解“以学生为主体”的观念而放纵他们。如果教师以知识与年龄的悬殊为理由强迫学生接受意见，那么就是对其人格的不尊重，并使其产生怨恨和抵触情绪；而过度地放纵也会使教育远离初衷，失去意义。

4. 选对商讨的方式

商讨也就是围绕中心议题，多让学生叙述所见、所闻、所思、所作、所为，从谈话中认清利与害。因此，在选择商讨方式时也应有所讲究，有的可能适合单独促膝谈心、启发思考；有的可能适合对犯错的几个学生开座谈会，归谬分析、进行勉励；有的可能还需要开主题班会，让全班学生共同商讨。

商讨式批评需要我们有一颗宽容的心，要爱心多一点，关心多一点，交心多一点，耐心多一点，要以诚恳的态度、热情的关怀去帮助和引导学生，这样才能在真正友好的气氛中和学生进行更好的沟通，直到学生知错改错。

八、参照式批评

唐太宗曾言："以铜为镜，可以正衣冠；以古为镜，可以知兴替；以人为镜，可以明得失。"观察别人的行为，以他人的行为做参照，可以修正自己的行为。聪明人总是从别人的错误中学真理。

有一个班的学生习惯乱丢纸屑，屡次教育都无效。有一次，班主任走进教室，见地上有几团纸屑。当时还有3位同学未进教室，老师突然想到这是进行教育的好时机，于是，对大家说："这儿有几团纸屑，进来的同学却没有捡起来，现在，还有3位同学未进来，我们看看他们会不会发现。"经老师一说，全班同学都瞪大眼睛等着瞧。第一位同学看也不看就冲进了教室；第二位看了一下地面却无动于衷，到座位上去了；第三位一看地上有纸屑，毫不犹豫地弯腰捡了起来。全班同学报以一阵热烈的掌声。老师脸上也掠过一丝微笑，他郑重宣布班会开始了。第一个受到表扬的就是这位捡纸屑的同学。从此，教室的地上再也看不到纸屑了。

俗话说："不怕不识货，就怕货比货。""有比较才能鉴别。"这位班主任很善于使用批评技巧，他运用参照式批评法，将"主动捡纸屑"与"对纸屑视而不见"的两类学生进行比照，对"主动捡纸屑"的学生进行表扬，其实就是对"对纸屑视而不见"的学生进行批评。后者感觉到老师的批评，无形中感受到压力，从而自觉地接受批评，改正错误。

一般来说，对于盲目性大、自我觉悟性差，但易于感化的学生，宜用参照式批评法。所谓参照式批评法，即借助他人他事的经验教训，运用类比的方法烘托出批评的内容，使被批评者感受到客观上的某种压力，在借鉴感悟中吸取教训，促其自我反省。

（一）言传身教的效应

案例回放

二年级第一学期开学没多久，福建省晋江市实验小学高级教师、市优秀班主任庄秋红老师班里就出了一件事：一位叫小周的男生的外套被剪了一个方形的洞，有巴掌大。

事发当天，庄老师外出学习了，这件事是第二天小周的家长到学校向她反映的。庄老师原以为事情发生在教室里，应该会有学生看到，所以她就直接在班上当众询问，没想到，竟然没有目击者。不过，学生反映了一个重要的情况：一个叫小罗的男生，在事发当天曾经和小周发生过激烈的争执。经过简单地询问和调查，小罗承认和小周吵架了，但一直否认剪破了小周的外套。在没有证据的情况下，庄老师开始感到头痛了，怎么办呢？

正在庄老师愁眉不展之际，她突然灵机一动，意识到：通常学生犯了错误，总是很后悔，但是又因为担心受到老师或者家长的批评，不敢承认。老师只要通过一些劝导，然后承诺保密，应该会有效果。

于是，庄老师利用班会课，组织学生们讨论：(1) 如果是我的衣服被剪破了，我会怎样？(2) 如果谁做了这件事，不勇于承认，这是一种什么行为？发展下去后果会怎样？(3) 如果犯了错误现在该怎么办？然后发给每个学生一张纸条，告诉学生们：如果你没剪烂小周的外套，便在纸上写“我没有”3个字及自己的名字，如果你认识了自己的错误，便写“我错了”。写的时候不准互相看，同时老师绝对保密，也绝不追究，只要以后下决心改就行。

庄老师以为会有好消息出现，可等她迫不及待地打开那些纸条时，她一下子愣了，上面全都写了“我没有”3个字，看来这一招失灵了。庄老师开始反思，刚才的方法是软性的，学生可能会被触动，但是似乎缺少了一点压力。学生在这种情况下，是不是会存在侥幸心理呢？

庄老师冥思苦想，终于想到了一招“美丽的谎言”。她在班上宣布：“老师已经从同学们交上来的纸条上发现了重要线索，已经知道是谁做的了。如果他愿意主动承认的话，下课后悄悄到办公室来找我，老师是会原谅他的；要是他还是坚持说谎的话，老师就只能把他交给家长处理了。”庄老师自以为这回肯定能有收获，但是，整整一个上午，也没有人去找她……

正在庄老师一筹莫展的时候，她想起了自己亲身经历的一件事。“言传身教”是教育家们大力提倡的教育方法，庄老师决定作最后的尝试。在遭受了前两次的“打击”后，庄老师这次也不抱太大的希望。

第二次班会课上，庄老师对学生们说：“这节课我给大家讲一个真实的故事。十几年前，有一个小女孩，在一所小学读书，她学习成绩很好，深受老师的喜爱。一天放学后，她和另一名女生在校园内追逐玩闹，不小心把一块石头砸在了教室的玻璃窗上，玻璃虽然没有碎，但却出现了几道裂痕，她吓得转身就跑，幸亏没人看见。第二天上学，同学们都在议论那块玻璃，她很想承认，可又没有勇气。于是这件事成了她的一块心病，她时常为此感到内疚。十几年过去了，这个小女孩大学毕业后回到母校，仿佛又看到了那块被她打碎的玻璃……”

庄老师刚说到这儿，有些学生便在下面议论起来，“这个小女孩是不是庄老师呀?”庄老师微微一笑说：“同学们说的没错，这个小女孩就是我。今天，我之所以把这件事儿讲给大家听，是因为老师觉得一个人做了错事，不敢承认的话，这件事会让他终生不安，感到内疚和惭愧。”说完，庄老师发给每个学生一张白纸，请他们把自己做过的一件让自己最内疚和惭愧的事写下来。

第二天早上，庄老师把纸收上来一看，里面的内容真是五花八门：有的学生写他给老师起绰号；有的学生写因老师批评了他，他怀恨在心，便把脏东西放到了老师的茶杯里；有的学生写他偷偷拿了教室里的粉笔……在其中的一张纸上，庄老师看到3个字“我错了”。至此，庄老师的一颗心终于放下了。

事后，庄老师遵守自己的承诺，没有在班上公布，只是单独请来了双方的家长，把事情圆满地解决了。小罗的家长做了相应的赔偿，小周的家长也尊重了庄老师的意见，没有把这件事告诉小周。

后来，小罗同学在他的日记里这样写道：“我错了，请老师相信我能改正！庄老师，我不想用过多的语言来向您保证，您就看我的行动吧!”看了这篇真诚的日记，庄老师非常高兴，给小罗写下了这样的评语：“跌倒一次没有关系，只要站起来，勇敢地往前走，你一定会获得成功！”

案例解读

“花开很美，等待花开更美。”庄老师现身说法的批评教育故事给了我们很大的触动。一位教师耐心地等待一个学生自己承认错误，并且以教师的博大胸怀包容他的缺点，相信他一定能改正缺点。在这样一种爱心、信心的关照下，这位学生不仅改正了错误，而且取得了很大的进步。

教育的对象是人，教育工作就应该从人的心理出发，理解学生，关心学生，这样的教育才能有针对性。一个成功的班主任，必定是一个了解学生心理的人。庄老师在解决班上发生的一个偶然事件的过程中，分析、把握学生的心理，相信学生，保护学生的自尊心，最终使问题得到妥善解决。

这个案例告诉我们，批评教育学生不仅要了解学生的心理，还应选对批评的方式。案例中的庄老师虽然很了解学生的心理，也很想利用心理战术让学生承认错误，但她前两次的尝试还是失败了，反而最后一种方式——“讲自己曾经经历的真实故事”成功了。原因在于庄老师的这个故事说出了小罗的心声，其实他剪破同学的衣服之后，心里也很后悔，很内疚，只是没有勇气承认。他的内心遭受着精神的折磨，但他认为过一段时间自然会淡忘的。从庄老师的故事中，他感觉到如果自己现在不承认，不仅现在痛苦，以后也将会和庄老师一样，心里总有个解不开的疙瘩，而他当然不希望如此。他想把心里的石头放下，不再掩饰了，因此，鼓起勇气承认了错误。这正是言传身教、参照式批评所取得的教育效果。

（二）“双龙”与“双超”的比照

案例回放

北京市顺义区赵各庄学校张洪涛老师班上有个叫小龙的学生。小龙性格比较内向，但因为学习踏实、成绩比较优秀，小学 6 年一直受到老师的偏爱。上了初中，从小习惯听从家里长辈安排的他因缺少主见，思想相对同龄学生显得幼稚得多，做事易随波逐流。可因为学习成绩仍能名列班中前10名，所以被选为生活委员。

工作中，小龙并无太多、太好的工作方法，在同学中的威信明显不强，对班级工作也并不积极。虽然张老师再三鼓励，仍不见好转。

习惯安排好小龙生活和学习中的一切的母亲怕耽误孩子学习，再三找张老师要求不让他在班内担任任何职务。缺少主见的小龙也多次以耽误学习、能力不够为由找到张老师，要求退出班委会。张老师多次向小龙和他的母亲讲做生活委员对他的性格和阅历会有很大的积极作用，但家长仍然不同意。最终，张老师换了一名与小龙学习成绩相当的叫成龙的男生担任此职，他想以成龙积极向上的工作和学习热情激起小龙的积极性。

可真的不干生活委员了，小龙心里又很不平衡，认为老师不喜欢他而偏向新的生活委员。于是他的表现就更不积极，连自己的组长工作也很不负责任，不收作业、值日迟到的现象时有发生，因此也曾受到了张老师的几次批评、开导，但效果并不佳。后来，他反倒对张老师产生了厌烦感，曾不止一次与同学在背后议论张老师的不好。张老师很担心小龙的思想越来越偏激。不过在此期间，小龙和成龙成了很要好的朋友，这对张老师下一步的教育奠定了基础。

为了能激起小龙的热情，一方面，张老师尽量不正面批评他在纪律等方面出现的问题。有了不足，张老师尽量找他唯一的好朋友成龙帮忙给他及时指出。另一方面，在作业、上课回答问题时对他多关注、多表扬，努力使他认识到老师并不是不喜欢他。另外，张老师还悉心观察，试图寻找一个好的教育契机对其“病变”的思想进行更有效的根治。

一天，张老师在《青年文摘》上看到一篇题为《没有热情，能打动谁?》的文章，这是一篇自信教育的好文章。于是张老师饱含深情地将它读给学生听，并让他们谈自己的感受，其中包括小龙。出乎张老师的意料，这篇文章给小龙的触动很大，小龙的发言很精彩。于是，张老师顺水推舟，下课找来小龙，问他是否愿意用2个月的时间背下这长达4页的文章，并鼓励他2个月后在老师和同学面前做一次满怀激情的演讲。他同意了。

不到一个月的时间，小龙找到张老师，问他能否在班会上背诵这篇文章。张老师激动不已，拍着他的肩膀说："龙，要腾飞了！"小龙脸上立刻浮现了很久很久没见到的笑容。

没过几天，新的生活委员成龙写了一篇关于他与小龙之间的友谊的日记，文中提到了"双龙"（张老师常常在班内合称小龙和成龙为"双龙"），张老师灵机一动，何不借此机会将"战果"扩大一些？于是他找来"双龙"，提议两人同改这篇日记，并答应他们以两人的名义向《新新文学》推荐此文。两人欣然应允。

巧合的是，张老师上届教的毕业生中有两个同学，分别叫周超和孙超。刚入学时，孙超的成绩虽然比周超好一些，但两人都位于班上中上等。为了激励他们，张老师将两人合称为"双超"，而且还风趣地给他们施加压力："看你们两个谁'超'谁？"在张老师的"鼓动"下，两个同学平时是一对好朋友，一起玩耍，一起探讨课外的问题，可在学习上都暗中较着劲儿，确实有一点"一山不能容二虎"的意思。最后，两个学生分别以班中第一和第二、全校第一和第六的成绩考入了牛山一中。

于是，张老师想：何不把"双超"的故事讲给他们听？也许会收到同样的效果。张老师找来小龙和成龙，并与他们进行了一次促膝之谈，不光给他们讲了"双超"的学习竞争情况，并且答应将两个人的座位安排在一起，诚恳地表达了自己对"双龙齐腾"的美好愿望。

在张老师的大力推动下，"双龙"二人的友谊与日俱增，形成了与"双超"相似的团结、竞争的学习局面。半个学期过去了，在张老师的鼓励和好友成龙的带动下，小龙渐改往日的忧郁、幼稚，开朗成熟了许多：教室里常见他与同学因一道数学题（他被委任为数学课代表）争论得面红耳赤；操场上少不了他命中不多但洒脱自然的投篮动作；以"树立积极健康的人生态度"为主题的班会上，他发自肺腑的即兴发言博得了同学们经久不息的掌声——他找到了自己在同学中、在老师心目中的正确位置。

案例解读

小龙性格内向，思想幼稚，因此抗挫折能力差，且不善调节自己。如果老师采取直接批评的态度，反而使他对自己更加没有信心，他仅存的一点上进心如果再被扼杀，将可能导致自暴自弃。

面对小龙这种思想偏激、缺乏自信的“失宠”学生，老师不能见到错误或不足就进行批评，也不能急于求成，要在潜移默化、循序渐进的教育过程中增强他们自我分析、判断的能力，让他们多对自己的行为进行反思。

帮学生建立良好的同伴关系，使他们在日常行为的不断比较中反省自己，是培养学生的自省能力、激发学生积极成长的强有力的助手。因此，张老师故意安排成龙替代他的生活委员的位置，这对小龙发现自己的不足起到了很大的推动作用。一方面，小龙觉得成龙就像自己的兄弟，不至于对他产生反感；另一方面，他们的友谊使小龙愿意接受成龙给他的劝诫。同时，他们的竞争又激发了他上进的信心和决心。从小成绩一直优秀的小龙怎么愿意输在好朋友的手下呢？更何况他还对成龙顶替了他生活委员的位置而耿耿于怀呢！

在安排成龙担任生活委员，让小龙从对比中意识到自身错误或不足的同时，张老师也不忘从精神上鼓励他。因此，他给学生读了一篇《没有热情，能打动谁?》的文章，意在激起小龙的内在热情，这对小龙来说是一剂精神良药。

为了将“战果”扩大，张老师还给“双龙”讲了“双超”的故事，为的是让他们和“双超”一样，既有着朋友般的团结，又有着对手般的竞争。两人果然不负张老师所望，成龙各方面比以前更优秀了，小龙也不再是往日那忧郁、没有主见的小龙了，成为了一条积极主动、充满活力的“龙”。

（三）发现“情书”以后

案例回放

随着一声“报告!”，进来了两位同学——武汉市新沟镇小学王凯红老师班里的扬子和小微。她俩来到王老师跟前，小声地说：“老师，我们能跟您谈谈吗?”

“当然行!”

“但您要保密!”

王老师点了点头。

小微从书包里拿出了一封信和一盒金嗓子，说："这是前天放学时，不知谁把它悄悄地塞进了我的书包里。"

"哦？这是一封信呀！你看过吗？"王老师边问边接过信和金嗓子。

小微默默地点点头。

"是谁写的？里面写些什么？"

"这……"小微露出为难的神色。这时扬子在旁边插话："王老师，您看一下就知道了。"

"我能看吗？"小微点点头。

使这两个孩子这么神秘又为难的信是什么样的呢？王老师急切地打开了这封信。

"亲爱的小微同学：我爱你！好几天没听见你那甜美、清脆的声音了，听妈妈说，金嗓子治嗓子挺有效的，就送你一盒金嗓子吧。请你不要告诉其他同学，特别是王老师，拜托了！爱你的小豪。"

真的是一封"情书"！看了这封信，王老师虽然有点生气，但也感到吃惊、好笑。吃惊地是，小豪平时遵守纪律，学习用心，却不料他对女同学的关心也是那么细腻；好笑地是，才小学六年级的学生竟然能大胆地表达自己的爱意。

王老师问小微："你把这件事告诉老师，是想请老师帮助你解决这个问题，让他以后不要再做这种事情，对吗？"

"是的。"

王老师答应了她们，并告诉她们要相信老师能把这件事处理好。

两位学生离开后，王老师的心里一直不能平静，要告诉小豪的家长吗？可以向其他的任课老师征求意见吗？不，都不能！他喜欢小微，对小微有好感，这都是正常的，是可以理解的，只不过他把这种好感误认为他所谓的爱情了。他给小微写这样一封信，该需要多大的勇气呀！王老师告诉自己，必须对这封信保密，知道的老师或学生越多，就越难处理了。万一处理不当，肯定会对小豪以后的人生产生极为不利的影响。

小豪的举动，是出于多情少年内心所萌发的情愫，还是单纯地模仿电视、小说中的一些情节呢？王老师打算找他了解一下。当天下午上课的时候，王老师和往常一样讲课，只是比平时更多地留意了小豪。王老师发现他上课特别兴奋，要么讲闲话，要么盯着小微看。整整一节课，他都没认真听讲。

下午放学后，王老师把小豪叫到了办公室，从他最近的生活谈起，表扬了他在作业中的认真态度，也肯定了他学习中的点滴进步，同时也指出他上课时的不足之处，让老师觉得可惜。王老师又给他讲了自己初中、师范的学习生涯，让他明白有许多东西值得他去追求，去奋斗。

接着，王老师从抽屉里拿出了那封信和金嗓子，小豪一看到，脸一下子就红了。王老师对他说："别怕，孩子，跟老师谈谈，你为什么写这封信，好吗?"

小豪支支吾吾地说："我……我喜欢她。"

王老师又问："你为什么喜欢她?"

"她成绩好，人漂亮，声音甜美，又爱帮助同学。"

这时，王老师才明白，这个年龄的孩子口中的爱，实际上是由于对一些学习成绩拔尖的学生或干部的羡慕而产生的好感。"你为什么送金嗓子给她呢?"

"我发现她嗓子沙哑好几天了，说话挺吃力的，我想她需要这个，所以送她这个。"

听到这里，王老师肯定了他关心同学，细心周到的品质。同时，王老师也指出了小豪的不妥之处，说小学生不应该写这样的信。

虽然王老师苦口婆心劝说了一通，可小豪还是不服气，他说："难道我喜欢一个人有错吗?"

王老师说："喜欢一个人，并没有错，问题是你该在什么时候喜欢、什么时候向她表达你的爱意。老师跟你说说老师曾亲身经历和亲眼目睹的两件事情吧。

"那是老师上初中时发生的事情，当时班上有两个男生，一个喜欢上了我，另一个喜欢上了我的好朋友，他们也和你一样，都给我们写了'情书'。当时这件事情也被我们的班主任发现了，他把我们 4 个人叫到办公室，分别进行了谈话。他跟我们谈了很长时间，说你们如果真心喜欢的话，就把这种爱暂时藏在心里，等你们大学毕业后有一定的经济基础时再表达出来，那时你们就会明白爱不仅仅是一种感觉，更是一种责任！其中一个男生听了班主任的建议，再也没有向那女生表达爱慕之情，两个人都刻苦学习，后来双双进了省重点师范学院。那个男生就是老师现在的爱人，我们现在过得很幸福、很快乐；另一个男生当时没有听从班主任的意见，依旧执迷不悟，一封信接一封信的写给我的朋友，搞得我朋友根本无心学习，成绩一落千丈。结果他们初中毕业就不读书了，几年后结了婚，但后来又离了婚，现在一个在家种田，一个在镇上摆摊，日子过得紧巴巴的。我朋友很后悔当初没听老师的劝告，可是时间一去不复返，世上哪有后悔药呢？

“你是选择和老师现在一样，甚至比老师更好的生活还是要选择和老师那位朋友一样的生活，你自己决定吧。”

小豪眼睛突然一亮，若有所思地低下了头，轻声地对王老师说：“老师，我明白了，我知道自己该怎么做了。”

见小豪有所领悟，王老师非常开心，接着又和小豪探讨了如何与同学正常交往的问题，并建议他多看一些男女同学正常交往的书。最后，王老师跟他说：“你是老师最喜欢的学生之一，老师非常希望看到自己的学生能够成材，能够有出息，希望在若干年后听到你的好消息！”

案例解读

受社会上各种媒体等综合因素的影响，现在的小孩思想比较早熟，小学生到了五、六年级，男女生之间就会产生一些朦朦胧胧的好感，但他们把这种好感误认为是爱情，于是类似于递小纸条、送小礼物这样的事就时有发生了……

碰到了这类事情，老师该用什么样的方式去引导、教育他们呢？直截了当地批评、晓之以理地说教对性格开朗、悟性强的学生可能是一种不错的办法。但案例中的小豪却是一个性格内向的学生。王老师先肯定他、表扬他，再慢慢地告诉他这样做的不妥之处，却遭到他不服气的反问“难道我喜欢一个人有错吗?”这显然是因为小豪没有悟出其中的道理，没有认识到这样做将会带来哪些不良影响，造成什么后果。

因此，像这样的学生，讲一些大道理是收不到任何教育效果的，必须借鉴一些他人真实的、与其经历相同的事例，使其参照他人的做法，借鉴他人的经验，从而做出正确的选择。当王老师把自己的经历讲给小豪听的时候，小豪立刻就明白了自己这样做将来会导致什么样的后果，而那种后果并不是他希望看到的。因此，他很快就意识到了自己的错误，也改正了错误。

（四）运用参照式批评的讲究

参照式批评法固然好，它不需要老师苦口婆心地讲一堆大道理，也不用在学生面前扮黑脸，而是将他人他事顺手拈来展现在学生面前，学生自然就明白了。然而，在这看似简单的批评方法的背后，却有着很深的学问，值得我们仔细研究。因此，要想真正运用好参照式批评法，使其达到预期的批评效果，还得有所讲究。

1. 让学生“有事可参”

所谓“参照”，即包括“参”和“照”。那么老师就得让学生“有事可参”。这也就是说，我们在选择事例的时候，就得先弄清楚学生的问题所在，然后将选择的事例与之对比，尽量使两者相像。包括事例发生的环境、事例中的主人公等，都要与学生当前的情况相同或有很大的相似之处，让学生有所“参”，为其接下来的“照”做好铺垫。

2. 让学生“有法可照”

我们除了有事可“参”，还得让学生有法可“照”，也就是要让学生看到事例中的主人公当时是怎么做的，导致了什么样的结果。使学生仿佛从事例中看到现在的自己，预料将来的结果——好与不好，从而参照事例中的主人公做出正确的选择。

3. 要有正面和负面参照

我们让学生参照的事例中，最好要有正面和负面两种结果，让学生看到不同的做法、不同的选择将导致不同的结果。既看到好的一面，也看清楚不好的一面，以引起学生思考、权衡：自己是该向好的方向发展呢，还是继续一意孤行，向不好的方向前行？期望什么样的结果，该怎么做，学生心里就很明白了。

4. 对学生进行适当的引导

我们讲的事例有时虽然也有负面的参照，但学生可能认为那也没什么不对，没什么不好，因此可能对自己的错误视而不见，甚至达到不可收拾的地步，这样，老师的参照式批评可就一点作用都起不到了。因此，给学生讲完他人他事供其参照后，并不等于完事了，我们还得适当地对学生加以引导，让他们彻底醒悟，改正错误，以防他们朝错误的方向继续前行。

因为参照式批评必然要借鉴他人他事，这就需要我们在平时生活中要注意积累、细心观察、博览群书、勤于思考、善于总结，这样才能更好地使用参照式批评，使其发挥出更大的作用。

九、隐蔽式批评

批评要从对孩子的关爱出发，落脚点不是伤害，而是让孩子在批评中感受关爱和理解。而爱是一门艺术，如何表达，如何在师生间传递同样需要学习。

能个别批评解决的事，决不当众批评，尤其是对自尊心强、性格内向的学生。对这样的学生进行批评教育，我们不妨使用隐蔽式批评法。

所谓隐蔽式批评，主要是指教师在批评学生时，避开大众，采用隐蔽的方式单独进行批评。这是教师行之有效的一种批评方法，它有利于师生之间的情感交流，而且易于学生接受。如学生违反了纪律，教师可以将其叫到一边，“悄悄地”批评；如果学生在课堂上或开会时做错了事，教师可以先制止他们的不良行为，等下课之后，再单独对他们进行批评教育。

隐蔽式批评有很多优点。

第一，隐蔽式批评避免了学生在他人面前的难堪，不致让学生觉得自己在众人面前丢了面子，下不来台。

第二，隐蔽式批评体现了教师对学生的一种尊重，一种保护。其实，犯了错误的学生不是无药可救，也不是非要与老师对着干。他们之所以有时会产生逆反心理，主要是因为自尊心受到了伤害。教师若注意采用隐蔽式批评，保护学生的自尊心，会使学生感到老师对自己的关怀和爱护，因而对于批评就比较容易接受了。

第三，同样程度的批评，当众批评与隐蔽式批评给学生的感受不一样。当众批评，学生会以为老师不给自己留面子，批评太重；而同样程度的隐蔽式批评，却会让学生感受到老师的和蔼可亲和平易近人，因而比较容易接受。

第四，采用隐蔽式批评，能体现出一种教师与学生的友好商讨姿态。这种姿态让学生感到自己最终作出的决定（改正错误）是自己思考的结果，并非教师强加于他的。

第五，在教师了解情况不够全面而批评错了的情况下，采用隐蔽式批评，师生双方可以及时交流，弄清事实真相，避免产生误解和教师犯武断式的错误。

第六，隐蔽式批评可以体现出教师高雅文明的行为和尊重他人的良好素质。

由此可见，当众批评与隐蔽式批评效果大不一样。为了学生的健康成长，为了自己工作得更加出色，我们不妨尝试一下隐蔽式批评。

（一）手机丢了以后

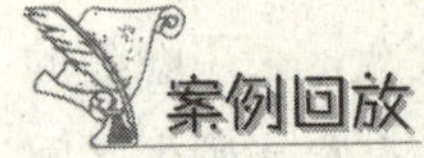

一天下午放学后，浙江省台州市双语学校吴坤杏老师来到教室，只见小怡眼泪汪汪地在书包里翻东西，一问才知道她把爸爸的手机弄丢了。见学生都已经走得差不多了，事情也只能到明天再调查。于是，吴老师安慰了小怡一通，让她先回去。

第二天午会课上，吴老师一脸凝重地对学生们说："同学们，你们知道吗，为了安全起见，学校在我们教室的隐蔽处安装了摄像机。昨天我们班有同学丢了手机，老师看了录像，已经知道手机是哪位同学拿的了。"教室里顿时骚动起来了，有的问手机是谁丢的，有的问摄像机装在哪儿。

吴老师清了清嗓子接着说："本来老师昨晚就想给那位同学的家长打电话，但我们还是要给这个同学一次机会，让他自己来承认错误。现在，我发给每个同学一张白纸，写上名字，拿了的同学打勾，没拿的划圈，然后把纸交上来。"吴老师观察着学生们的表情，没拿的学生一脸轻松，很快就交上来了。这时吴老师注意到小怡后面的小嘉，脸红红的，手足无措的样子，难道是他？他是平时不大爱说话的孩子。吴老师用眼角余光继续观察着他，发现他把纸悄悄地藏在了课桌底下，吴老师想：八九不离十了。他的纸条始终没有交上来。

怎样对小嘉进行询问呢？大庭广众之下问他？不行。那样只会让事情更糟，小嘉也会很难堪，甚至可能因此毁了他。吴老师想了想，说："小嘉的父母最近做生意比较忙，他妈妈委托老师要多关心他，我想找他单独谈谈。"

在正常的气氛中，吴老师平静地把小嘉叫了出去。在教室的拐弯处，吴老师对小嘉说："小嘉，请你看着老师的眼睛，告诉我，手机是你拿的吗？""我……我……是她把手机掉在地上，我捡起来了。""真的吗，是掉在地上了吗？""不……不是，是掉在椅子上。"凭经验和感觉，吴老师认为不是这么回事。

吴老师依旧看着小嘉，不做声。小嘉开始招架不住了，胆怯地说："早上我看到她把手机放在书包里，中午我在学校吃完饭，提早回到教室，就把手机拿来了。"不等吴老师再说什么，小嘉已经泪流满面地承认了错误。吴老师让他把手机悄悄地给自己，小嘉答应了。

最后，吴老师对小嘉说："请你放心，我不会把这件事告诉同学们的，但是我要告诉你的爸爸妈妈，希望你好好地向他们承认错误，也希望你以后不要再犯同样的错误了。"小嘉红着脸，使劲地点了点头。

事后，吴老师及时联系了小嘉的父母，把事情的经过详细地告诉了家长，要求他们回去教育孩子，并叮嘱他们要注意方式方法。在学生面前，吴老师告诉他们："手机找到了，但谁也不能乱猜测，给这个同学一个改正的机会，好吗？"学生们都愉快地答应了。

案例解读

小学生中的偷窃事件是时有发生的，但他们的偷窃行为完全不同于成人的偷窃，稍有处理不当，就可能对学生的心理造成极大的伤害，影响其身心健康发展。

案例中吴老师这种隐蔽式的批评实在是高明。他没有把事情往极端上处理，而是及时地控制了自己急躁的情绪，采用了善意谎言的形式，谎称教室里安装了摄像机，给孩子积极、健康的引导，使小嘉接受"事实"，并及时认识到自己的错误。随后，他谎称小嘉的妈妈要老师多关心他而顺理成章地把小嘉叫了出去，这就适当地保护了小嘉的自尊心，为接下来的教育打好了基础。

在与小嘉交流的过程中，吴老师一直保持着平和的态度，没有穷追不舍，没有逼其承认。适时的沉默让小嘉感受到老师的尊重与信任，于是，他很坦诚地交代了自己的所作所为，勇敢地承认了错误。

至此，丢了的手机找回来了，偷手机的学生也承认了错误，可以说，教育的任务也完成了。但是，吴老师并没有就此结束，而是和小嘉商量把这事告诉他的家长，目的就是为了引起家长的重视，使学生受到更好的教育。不仅如此，吴老师还答应为小嘉保密，告诉全班学生手机找到了，让大家不要乱猜测。

吴老师的批评教育是在全隐蔽式状态下悄悄进行的，这使整件事情的处理对小嘉的身心都起到了很好的保护作用，使他还能像以前一样快乐地学习。

（二）犯错者也有尊严

吉林省磐石市第三中学于桂清老师班上有一个从二（8）班降下来的学生叫晓宁。

晓宁是个后进生，他爸爸曾经对于老师说："晓宁是最大的麻烦，这孩子脾气倔犟，自尊心极强，抽烟、喝酒、打仗，什么不该做的他都做了。麻烦于老师您帮我看着点，能让他不进监狱我就知足了。"听了晓宁爸爸的话，于老师心里非常难过。哪个做父母的不望子成龙？可他却不对孩子抱任何希望。此时，于老师深感责任重大并下定决心对晓宁进行跟踪式的教育。

于老师从不在全班学生面前述说晓宁的"罪状"，也不在众人面前批评晓宁，而是千方百计寻找教育的突破口。机会终于来了。

在一次学生处安排的卫生大扫除工作中，于老师利用晓宁的身高优势，让他挑几个人负责擦日光灯。晓宁特别卖力气，于老师在班会上特别表扬了他。然后又找他单独谈话，于老师说："我发现你是咱班做事最认真的孩子，只要你用心就没有你做不好的事。”

这一表扬竟成了晓宁转变的开始。从那以后，晓宁主动承担了班里垃圾的清扫及检查工作，并协助值周生管理乱扔垃圾现象。

为了使晓宁不继续消沉下去，于老师总是私下里找晓宁谈心，约他放学后一起走。于老师一次次真诚的交流打动了晓宁。在一次捐款活动中，晓宁带头捐了100元。在晓宁的影响下，仅一个早上，全班学生主动捐款达800余元。发现晓宁这一优点后，于老师立即采用写表扬信的方式让晓宁捎给家长。

第二天，晓宁的妈妈到学校找到于老师，紧紧握着他的手哭着说：“于老师，你是我们家的恩人哪。没想到晓宁变样了。昨天，晓宁他爸看到那封信，高兴得跳了起来，比挣多少钱都开心。我们全家人一遍遍地看表扬信，我儿子用手攥着这封信睡着了。”

于老师感到很安慰，但他知道这还不够，晓宁各科学习成绩都极差，还需要自己的努力和各科老师的帮助。为此，于老师又和任课老师沟通，提出只要晓宁努力，大家就给予认可的想法，任课老师也都积极配合了。

暑假期间，晓宁爸爸打电话给于老师说：“晓宁又打仗了，于老师你看怎么办?”于老师给他爸爸出主意，让他领孩子到看守所进行实地教育。开学后，于老师装作不知道，找到晓宁问他暑假过得怎么样？让他用书面形式向于老师汇报3件事：一是最开心的一件事；二是最遗憾的一件事；三是最受教育的一件事。

第二天，晓宁主动找于老师谈了一个中午。他说：“老师，我觉得这世上不应欺骗的3个人就是爸爸、妈妈和你。我必须和你说实话，我没有最高兴的事，最遗憾的是我又打仗了，我爸领我到看守所去了一次，使我最受教育……”

案例解读

于老师对晓宁采取“对错误进行隐蔽式批评，对成绩进行大加表扬”的教育手段，取得了很好的教育效果。

像晓宁这样的后进生，连他父亲都不对他抱任何希望，只求他不进监狱就知足了。可见，晓宁是一个多么调皮、多么不好教育的学生。然而，吴老师却为他付出了很多，和晓宁进行了多次真诚的交流，在顾及学生自尊的情况下引导他认识自己的错误。

吴老师这种批评方式使晓宁没有因为受批评而觉得自尊心受伤害，没有在同学面前丢面子，避免了晓宁逆反心理的形成。相反，只要有一点好的表现就能受到老师的表扬，这使晓宁重塑了自信心，使其他学生也不敢随意瞧不起晓宁，给他创造了一个良好的改过自新的环境，使他彻底改变了原来那种不良个性，变成了一个刻苦学习、知恩图报的好学生。

这是吴老师的功劳，这也是隐蔽式批评的魅力所在！

（三）给孩子解释的机会，了解事情的原委

一天，杭州市浦沿小学的上课铃声已经响过10分钟了，正与学生一起陶醉于课文中的韩丽君老师忽然瞥见窗前飘过一抹身影，接着响起了轻轻的敲门声。

“又是他，这已经是他这个星期的第3次迟到了。这孩子怎么不长点记性呢，屡教屡犯！”韩老师心里恼怒地想着，打开了门。

小杰站在门外，似乎已经为“暴风雨”的来临做足了应对准备，一张小脸充满恐惧而又无奈的神情，嗫嚅着说：“对……对不起，老师，我……我迟到了。”韩老师很生气，刚想质问他迟到的原因，可又转念一想，一节课只有短短的40分钟，这样一来，该会浪费多少时间呀。于是，韩老师压了压火，装作若无其事地对他说：“进来吧，已经上课了。”

小杰受宠若惊，一溜烟儿地跑到了座位上。就像什么也没有发生过，课堂进行得井井有条。

接下来一节是数学课，韩老师坐在办公室里，思索着小杰迟到的原因：他是不是又“闯祸”了？是不是昨晚上电视看得太晚了？是不是家庭作业没有做好，早上在恶补？同时也在思索着该如何有效地处理这件事：找个机会在全班上公开处理，大肆批评他吗？不行，在班上公开批评对他已经没什么

用了，以前不都是这样教训他的吗？如今他还是照样迟到。也许是自己的批评方式太激烈了，伤了他的自尊心，让他在同学面前很没面子吧。确实该换种教育方式了。

叫来家长双方沟通，共同解决，还是单独找他谈心，私下里解决？

种种处理的方式在韩老师的头脑里闪现，同时也在不断预料种种处理方式的结果。最终，韩老师设计了一份“迟到报告表”，打算让小杰中午饭吃过后到办公室填写。

迟到报告表

迟到日期：	迟到时间：(　)分钟
迟到的原因：	
在今后的日子里，我将尽我最大的努力准时进入教室。 签名	

中午吃过饭后，韩老师让小杰带上笔到办公室，对他说：“以前都是老师不好，没有了解清楚原因就批评你了。这次老师相信你，你先把这张“迟到报告表”填一下吧。”

只见小杰露出了期待已久的目光，很欣然地在“迟到的原因”一栏中写着：爸爸妈妈都上夜班去了，家里又没有闹钟，我睡过头了。接着很诚恳地说道：“老师，非常感谢您上午没在同学面前批评我，保护了我的尊严。以前您当着同学的面说我，我总恨不得找个地缝儿钻进去，上课也更没劲了。其实我也不愿意迟到，只是总有一些特殊情况……”

小杰委屈地说了一大堆。韩老师知道小杰的父母都是三班倒的工人，家里环境也不太好，于是承诺道：“老师以后再也不会当着他人的面批评你了，而且只要你表现好，老师还要当着全班同学的面表扬你。如果老师送你一只闹钟，你能保证再也不迟到了吗？能做到吗？”

“能做到！”小杰挺起胸膛大声地说。

案例解读

不同的批评方式产生的效果竟是如此不同。韩老师很庆幸自己当时没有发脾气，否则不但对小杰起不到教育作用，还影响了大家的情绪，耽误了大家的时间；很庆幸自己换了一种教育方式，找到了小杰迟到的症结所在。

师爱需要讲究艺术，教师对学生的爱是理解、信任、尊重、鼓励，是一种能触及灵魂的教育过程。

每个人都是有自尊心的，任何人都喜欢被当众表扬，而不是被当众批评。对于有些执迷不悟的顽固“分子”，必要情况下，我们还是需要当众对他们进行批评的。但对于像小杰这样自尊心很强的学生就不能当众批评了，而要尽量让他在他人面前保持“完美”的形象，这样才有利于他改正缺点。

韩老师以前在其他学生面前批评和质问小杰，挫伤了他的自尊心，幸亏这次韩老师注意调控自己的教育方式，没有感情用事，给予小杰理解和爱，保护了小杰的自尊心。

（四）一次特殊的谈话

杭州市拱宸桥小学周晓婷老师合上最后一本学生的数学作业，然后检查哪些学生没有交。当周老师在学生的名单里打完勾以后，一个没有做记号的学生的名字，一下子跳入了她的眼帘——小越。

周老师的头“嗡”的一声，眼睛都直了：怎么又是她？

小越是一个单亲家庭的孩子，周老师班上的后进生。她学习不好，行为习惯差，每个老师见她都头疼。而更让人头疼的是，她还很倔犟，自尊心特别强，对老师说的话一向不屑一顾。她母亲是个营业员，每天早出晚归，也很少管她。

周老师静静地坐在那里，想着怎么处理这伤脑筋的事情：硬的不吃，就给她来软的；班上不行，就让她到办公室来。

放学后，周老师把小越请到办公室，而小越昂着头，一副满不在乎的样子。“坐吧，小越。”周老师指着身边的椅子。“不坐。”她说。“你为什么不直接在广播时说我没做作业呢？”“你们老师不常常让学生站着吗？”……一连串的发问噎得周老师无言以对。周老师知道以前总在班上点名批评伤了她的自尊心了。于是，轻声问道："你知道我今天为什么要请你来吗?""知道。""你没有交作业，有其他原因吗?""没有。""你怎么想的呢?""我不想做!"周老师又耐了耐性子，问她说："你为什么不想做呢?""不想做就是不想做!"说完，眼睛狠狠地盯着周老师。

多倔犟的孩子啊，又黑又粗的皮肤，泛黄的头发，一双丝毫没有温柔的眼睛……"真是糊不上墙的烂泥。"周老师的心底突然冒出了这样一句训斥学生时常说的话。

小越还站在那里，默默地、狠狠地盯着周老师，没有丝毫妥协的迹象。冷静，冷静！周老师在心里叮嘱自己。突然，一个美国女教师把倔犟的学生称作女儿，从而征服倔犟学生的故事闪进了周老师的大脑，周老师一下子来了主意。"小越，你很有个性，我真希望有你这样一个女儿。今天我们就谈到这里好吗?"这回，轮到小越不知所措了，她那倔犟愤怒的眼神一下子暗淡了下去，但眼睛依然盯着周老师不放。她在怀疑，这是真的吗？周老师真诚地看着她的眼睛，"好了，你可以回教室了。"其实，周老师心里并不想她走，因为事情还没有处理完呢！她果真没有走。"你还有事情吗?"周老师明知故问。"周老师，我错了。"

终于，周老师盼到了这十分难得的一句话，但她没有像往常那样乘胜追击，"你错在哪里?"而是十分舒缓地说，"你知道错了就行了，我相信你不会有第二次。孩子，你走吧。"

案例解读

由于小越的生活环境比较特殊，她认为自己是一个没人要的孩子，是一个人人都不喜欢的孩子，这也使她形成了一种倔犟、自尊心特别强的个性。

小越的这种个性使她对老师的当众批评感到很不满，有明显的敌对情绪，甚至有自暴自弃、"破罐子破摔"的倾向。教育这样的学生，我们不能采取硬措施，只能用软办法；不能当众点名，只能单独商谈；不能实话直说，只能迂回前行。

因此，在几次教育失败后，周老师针对小越的个性特点，一改原来的批评教育方式，采用隐蔽式批评，从她的家庭背景着手分析，得出她的症结所在，进而对症下药。周老师一句“我真希望有你这样一个女儿”使小越的心灵受到强烈的震撼，对老师的敌对情绪也得到缓冲。因为这让她感觉到原来自己也并非一无是处，老师还是喜欢自己的，自己并不是没人要的！

当小越有了这种认识后，倔犟的心理明显软化下来，“我错了”三个字从她口中说出来，是那么的不容易。对她来说，这是一个很大的进步。这不是她为转变自己发出的信号吗？教育学生，我们不能追求一蹴而就，而要有耐心把握好每一次教育的度，为下一次的教育做好充分的准备。

（五）运用隐蔽式批评的讲究

大多数老师对犯错误的学生都是叫到一旁单独进行批评教育，也往往都能收到很好的教育效果，但也不乏教育失败的例子。究其原因，主要是因为他们运用隐蔽式批评的时候，在方式方法上不够讲究。那么，运用隐蔽式批评有哪些讲究呢？

1. 身隐错不隐

隐蔽式批评包括不在其他学生面前批评犯错学生，不在其他老师和校领导面前教训学生，不在家长面前数说学生的罪状，而是在只有犯错的学生和老师自己的场合进行。

在这个“二人世界”中，教师不能只讲好听的话、顺耳的话、学生易于接受的话，也要委婉地揭示学生犯错的事实，尽管他很不愿意听。如果没有让学生认识到自己的错误所在，那么，这种教育即便没有伤害到学生的自尊心，即便学生接受了，也是失败的教育。学生没有认识到自己错在哪儿，何谈改正错误呢？以后势必会再犯同样的错误。

2. 忌出言刻薄

避开众人批评，并不意味着老师可以用挖苦的、刻薄的、极易损伤学生自尊心的话批评学生。如果老师出言刻薄，被批评的学生会产生仇视的思想和自卑的心理，在错误的道路上越滑越远。相反，我们在批评学生时要尊重学生，不要讽刺挖苦，更不要恶语伤人。

3. 忌片面武断

运用隐蔽式批评是为了师生有一个更好的交流空间，让老师更详细、更清楚地了解事情的原委，而不是用所谓的师道尊严片面武断地批评学生。

教师既要看到学生所犯的错误，又要看到他的一贯表现；既要看到学生犯错误的主观原因，又要看到客观原因；既要看到犯错误的现实，又要看到改正的可能性。只有这样，我们才能使批评收到良好效果，使被批评的学生心服口服。

4. 巧借网络平台

隐蔽式批评法除了把学生叫到办公室或其他避开人群的地方进行教育外，网络也不失为一个很好的教育平台。利用网络对学生近来的学习和生活情况进行了解和交流是现在最流行的方式，也是学生乐意接受的交流方式。在这种方式中，学生有些难以启齿的话却可以毫无顾忌地说出来，内心的真实想法也可以毫无保留地表达出来。

因此，当学生犯错误时，教师可通过聊天、发电子邮件等方式进行沟通，直至其认识错误、改正错误。

5. 巧用书信交流

对于错误不是特别严重，且不善于口头表达、易害羞的犯错学生，我们可以通过给学生传小纸条、进行周记对话、写信等书面形式，悄悄地批评教育他们。这是很多老师惯用的方式，通常能收到意想不到的效果。

运用隐蔽式批评的目的就是为了更好地保护学生的自尊心，使批评收到更好的教育效果。因此，在使用这种方法时，老师要切记把尊重学生放在首位，然后再对其进行教育、转化。

十、“冷处理”式批评

如果没有想好如何应对，有时不妨先放一放。在情绪失控、失去耐心的情况下做出的决策，很难是合适的，而教育上的错误往往很难弥补。我们不妨先放一放，有一个缓冲，回到理性，找回耐心，再行动，这样更理智些。

有一个叫玛丽的法国孩子，因父母工作关系来到中国上学，刚到班里的时候，由于生活习惯及与同伴交往不适应，经常发脾气。老师越劝她，她脾气就越大，还经常哭闹不止。老师没办法，只好求助她的父亲。谁知她的父亲却说：“没关系，她哭闹的时候别理她，让她坐在角落椅子上，一会儿就会好的！”

原来，玛丽的父母平时如果发现女儿在公共场所闹，只要不影响到别人，他们一般都会采取冷处理的方式对待孩子，随她闹去。如果影响到别人，他们会把孩子抱走，将她放在一个比较开阔而安静的地方，让她继续闹，直到她闹够为止。

为什么要这么做呢？玛丽的父母认为，孩子闹是为了吸引父母的注意或者通过这种方式来达到她的某些目的。因此，在她闹的时候，可以让她独自坐在房间里思过，等她情绪缓和之后，再问明事情的来龙去脉，解决问题。

故事中的父亲采用的就是“冷处理”式批评。当学生犯了错误后，教师要给学生以反思的机会，而不要急于对他们做出或好或坏的评定，待过一段时间（一般不可过长），学生对其错误言行有了一定认识后，再对其进行批评教育。这种批评方式主要是以静制动，以冷促热，让学生在冷静的氛围中，进行激烈的思想斗争，依靠自身的理智去战胜非理智，从而完成心理过程的转换，恢复心理常态，达到教育目的。

（一）晾一晾，效果事半功倍

学生在一起难免会产生摩擦，每当这时候，浙江省平湖市新埭中心小学优秀班主任张凤玲老师都会“置之不理”，晾一晾闹事双方，再解决问题。她这样做一般都会收到事半功倍的效果。

案例回放

一天，下课期间，张老师正在办公室批阅学生作业，突然有学生跑来报告：“小阳和小冰在教室里打架了，而且打得很凶。”张老师连忙放下作业本，跑进教室。只见小阳正在号啕大哭，小冰则两手握着拳头，脸拉得紧紧的，眼泪也在眼眶里打转。可以想象，一场恶战刚过。

平时，张老师很注重学生间的团结教育，所以班里很少发生这种打架事件。看到两个学生打得这么凶，张老师有些气不打一处来，刚想训斥一句“老师本来就忙，你们还要添乱！”但她的话还没出口，上课铃声就响了。

这节课正好是张老师的课，教室里一片安静。本来张老师想马上搞清打架的缘由，并借此事教育全班学生，但看着班里50多位关注着自己的学生，又看看两个谁也不服谁的、还在气头上的好斗男生，张老师立刻改变了主意。她顿了顿说：“大文豪鲁迅说过‘浪费时间就是谋财害命’。老师可不想成为‘谋财害命’的人，小阳和小冰的事发生在课下，所以还是等下课你们再来向老师说明情况。现在，咱们开始上课吧。”

学生被说乐了，于是自觉地把注意力放到课堂上来了。张老师呢，则像没发生过什么事一样，心平气和地讲起课来。小阳见没有人理会他的哭声，也就停下不哭了，慢慢专心听起课来。

中午过后，张老师把小阳和小冰叫到了办公室。两人早就没有了上午事发时那种剑拔弩张的气势，好像气消了似的。张老师和颜悦色地对他们说：“你们打架是不对的，但老师相信你们是诚实的。现在每人拿一张白纸，把事情的经过如实写出来，还要写上对这件事的看法。”

见老师没有训斥的意思，两个人放心地拿着纸走了。午睡铃响时，他们交来了所写的材料。张老师一看，两人写的情况基本一样，他们打架是为了借橡皮泥玩引起的。这样一件微不足道的事也会被他们“演变”得如同有“深仇大恨”一般，可真是孩子啊！张老师暗自感叹。

对于他们的诚实，张老师感到很欣慰，更令她高兴的是，小冰最后一句写着“小阳，对不起。”小阳的纸上也写着“也许是我错了。”张老师把两人写的内容交给对方看，然后说：“看来你们都是讲道理的学生，很诚实，做错了事都知道向对方道歉，老师为你们感到高兴。但因为一点点小事而大打出手太不应该，这种事不能再发生第二次了。以后碰上两人意见不一致时，你们要多站在对方的立场想想。现在，你们握手言和吧！”

还有一次，也是两个学生打架。

快要下课时，有两个男生由于对某个问题意见不同突然发生争执，继而动手打了起来。其他同学马上停止了讨论，抬头看看张老师，再看看打架的同学。大家都知道上课打架是一件很严重的事情，所以表情都很严肃地观望着事情的发展。

张老师走过去，两人还你揪着我的头发，我抓住你的衣领，仍然保持着“战斗”状态，虽然他们已意识到老师就站在身边，但谁也不愿意先松手。张老师静静地看了他们几秒钟，用平静的口气说：“都把手先放下来，坐下，下课再说！”两人愣了一下，几乎同时放开了手，坐了下来。张老师转身走回讲台，像什么也没发生过一样继续讲课，这节课课堂秩序出奇得好。

下课后，两人瞪眼看着张老师，看怎么处理。张老师朝他们招招手然后向教室外走去，他们跟着张老师来到办公室。张老师一言未发，搬来两把椅子，示意他们面对面坐着。然后，十分平静地对他们说：“我现在急于写教案，你们先坐一会儿，各自想一想，看自己有哪些不对的地方。”张老师故意把“自己”二字强调得很重，说完，煞有介事地写起教案来。

其实，张老师并非真的忙得没时间来处理此事，而是想让他们先降一降温，平静一下情绪，促进学生思想内部的矛盾斗争，再寻找时机进行处理。经过课上一段时间的冷却，这时两人情绪已经有所缓和，坐下后，开始时两人一个仰面注视天花板，一个扭头望窗外，互不相视。过了一会儿，两人就耐不住了，他们都偷偷地看张老师写教案。这样待了很长时间，当两个学生意识到张老师似乎不会问他们的事，而是忙于写教案时，都低头沉思起来。又过了一会儿，两人都想偷偷看看对方的表情，当两人的视线碰在一起时，几乎禁不住同时“扑哧”一声笑了起来。

此时，张老师觉得冷却的时机已经成熟，就放下笔转向两人，不无幽默地说：“怎么？两个要好的朋友，为了讨论问题竟然爆发了战争，同学们知道了，是不是觉得你们太……”没等张老师把话说完，两人便主动地向对方道歉，向张老师承认错误，并保证今后再也不打架了。几分钟前还是剑拔弩张，几分钟后又重新和好，一场上课打架的事件通过张老师的“冷处理”轻轻松松就给解决了。

案例解读

作为教师，我们在工作中常常会遇到学生打架或发生争执的情况。多数教师在这种情景下会把学生叫到面前，“摁”住争执双方教训一顿，但张老师却觉得这种情况下不妨采用一下“冷处理”，效果会更好些。

《孙子兵法》上说：“善用兵者，避其锐气，击其惰归。”此法也可以“迁移”到“班主任兵法”中，即在学生情绪激烈或者有敌对情绪时，不宜进行批评教育，而应该耐心等待，或者人为创造一个缓冲阶段，进行“冷处理”。等学生不良情绪缓解，情绪趋于稳定时，再批评教育，这样效果会更好。反之，学生不但听不进去，而且还可能把小事扩大。

如上面案例中，当学生发生打架事件后，张老师并没有马上追究谁是谁非，而是心平气和地正常上课，实际上就是对事件作了冷处理，对学生作了冷处理。其实，学生都是很聪明的，已具有一定的明辨是非的能力。当事件发生后，即使老师没有批评，他们也已经认识到自己错了。这时，我们不如装糊涂，让学生自己反省。冷处理的过程其实就是学生自己教育自己的过程。

（二）先冷后热，以真情促转化

通常我们批评教育学生的方法都是正面的循循善诱，晓之以理，动之以情，但长时间使用之后，就会使学生在情感上产生某种“抗药性”，任你怎样磨破嘴皮，他都无动于衷。这时，我们可以审时度势，出其不意地采用“冷处理”方法，先冷后热，可能会收到很好的教育效果。肇庆加美学校小学部优秀班主任王叶萍老师就时常这样做。

案例回放

国庆放假期间，王老师接到一个电话，对方自称是王老师班里小伟同学的父亲，问王老师找他有什么事。（放假前，因为小伟屡次违反班级的各项规章制度，王老师就让他国庆回家后，请他父母给自己打个电话。）接到电话，王老师觉得这位家长问得挺唐突，于是就回问了一句：“您孩子没告诉您什么原因吗?”对方用很肯定的语气说没有。这时，王老师感觉有点不对劲了。首先，电话里的声音不是很老练；其次，一般学生家长都会问，孩子在校是不是有什么事。于是，她又试探性地问：“请问您叫什么名字？您家住哪儿?”电话那一端很长时间没了声音，后来，干脆把电话挂了。

王老师的直觉告诉自己，这个打电话的很有可能是冒充的家长。如果真是小伟的家长，自己就找机会向对方解释一下，希望他能谅解；如果不是，就要查明情况。

到了第二天，电话又打来了。王老师一听，还是昨天那个声音，相同的开场白。这时，王老师隐约听见旁边有小伟的声音，好像在商量着什么。这下，王老师马上断定对方是冒充的！因此，王老师很干脆地说道：“如果您真是我们班小伟同学的父亲，希望国庆节后，您能亲自到学校来一次，我要和您面谈。”说完，就把电话挂了。

挂了电话后，王老师越想越生气，心想，太不像话了，把老师当小孩耍。国庆节过后，看我怎么收拾你！但生气归生气，解决问题才是关键。回想起小伟开学至今的表现，王老师感到很头疼。新生开学报到的第一天，小伟的桀骜不驯就让王老师觉得手足无措。他的反叛暴躁和反复让王老师一度不能容忍，在他高大的个子和倔犟的表情面前，王老师的情绪一次次地失控。这次怎么教育批评他，才能收到好的效果呢？王老师思虑再三，决定调整自己的教育方法，采取“冷处理”来改变小伟。

国庆开学后，学生都一一返校了。班会上，王老师并没有把这件事在全班同学面前提起，也没有找小伟谈话。第一天平静地过去了，第二天平静地过去了，王老师一直未提这件事。但她却在暗中观察小伟，她发现每次自己在班上讲话时，小伟都是低着头，平时那副漫不经心、不可一世的样子早没有了。课后，有学生向王老师反映说小伟最近不知道怎么回事，像换了一个人似的。王老师就故意问："怎么了，他最近又犯什么错误了吗，是不是又欺负其他同学了?"学生说："不是。恰恰相反，他这两天的表现比以前好多了，上课也不讲话了，早上很早就起床了，还帮助宿舍其他同学打扫卫生。"王老师心里暗喜，知道自己的"冷处理"方法已经有效果了。

第三天，王老师的办公桌上有了份检讨书，是小伟写的。他向王老师检讨道："开学至今，我的的确确做错了很多事，给班级拖了后腿。这次更离谱，我竟然找人冒充我的父亲给您打电话。我知道这件事深深地伤害了您。我本来想到学校后，如果您问起这事，我就死不承认，看您怎么办。但几天以来，您不但没有在同学面前说起这事，更没有批评我。我真的很感激您，我知道说再多的'对不起'也没用，我会用实际行动来证明给您看的。请老师不要放弃我。"

王老师知道，现在是该找他谈话的时候了。

小伟进办公室后，王老师主动给他搬了把椅子，还给他倒了一杯水。小伟很不好意思地说："老师，我还是站着吧。"王老师微笑着说："你还是坐下吧。你个子那么高，你不坐着，咱们也不方便说话。"王老师首先表扬了他，告诉他老师为他能自己认识到错误感到高兴，老师相信他不是有意的。这段时间以来，他确实做错了很多事，不过知错能改还是个好学生。接着又表扬了他的优点，比如，字写得不错，歌唱得也很棒，下次学校的"十佳歌手"比赛一定让他参加，老师就看他的表现了。

小伟听了连连点头，并表态："到时您看我的。"

上面一席谈话，王老师没有一句煽情的话语，但居然说服了这位脾气暴躁的男生。这次"冷处理"后的平等对话不但很好地处理了小伟的问题，同时也缩短了师生间的距离。

为了巩固教育的效果，王老师趁热打铁，让他担任了组长。小伟很高兴，工作也很认真，小组有什么问题他都主动解决，不能解决的还会及时向王老师汇报，商量“对策”。他的脾气也有了很大改观。

案例解读

心理学告诉我们，人人都希望自己得到重视，学生们也不例外。还有什么比被人轻视、受到冷落更能触动一个人心灵的呢？有时候，适当的“冷处理”促使学生自我反省远比一味地说教更有成效。

上面案例中，王老师通过先冷后热，用真情促使小伟完成了自我转化。

教师正确运用“冷处理”艺术，不仅能解决问题，同时也维护了自身的形象，更重要的是尊重了学生，避免了对学生感情的伤害，这样就为彻底转变学生的思想打下了良好的基础。

（三）“冷处理”式批评的讲究

学生的个性千差万别，他们对待批评的心理反应也不尽相同，有的虚心接受，有的默认，有的申辩，有的自以为是，有的不用老师多说就能承认自己的错误……所以，教师批评学生要讲究艺术，要根据学生的个性特征，选择适当的批评方式和方法。以下几种情形，就比较适合运用“冷处理”式批评。

1. 对待性格倔犟的学生

“这个学生犟得很，三头牛都拉不回头。”我们常听到有些老师这样无奈地抱怨。当我们在批评某些学生时，时常会出现这样的现象：教师越是声色俱厉，学生越是不听，甚至还会与老师顶撞起来，这就是性格倔犟的学生。

这类学生往往“吃软不吃硬”，听不进别人的指责，在老师声色俱厉的批评下极易产生逆反心理。但他们都能接受和风细雨式的说服教育。因此，我们在了解了这类学生的性格特点后，就不能简单粗暴地训斥他们，而应动之以情，晓之以理，尽可能创造一个和谐、平等的批评氛围，促进师生双方的感情沟通。

一旦发生“顶牛”现象，我们可暂时退让一下，缓一缓，再解决问题，而不要与学生一争高低。这样一来，不但显示了教师宽广大度的胸怀，还可以由被动变为主动，为最终取得良好的教育效果奠定基础。

2. 有意和老师“对着干”的学生

我们经常听到一些教师这样说：“现在的学生太难教了！你指东，他朝西，好像故意与教师相抗衡似的。”“这还了得，胆敢当众与教师顶撞，岂有此理!”像这样“对着干”的学生每个班都或多或少的存在着。面对学生的“对着干”，我们若不善于控制自己，凭着一时的感情冲动，必将促成矛盾的激化，甚至使自己下不了“台”。

我们要学会冷静和自制，对“对着干”的学生，哪怕是“寻衅”闹事的后进生，也暂且将其搁置，然后细心分析原因，寻找学生优势的一面，加以施教引导，这样才会收到良好的教育效果。

3. “屡教屡犯”的学生

有些学生多次违纪，多次受到老师的批评，对老师的批评早已产生戒备、逆反的心理。这时，我们再去批评他，除空耗精力外，是不会收到什么效果的。弄不好，还可能导致双方矛盾激化，造成师生之间的对立。对待这种学生，我们要耐心等待，同时给予热情的关怀，让学生有时间反思自身的缺点，直到他们彻底冷静后，再着手解决问题。

4. 应对突发事件

我们在教学工作中难免会遇到一些突发事件。如有的学生搞恶作剧捉弄老师；有的学生拒不回答问题；有的学生干脆突然“撂桃子”，闹情绪……面对这些突如其来的问题，如果我们为了个人的“自尊”，为了个人“一吐为快”，便勃然大怒，甚至停下课来批评学生，以求“杀一儆百”之效，结果往往会适得其反。正确的做法应是理智地对待突发事件，在突发事件面前“处变不惊”，克制自己的感情冲动，想办法让自己，也让学生冷静下来，待到事后再作处理。

教师工作烦琐而辛苦，面对犯错的学生，要想取得良好的教育效果，我们必须协调好师生之间的关系。如果关系协调不当，便可能因一方感情冲动而使矛盾激化，甚至导致后果不可收拾。实践证明：当遇到较为棘手的问题时，退一步，缓一缓，进行“冷处理”不失为一种有效的工作艺术。

最后，我们要强调的是，虽然“冷处理”式批评有时会起到好的批评效果，但它只是一种特殊的、非常规的教育方法和手段，只能相机偶尔用之，切忌滥用！

十一、分析式批评

教师在面对学生犯的错误时，首先要分析学生犯错的原因，当时的情况以及学生的个性心理状况，采用不同的批评方式。教师只有这样做才能对症下药，给予学生公正合理的批评。

我们批评学生的目的无非就是想帮助学生进步。但是批评学生也是要讲究方式的，不能学生一犯错误，就不分青红皂白、劈头盖脸地批评。批评学生前，教师一定要分析原因，调查情况，通过分析研究后再对学生的思想行为做出实事求是的评价，给予公正合理的批评。

2000 多年前，我国伟大的教育家、思想家孔子就提出了“因材施教”的主张，要求教师教育学生不能千篇一律，要有针对性地因材施教。

我们在批评学生时，也要充分分析学生的个性心理特征，采用不同的批评方式。如对性格开朗、反应敏捷的学生可以给予直接的批评；对性格内向、感情脆弱的学生可以进行对比式批评；对于逆反心理严重的学生宜用缓冲式或书信批评；对脾气暴躁、行为易被语言所激的学生要用商讨式批评……真正做到批评因人而异。

（一）找准“病根”，对“症”下药

杭州十一中魏美娟老师新带的班级中有个叫小奇的学生，他从高二开始就以打架、旷课而闻名全校，凡是带过他的老师都对他大伤脑筋。魏老师任该班班主任不久，就发现他经常上课不听讲，作业几乎不做，迟到早退屡见

不鲜，抽烟也是常有的事。

魏老师多次找他谈话，严肃地指出他的缺点、错误以及这些缺点、错误对他造成的危害，可他总是抱着“葫芦不开瓢”的心态，任你怎么说，过后他照样我行我素。

有一天，他因和社会上一些不良青年一起勒索、侮辱小同学而受到学校的记大过处分。就在宣布处分的当天，他又逃学了。老师和家长四处寻找了3天才找到他。

魏老师把小奇带到办公室，和他促膝谈心。经过魏老师的耐心开导，他感动地流泪了，发誓一定要痛改前非，不辜负老师的期望。

打这以后，他确实有了明显进步。

就在魏老师准备安排全班为他的进步开一次主题班会的前一天，同学反映，他又和社会上的不良青年混到一起，躲在校园的角落里抽起烟来。

当天中午，魏老师在他的抽屉里发现了一张纸条，上面写着：“为什么班上的同学不理我，不和我玩，离我远远的？我又没得传染病，犯了错误的人就不能变好吗?”

看完这张纸条，魏美娟老师为自己不够关心小奇深感惭愧。根据所掌握的情况进行分析，魏老师认为，小奇出现思想、行为上的反复，一方面是他自己改正缺点错误的自觉性还不足，另一方面则与班集体对他关心爱护不够有关。

既然找到小奇违纪现象出现反复的原因和症结了，魏老师就开始根据“病症”对“症”下药了。

第一，联合家长、学生干部实行“多管齐下”。经家长同意，每天下午放学后，魏老师留下小奇，跟他多多交流。同时又把班上的团员、干部召集到一起，要求他们热情地帮助小奇，并要求班里的同学不能歧视他，要多接近他，还安排学习委员辅导他功课。

第二，开展多种形式的思想教育。魏老师组织学生们一起去老干部活动中心，请老干部对他们进行形势教育和传统教育；还请了原来因厌学参军入伍的一位军人谈体会，谈打架斗殴，不思进取的坏处。通过一系列的思想教育工作，小奇从内心深处为自己过去的所作所为感到内疚，下决心痛改前非。

为此，魏老师先后召开了“我班的昨天、今天、明天”“学雷锋、学英雄”“相聚在21世纪”等主题班会，使小奇和同学们一起接受思想教育。另外，魏老师还组织小奇和全班一道参加“双学”活动，如集体捐款给因患白血病、家庭困难的本校某老师，到敬老院帮孤寡老人打扫卫生等，培养他们的社会责任感。从这些活动中，魏老师发现小奇个性很强，做事也积极认真，劳动时不怕脏、不怕苦。

第三，调动其积极性，培养其社会责任感。班级成立纪律小组后，魏老师为了进一步调动小奇的积极因素，特指派他为组长，让他在班级工作中增强集体荣誉感和为民服务的精神。从此，小奇更乐意为集体、为班级里的同学办事了。看到教室地面上有纸屑，他会主动捡起来；看到班里的报纸乱了，他会主动承担管理任务。

对于他的巨大变化，魏老师如实向学校作了汇报。学校为了鼓励他，在“五四”青年节的晚会上宣布取消对他的处分。

案例解读

医生“对症下药”，必须得了解“病人”的状况。教师批评学生也是如此。魏美娟老师经过分析小奇同学的“病根”，采取了一系列措施，终于使这位“问题少年”重新走上了人生的正轨。

实践证明，问题学生思想上的消极影响较深，教师对他们的批评教育不能一蹴而就，而应多下“毛毛雨”，常下“及时雨”。思想教育和行为引导要常抓不懈，不断地把那些消极因素转化为积极因素。

（二）拿出耐心，慢慢感化

案例回放

小强是一名复读生，该生思想狭隘、性格偏激，在原来的班级学习差、品行差，经常和老师顶撞。学校实在没有办法，只好先让他休学一段时间。面对这样的学生，泰安市第一实验学校的张敬贤老师的想法是：不要期望几次批评就起到作用，而要作好打长期战的心理准备。

1. 原则问题绝不轻饶

初一开学没几天，小强就因为班长说了他几句而动手打人。张老师严肃地批评他，并让他送班长去医院检查，又带着他去班长家赔礼道歉。过后张老师还让他写自我认识，专门开了一次班会，和学生一起帮他分析错误行为。

经过一番引导，他认识到了自己的错误，在全班同学面前做了检讨，并保证今后绝不打人。

为彻底让他改正错误，张老师让他写保证书，如再打架，就给他申请学校处分。张老师认为，这样的处理即使不能使他悔过自新，也会令他有所顾虑，不敢再犯。此后，他确实因为那张保证书老实了一段时间。

2. 充分利用集体的力量

打班长事件过了还不到一个月，小强同学的“老毛病”又犯了。他和同学小俊因为某事发生争执，小俊骂了他几句并挑衅他，小强便认为人若犯我我必揍他，而且这次打人自己是有理的。

张老师耐心地纠正他的这种错误观念，告诉他如果以后实在处理不好类似的情况，应该找老师解决，而不是使用武力。

小强认识到自己的错误行为后，请求张老师原谅他，不要申请学校处分。张老师也很为难，他不知道怎么和其他学生交代。

思考良久后，张老师决定把权力交给班里的学生。

同学们都在关注张老师对小强的处理，对此也议论纷纷。张老师趁机开了班会，组织学生讨论，让他们对这件事有正确的认识。同时让小强在班上检讨自己，并指出，如果全班同学都原谅他，就再给他一次机会。

结果，同学们也同意再给他一次机会，但这是最后一次。张老师又不失时机地发动班上同学一起帮助他，和他交朋友，使他逐渐融入班集体。这次教育之后，小强一直到初三毕业没再打过架。

3. 推心置腹地交谈

上了初二以后，小强的逆反心理特别强，老师批评一句就翻脸。一次上政治课，老师看到他没按要求做练习，便提醒了他。而他却认为老师冤枉他，翻了脸。

事后张老师帮他分析："老师提醒你是不是为你负责？你是不是想让所有的老师都放弃你？如果那样的话，你干嘛还来上学？一个连老师都放弃的学生进入社会谁还会瞧得起？往后你还会有什么出息……"

张老师语重心长的教导终于让他感到惭愧了，主动找政治老师赔礼道歉。

4. 要有恒心

一次，小强又顶撞美术老师，这已经是第7次了。张老师对他屡次犯这样的错误也特别恼火。他被张老师批评得哑口无言了仍不肯认错，气得一向脾气很好的张老师都想放弃他，任他"自生自灭"。但转念一想："假如真的放弃他，他从此以后肯定会自暴自弃，容易走上邪路……"

一想到这些，张老师心情马上就平静下来，并用整整两节课的时间跟小强语气平静地分析他处理问题的冲动，分析他总把自己逼上绝路，把问题激化的原因等……

通过这次长时间的耐心开导，小强终于开窍了，并态度诚恳地向张老师深鞠一躬。

看到小强终于开窍，张老师激动地对他说："你记着，你学习再不好，老师也不会看不起你，但我绝不允许你品质不好，你必须学会做人！"

此后，小强对美术老师的敌对情绪越来越淡化了。

5. 特别的爱给特别的他

张老师对小强的引导主要以鼓励为主。他身板很直，张老师就表扬他上课坐得端正；他体育很好，张老师就鼓励他参加校运会，结果他取得了不错的成绩……他有一点进步张老师就打电话向他家长报喜，还经常在他的作业本上批注激励的话语。

初中三年，张老师根据小强的能力，先后任命他为组长、篮球队队长、纪律委员。在信任和鼓励面前，小强一点点约束自己的不良行为。到初三后半学期，由于中考的压力，班级氛围的影响，小强也终于知道关心自己的学业了。这时，张老师就找其他老师和同学一起帮助他。最后，考试从没及格过的他竟然也考上了当地一所普通高中。

案例解读

张老师用了3年的时间，终于使小强同学“浪子”回头了。

学生犯了错，一些老师总想通过批评教育立竿见影，但是那种恨铁不成钢的苛责和急功近利的矫正可能会适得其反。我们要有随机应变的教育智慧、持之以恒的爱心和耐心，同时还要了解学生的性格特点，分析他们问题产生的原因，并给学生充足的时间，让他们认识到自己的错误而慢慢改正。正所谓“十年树木，百年树人”，只要精诚所至，铁树也会开花！

（三）善待学生，聆听他们的心声

案例回放

一天，重庆市104中学许敏利老师的办公室来了一位神情憔悴的中年妇女。她一进门就说：“老师，您一定要帮帮我，让我的孩子在您的班里读书吧。”

许老师被她突兀的话语弄懵了，通过询问，才知道她女儿玲玲，性格倔犟，和老师关系紧张，经常无缘无故地逃学。父母干预后，她还曾有过歇斯底里症状。为此，父母带她上过精神病医院，吃过药后，人就变得木木的，吓得家人不敢再给她吃药。玲玲母亲听说许老师很会教育孩子，于是抱着最后一丝希望来找他。

经过与玲玲母亲的长谈，许老师了解到造成玲玲这种问题行为的原因主要有以下3点。

（1）玲玲家庭比较富裕，自幼生长在优越的环境中，加上家人过于宠爱，使她形成了唯我独尊、任性倔犟的性格。而平时父母都忙于工作，没有时间教导她，对于她的一些不良生活习惯和品德行为没有及时批评、指正。

（2）玲玲不爱学习，喜欢玩乐。老师和家长的简单粗暴干预引起了她强烈的逆反心理，渐渐形成与老师对着干的逆反行为。矛盾激化后，父母就把她关在屋里反省，有时还会打骂她。这些错误的教育手段使玲玲的逆反心理进一步膨胀，产生了歇斯底里症状。

(3) 玲玲在班会上经常被班主任点名批评，回家后又被父母轮番责备。久而久之，全校师生都知道了这件事，谁也不愿意跟她在一起，她自然也不愿意上学。而且父母的粗暴方式使她无法与他们交流，因而她变得更为固执，逆反心理更加严重。

找到玲玲的问题根源后，许老师决定收下她，做这个"问题少女"的新班主任。

第二天一早，妈妈就带玲玲来见许老师。玲玲给许老师的第一印象是，有着一双桀骜不驯的眼睛，目光中多的是冷漠与不信任，留着一头碎得不能再碎的头发。

对于这类学生，许老师认为首先要调试她的逆反心理。这种调试应该从尊重开始，才能建立师生之间的情感，取得她的信任。

许老师亲切地和她打招呼，但她一声不吭。许老师依然微笑着请她坐下，跟她介绍了班级的基本情况，分析了同学们的优缺点，恳切希望她能包容班级同学的缺点。

说到这儿，玲玲似乎对这个话题感兴趣，竟然还给许老师出谋划策怎么对待有逆反心理的学生。

这正是许老师想要的。聊着聊着，许老师就把话题转到老师身上，让玲玲谈谈她对老师的看法。

此时玲玲已经没有什么顾忌了，她把自己的遭遇说出来后就哭了。看得出来，她已经好久没有那么痛快地宣泄自己了。

许老师默默地聆听她的讲述，没有安慰她，只是轻轻帮她擦掉眼泪。临走的时候，许老师郑重地跟她说："校长说，你出什么事都由我负责。玲玲，今天我见过你了，相信聪明的你一定会给我们班带来荣誉的，欢迎你到我们班来。在这里你没有昨天，只有今天与明天。"

她重重地点点头。

许老师说："如果你愿意来我们班，明天下午就来报到吧！来时最好把头发扎起来，看起来干净利落，那样同学们一定会喜欢你的。"

第二天，玲玲如期来报到了。她把头发扎了起来，很干净的样子，衣服也简简单单，标准一个学生样，单纯而文静。

许老师知道长期以来她封闭的心灵终于开始冰释。许老师没有把玲玲以前的事告诉班里任何同学，只向他们介绍了玲玲的特长，看得出同学们也很喜欢玲玲，她很快就融入了这个新集体。

为了让玲玲尽快摆脱过去，走进新的生活，许老师每周都与玲玲的家长交谈，使家长明白对孩子既要爱护有加，又要严格要求。当孩子出现问题的时候家长的教育方式要民主，特别是玲玲在学校失去老师和同学的信任时，回到家里更需要家长像朋友一样聆听她的烦恼。家长如果一味管制与训斥，只会把她推出家门。家长要学会冷静对待孩子的偏激言行，做出理解的姿态才能让孩子打开心门。

取得家长配合后，许老师对玲玲的教育转化工作更加顺利起来。慢慢地，玲玲的学习成绩也奇迹般地从不及格上升为班级前 10 名。

因为玲玲学习成绩不断上升，多才多艺，许老师就安排她担任班级宣传委员。她平时除了做好班级文化宣传工作外，许老师还安排她专门处理有逆反心理的学生向老师叫板的问题。

案例解读

教师要善于聆听，这样才能了解学生的内心世界，了解他们需要什么，忧虑什么，做事的动机如何，以便对症下药，采取相应措施去帮助他们。

本案例中，玲玲转变的切入点是许老师成功地调试了她的逆反心理。在教育过程中，许老师注重聆听她的心声，尊重她，从而温暖了她的心灵。

问题学生的心灵常常是封闭的，要想打开确实很不容易。他们不打开心灵之门，我们又如何得知根源，对症下药呢？

让学生敞开心扉的重要途径，是我们把耐心倾听当作一把钥匙，让学生倾诉自己的遭遇，尽情地把自己的酸甜苦辣都说出来。这样我们才能从中找到转化他们的切入点，进而实施有效的教育转化。

（四）运用分析式批评的讲究

批评学生是一种艺术，批评不当，会给学生的心灵带来伤害。运用分析式批评法，我们也要好好把握尺度。运用分析式批评法批评学生时，有如下方法可供大家借鉴。

1. 指出缺点要委婉

教师在批评比较敏感的学生时一定要注意措辞委婉。这类学生自尊心强，容易受到伤害，假如老师直截了当地批评他，不但收不到好的教育效果，还会让学生对老师产生戒心，不愿意向老师敞开心扉，导致师生之间出现裂痕，难以沟通。

卢芳英老师任教于无锡市东湖塘中心小学。上个月，他们班一个平时比较沉默的女生，几乎每天下午都迟到七八分钟。

于是，趁着一次上体育课，卢老师看到她一个人坐在操场边上，便走过去跟她聊天。卢老师首先表扬她一直都很乖，不用老师操心，相信在家里也是不用爸妈操心的，然后，卢老师说："只是……"说到这里卢老师故意停了下来。

敏感的她立刻明白了老师的意思，便主动告诉老师迟到的原因，爷爷住院了，由于父母工作忙，每天都是她送饭给爷爷，加上时间掌握不好，所以就迟到了。

了解了情况以后，卢老师首先对她的孝心表示肯定和支持，然后又鼓励她克服困难，争取早送早回。

2. 必要时当众批评

这样的批评是有针对性的，主要是面对那些脸皮比较厚、屡教不改的学生。

湖北巴东县野三关民族小学的六年级学生小超，凡教过他的老师都称他为"软皮蛇"。他没有什么大错，就是喜欢在上课的时候照镜子，多次单独批评都无效。

有一次上课，他又拿出镜子照起来。班主任邓中平老师提醒他一声，他没有听到。邓老师灵机一动，便大声对全班的同学说："大家看看小超在干什么?”

全班同学“唰”地都回过头去，看到他正陶醉地对着镜子梳理自己的刘海，不由得大笑起来。这时他才反应过来，顿时涨得满面通红，忙把镜子收了起来。

邓老师抓住时机说：“爱美之心人皆有之，但也要分场合。在西方，假如一位女士当众照镜子化妆被视为是很不礼貌的，而男生本来头发就很短，梳好了就行了，有没有必要整天对着镜子啊?”

学生们齐声回答：“没有必要!”经过这一次之后，这条“软皮蛇”再也不敢上课照镜子了。

3. 以柔克刚

这一条适用于对性格暴躁的学生进行批评教育。面对这类学生，教师一定要保持冷静，先以转移话题的方式或幽默的语言迅速改变剑拔弩张的气氛，再与其取得沟通，以期达到互相理解的目的。当然，也要在今后师生交往的过程中，逐渐帮助其克服这种缺点。

重庆市江北区203中学初二班有位性格暴烈的男生叫小力。有一次在课堂上，他出于好意大声地告诫班上一位上课说话的男生小荣，小荣不服，一场争执即将爆发。

陈文学老师大声喊了小力的名字，叫他不要和小荣争执。不料小力却误会陈老师偏向小荣，而将夹杂着委屈的愤怒转向老师，师生间的矛盾一触即发。

陈老师稍微冷静了一下，便急中生智地解释道：“小力同学这种表现显示出他热爱集体、关心集体的品质，我们都应该向他学习……”几句鼓励的话让小力渐渐冷静了下来。下课后，陈老师又和小力进行了沟通，使一场因误会而导致的不愉快烟消云散。

4. 暗示性批评

对于个性倔犟的学生，用暗示的方法比较有效。因为这些学生自尊心很强，脾气又倔，受不了批评，尤其是当着同学的面的批评。

崔老师班新转来一名学生，该生个头高大，率性随意，脾气倔犟。经常是老师在台上讲课，他在台下讲话。如果他举手，而老师没叫他，便嚷："为什么不叫我？"如此人物，老师们都很头疼。崔老师了解了他的性格以后，便和他约法三章：(1) 不当同学的面批评他；(2) 要求他尽量遵守纪律，不影响上课；(3) 如果犯错，老师暗示后要立刻改正。

果然，以后上课，他偶尔出格了，崔老师就以眼色或手势示意，尽量维护他的自尊。没过多久，他就不再"游离"出崔老师的课堂了，总是很活跃地参与学习和讨论，学科成绩也得到了一定的提升。

批评教育要因人而异。面对同样是调皮、捣乱的学生，我们要分析出哪些是管不住自己的，哪些是故意捣乱的，然后针对不同的学生，采取不同的批评方法，促使其转化。我们要找好批评的切入点，然后有的放矢地进行批评转化，但切不可搞一刀切，盲目批评。

十二、关爱式批评

苏霍姆林斯基说："有时宽容引起的道德震动，比处罚更强烈。"

人非圣贤，孰能无过？错而改之，善莫大焉。任何人都有犯错的时候，更何况是我们的学生呢？有错误就需要进行批评指正，这是毋庸置疑的，但最关键的还是"错而改之"。有些学生存在一定的逆反心理，对老师严肃的批评往往当耳边风，甚至会反其道而行之，不过很少有学生会拒绝接受老师的关爱。老师如果怀关爱之心行批评之道，顾及他们的面子，给他们台阶下，就能收到良好的效果。

学生正处于成长中，难免会犯这样那样的错误，他们的某些举止往往是无意识的。对此，我们不必怒声斥责，而应和颜悦色地去引导学生认识自己的错误，并给他一个改正的机会。学生从老师的循循善诱中感受到犹如父母般的关爱，并从意识到这个关爱开始，他就有可能对自己的言行举止进行反省。

（一）点到即可，留足面子

阳光小学孙平老师的现身说法，在如何运用好关爱式批评教育学生上，给了我们很好的启示。

案例回放

那天，全校正在开展达标运动会。六年级学生都摩拳擦掌，争取人人达标。

下午，孙老师正准备去教室看看。这时，小胜同学跑到孙老师面前，急切地说：“孙老师，我的100块钱不见了。”

“你是不是放在哪儿，忘记了？”孙老师问。

“不可能，我明明夹在语文课本里，肯定被人偷了！”小胜着急地说。

孙老师马上意识到问题的严重性，立刻赶到教室。

怎么办？搜身？绝对不行！就算找到了钱，也会将那个犯错的学生置于绝境。考虑到犯错学生的将来，只好采用心理战术了。

沉默了几分钟后，孙老师终于开口了：“小胜同学的100块钱不见了。”说到这里，孙老师停住了，用眼睛审视着每一位学生，企图发现什么。

“怎么办？”孙老师问大家，“听，广播在催我们班下去。大家都想在运动场上大显神通，可是出了这样的事，我们怎么能不管呢？如果我们今天找不到钱，就只好坐在教室里了。”教室里骚动起来。直爽的班长早已按捺不住，他大声提议：“搜身！”没等大家行动，孙老师首先反对：“这样做不妥。那位拿钱的同学一时糊涂犯了错，老师猜想他现在肯定很后悔，所以我们要给他一次机会。这样吧，我们一起来做一个游戏：请大家握紧拳头，按照座位顺序一个一个地走到讲桌前，把握好的手伸到讲台的抽屉里，再举起双手回到座位。希望那位拿钱的同学自己把钱放到抽屉里。”

就这样，孙老师满怀期盼，等着钱的出现。但是令人失望的是，这个游戏进行了两次，抽屉里依然是空的。

看到这种情形，孙老师对大家讲起了自己小时候的故事：“同学们，其实我小时候也偷过东西。有一次，我看见邻居家晒了一条很漂亮的手绢。风一吹，手绢掉到了我家院子里来，我捡起来一看，上面画了一位美丽的仙女。于是我便偷偷地把手绢藏起来，还安慰自己说，这是我捡的，不是偷。但我的心依然跳得很快，因为我知道这样做是不对的。我把它藏在衣柜的最底层，一直不敢拿出来用。因为我的内心深处有种深深的羞耻感。从那以后，我再也没偷过东西。的确，漫漫人生路，谁没有犯过错，每个人都是在一次次犯错误中慢慢成长的。因此，我希望这位同学能勇敢地面对自己的错误，并及时改正。另外，老师向你担保：如果你承认了错误，老师绝不把这件事告诉任何人，包括你的家长。”

说完，孙老师给每位学生发了一张小纸条：“老师再给这位同学一次机会。每位同学在纸上写上：我拿了钱或我没拿钱，再写上自己的名字。写好了把纸折好，交给老师。这样，只有我一个人知道是谁。”

接着，学生们很快交来了纸条。孙老师一张一张地打开查看，结果还是很失望：所有的纸上都写了——我没拿钱。怎么办？

思索片刻，孙老师又展开了心理攻势：“没有人承认。如果这样的话，那我只有报警了。”话音刚落，马上有学生响应：“好，报警！”

“不过，”孙老师话锋一转，“万一我报了警，那我们班可就臭名远扬了。到了毕业时，恐怕没哪个学校敢要咱们班的同学了。”这句话果然起了作用，大家埋怨起来：“是谁啊？真烦人！快承认！”

孙老师接着说：“如果警察来了，一查小胜同学语文课本上的指纹，很快就能查出是谁了。试想，有多少国际通缉犯逃到国外都被抓回来了，何况一个小小的阳光小学呢？就算你把钱藏起来，让警察找钱，那也是轻而易举的事。可这样做有什么好处？只能让大家下不了台。所以最好的方法是这位同学自己在纸上承认。如果这位同学已经用了一些钱，那老师可以帮你补上，绝不追究。”

说完，孙老师又给每位学生发了一张纸条。谢天谢地！这次孙老师终于发现一行潦草的字迹：我拿了钱，马上还。没有署名，但其他的纸条都已署名。孙老师不动声色地让学生们下去参加运动会。因为孙老师心里已有数。果然，孙老师再次返回教室时，正好碰到那位还钱的学生……

就这样，一场风波终于平息了。

案例解读

孙老师因为巧妙地“破案”赢得了学生的信任和尊重。更重要的是，孙老师用一种温情的方式拯救了一个灵魂。

我们在教育学生的过程中，特别是碰到有不良行为的学生，不仅需要对他们真切的关怀，耐心的教育，而且还需要尊重他们的人格、维护他们的自尊心，避实就虚，点到即可，这样才能收到预期的教育效果。

孙老师在处理学生偷钱这件事上，先让学生们玩“一个一个握紧拳头把手伸到讲台的抽屉里放钱”的游戏，两次下来都没有任何效果。但孙老师并没有放弃，他向学生们讲述了自己小时候偷手绢时的心理并进行教育，然后又让同学们写字条，可是依然没有结果。孙老师有些气馁了，但出于对那个学生的保护，他又循循善诱，搬出警察办案对班集体造成的影响进行教育，最终让该生承认了错误。

从孙老师的两次游戏、两次写字条中，我们可以看到他对犯错误的学生有着一颗关爱之心和异乎寻常的耐心。试问，如果孙老师贸然对学生进行搜身检查，倘若搜到了，那个犯错误的学生今后该如何在这个班级、这个学校继续上学？他今后的人生又该如何度过？

给学生一个台阶下，从教育机智的角度看，其实也是给自己一个台阶下。这是关爱式批评教育的另一个显著特征。给学生一个台阶下，在教育学生的过程中不仅能化解矛盾，走出尴尬处境，而且可以使学生提高认识，提升精神境界。

（二）给他阳光，让他灿烂

刘蓉是江宁区江宁中心小学的一名语文老师。有一次，当她正把一篇自己认为写得非常出色的作文在班上朗读的时候，突然有学生举起手大声地说："老师，我在作文选上读过这篇作文，肯定是抄来的！"于是，全班哗然，大家议论纷纷，而那个抄袭的同学也满脸绯红地低下了头。本来非常和谐、美好的课堂气氛因此变得尴尬异常。

听闻此言，刘老师也大吃一惊，不过，她很快就调整了思绪，便转过话头问大家："同学们，这篇作文写得好不好？"

"好是好，可是……"

"我问的是这篇作文写得好不好，咱们先不管其他。"

"太好了。"

"那就请同学们谈谈这篇作文好在哪儿？"

结果，有七八位同学发言，大家高度评价了这篇作文。刘老师接着说："同学们，这样好的作文老师以前读得不多，可能同学们读得也不多，以后我们大家多推荐一些优秀的作文在班上宣读。你们觉得这样好不好?”

“太好了!”

“那么，对今天第一个为我们推荐优秀作文的同学大家说应该怎么办?”

“谢谢!”此时，同学们对刘老师的用意已心领神会。

“从今天开始，我们每周推荐一篇优秀作文，全班同学轮流推荐。可以拿原文来读，也可写到自己的作文本上。不过别忘记注明作者和出处。”

学生们会心地笑了。那个抄袭作文的学生表情也由“多云”转为“晴”，露出了愉快的笑容。

案例解读

这是一场“短兵相接”的“遭遇战”。学生抄袭作文，老师完全有理由对其进行严厉的批评教育。然而，这样做对那个学生造成的心灵上的伤害将是无法弥补的。刘老师话锋一转，巧妙地把“抄袭”引向了“推荐”。不仅表扬了该生给大家“推荐”那么好的作文，同时还暗示该生抄袭作文是不对的，从而收到批评的最佳效果——该生也没因此丢了面子，同学们也不会再追究，并防止了此类事件的再次发生，真是一举三得。刘老师用智慧之光驱散了学生头上的“乌云”，让学生们在笑声中化解了难堪。

批评学生是一件很严肃的事，但刘蓉老师却能够在轻松的氛围中让学生笑着认识到自己的错误，这是值得我们大家学习的。

当学生犯错误时，我们改变一下教育方式，不再采取严厉的批评，而是有意给他们一个台阶下，用他们的长处掩饰他们的缺点，目的就是让学生认识错误，自觉改正错误，而不是由老师指出，强令其改正。

（三）批评时的“无声”胜“有声”

有一天中午，查理·夏布偶然走进他的一家钢铁厂，撞见几个工人正在车间吸烟，而在他们头顶的墙上，正悬着一面“禁止吸烟”的牌子。夏布没有说什么。

他走到那些工人面前，拿出烟盒，给他们每人一支雪茄，然后请他们到外面去抽。工人们已经知道自己破坏了公司的规定，他们很钦佩夏布先生不但没有责备他们，反而还分给每人一支雪茄。从此以后再也没有人在车间里抽烟了。

查理·夏布巧妙运用“分烟”的无声语言对工人进行了批评，工人有了台阶下，自尊心得到了维护，自然也就乐于改正错误了。

案例回放

滨海小学张素敏老师班上有这样一个学生，早晨上学经常迟到。每次批评教育他，他都承认自己不对，并保证下次绝不迟到，似乎“心悦诚服”。但张老师知道，他对自己迟到的行为早已习以为常。老师对他的教育批评他也习惯了，已陷入“迟到——挨批评——迟到”的恶性循环中。因此他的保证也只是一句空话。

果然，批评之后的第二天该学生又迟到了，这一次张老师一改常态，没有找他，也没批评他，而是静观其变。

张老师从窗外看到他坐在位于上东张西望，似乎在看老师注意到他迟到了没有，神情诚惶诚恐的。可见，虽然他对迟到和批评早已习惯了，但还是心神不宁。当他发现老师站在窗外边时，张老师故意把视线移开，装作什么也没有看见，这个学生好像明白过来，马上拿出书本开始早读。但从此以后他就很少迟到了。

案例解读

当学生体会到“老师原谅我了”以后，就会释放心中的压力，并将压力变为动力，师生间和谐的气氛就会冲淡学生心中恐慌的阴影，进而从根本上改变学生的老毛病。

当我们“有声批评教育”难以奏效时，不妨给学生一个台阶下，试一试“无声批评教育”。有时无声的批评要比有声的批评更能起到教育的作用。必要时我们还要给学生“台阶”下，这样才有利于感化学生，达到教育的目的。

苏霍姆林斯基说："有时宽容引起的道德震动，比处罚更强烈。"冰心也曾经说过，"有了爱便有了一切。"爱是做好老师的根本。老师热爱学生，对学生寄予厚望，学生会在心理上得到满足，从而乐于接受我们的批评。

亲其师才能信其道。爱是无声的语言，它能扣响学生的心扉。

（四）运用关爱式批评的讲究

批评作为一种教育方式，对广大教育工作者来说必不可少。但是，批评不同于赞美，并非总受学生欢迎，有时还会引起反感和怨恨。怎样避免这种局面呢?

如果我们批评时用关爱的心去引导学生，相信效果是很不错的。那么，我们在对学生进行关爱式批评时，还应注意哪些问题呢?

1. 声东击西

批评学生时，我们应因学生的个性差异、学生犯错误时的心理特征、学生过错的程度、学生改过的积极性而异。如有的学生不体贴父母，生活上很浪费，这时我们就应该私底下找他谈话，但切忌太直白，最好能用声东击西的方法从侧面批评他。

岳阳楼区朝阳小学的陶蔚红老师，发现本班学生小雷平时总是大手大脚地花钱。而据陶老师了解，小雷的家境并不是太好。于是一天课外活动时间，陶老师就把他叫到教室外的走廊上："你看到了什么?"

此时正是农民插秧的大忙时节，不远处的田间地头有不少农民正头顶烈日，挥汗如雨的劳作。顿了一会儿，小雷答道："农民在栽秧"。

陶老师又问道："你估计你父母现在在干什么?"

"在栽秧。"

"他们容易吗?"

"……"小雷顿时满脸绯红。从这以后，他知道了父母的艰辛，自己大手大脚花钱实在不应该，因为那都是父母的血汗钱，从而彻底改掉了乱花钱的恶习。

2. 以退为进

在大庭广众之下，不留情面的批评，可能会伤害学生的自尊心。此时，我们最好采取“以退为进”的策略，化解尴尬的局面。表面看来我们“退一步”，而目的在于“进两步”。这种“巧设台阶，放他一马”的以退为进的方法，既是对学生人格的尊重，让他明白教师对他的爱、对他的希望，也是留一个空间，让学生反思自己的错误。这对帮助他矫正自己的错误行为，会起到意想不到的效果。

有一次，有个学生把一把木制米尺弄坏了，有学生报告到数学老师那里。大家对老师如何处理此事很关心。但这位老师向学生解释，这把米尺原来就有一个小裂缝，只是大家没发现而已，老师家里正好有一把米尺放着没用，拿来用就是了。事后，这个学生主动找到数学老师，承认了自己的错误，自觉赔偿了一把新米尺，并逐渐改正了以前的许多缺点。

3. 动之以情，晓之以理

有一些学生总是屡教不改，摆出一副“死猪不怕开水烫”的样子。对待这样的学生，我们一定要动之以情，晓之以理，通过心与心的沟通与交流，达到批评教育他们的目的，而一味直接严厉的批评往往会适得其反。

张爱兰老师曾教过这样一名学生：他经常不写作业，上课随便说话，下课欺负同学，对老师的批评一副不以为然的样子，还常与老师“讲理”，在班上造成了不好的影响。

为了转化他，张老师首先从沟通师生情感入手。他犯错误时，张老师总是心平气和地单独与他谈话，帮他分析危害，指出改正的方法。

他看到张老师对自己不讨厌、不嫌弃，而是很平等、很真诚地对待自己，慢慢地就对张老师亲近起来。

在精神方面，张老师也总是慢慢地教导他走上道德规范的正轨；在学习上总是多关心他，给他提供回答问题的机会，渐渐地引导他认真听课……

就这样，这匹“小野马”通过张老师动之以情，晓之以理的关爱式批评教育，终于被驯服了！

4. 语气温和

现在，学生们好像“小皇帝”一样，得到了几代人的娇宠，导致了他们的心理承受能力不强。面对他们的错误，如果我们的批评语言过于粗鲁，不但不能使其改正缺点，而且还会伤害他们的自尊心。相反，如果我们怀着理解和同情的态度，用和蔼友善的语言循循善诱，学生会更乐于接受。

教师批评教育学生，无不出于爱的目的。只有让学生得到被爱的情感体验，他们才能从心里真正接受批评，进而改正不足。因此，我们对有过错的学生不能过分地斥责，而应循循善诱，在充满关爱的氛围中，让学生心悦诚服地接受教育。

十三、疏导式批评

苏霍姆林斯基说："真正的教师如果是出于良好的动机而做事急躁、考虑欠周，儿童是会谅解的。可是儿童不会原谅那些态度冷淡、缺乏情感、好作长篇说教、总想置身于孩子的忧虑与激动之外的教师。"

大禹治水的故事大家都知道，这个故事说明了转变思维的重要性，同时也向我们展示了疏导的方法能够给治水带来成功。我们很清楚，这里提到的"疏导"不仅仅可以运用在治水上，它还可以应用于社会生活的方方面面，在教育上更能凸显出它的价值所在。特别是对学生的批评，如果采用疏导式批评教育，学生的接受就会显得更自然，这往往也会带来更好的教育效果。

（一）巧用疏导，让学生跟着自己走

案例回放

小强是温州实验中学的一名学生，性格比较倔犟，自尊心特别强，逆反心理十分严重。他经常和教师发生冲突，有很强的抵触情绪，越是老师反对的事情，他就越干，还产生了厌学情绪。在学校，他这种反抗行为十分明显，如经受不起教师的批评，每当教师批评他时，他就眼睛直盯着教师，一副不服气的样子，甚至还和教师顶嘴。教师找他谈话时，他也是听过就算了，回到教室仍旧一如既往。像小强这样做事情绪化、自我要求不严、随意性很强的学生，对教师来说，对他的批评教育是一件既十分重要又非常头疼的事。

到底采取什么样的批评方式才会收到较好的效果呢？温州实验中学优秀班主任林雅飞老师认为，采用疏导式批评教育法，像大禹治水那样从根源上把握，瞄准关键点进行突破，将会取得较好的教育效果。

在实行疏导式批评教育时，林老师首先分析了小强的日常行为，认为他的这种叛逆行为是进入青春期的一种表现。大多数青春期的学生都有这种逆反心理，他们往往把家长和教师的批评教育理解为与自己过不去，认为是伤害自己，因而就会表现出严重的敌对倾向。再加上少年特有的半幼稚半成熟的特点，使他看问题容易产生偏见，以为与老师对着干很勇敢，是一种英雄行为，因而盲目反抗，拒绝一切批评教育。

林老师还具体分析了实施批评教育时失败的原因，认为有的教师对小强的心理发展特点了解不够，不能正确对待小强所犯的错误，处理方式也不恰当，便使矛盾和冲突日益恶化起来。

为了更好地对小强实施疏导式批评教育，林老师从各方面积极着手进行了准备。

首先，建立良好的咨询关系。林老师单独和小强交谈，了解他的情况，让他充分发泄内心关于学校与教师的不愉快记忆。刚开始时小强闭口不语，林老师便避开主题，先从日常生活中的小事谈起，并多次强调会为他所说的话保密，后来他终于开口了。在交谈中，林老师了解到小强在其他方面有很多优点。

其次，坚持疏导式批评教育。在避免直接批评，不与小强发生正面冲突的同时，还注意保护他的自尊心。当他犯错误时，林老师不当着其他人的面点他的名字，而是在与他单独交谈时动之以情，晓之以理，耐心帮助他分清是非，让他意识到自己的错误，并愿意主动地去改正。这样便逐渐缓解了紧张的师生关系，为进一步批评教育奠定了基础。

再次，在疏导批评教育中因势利导，扬长避短。林老师在批评教育小强时还注意挖掘他身上的闪光点，进而对他进行表扬，让他尝到成功的喜悦并意识到自己还是有学习潜力的。这样的因势利导有利于帮助小强确立正确的学习动机，让他在接受林老师的批评教育中，改变读书是为了老师或者家长的错误观念，打消厌学的念头。

例如，针对小强的有意违纪，林老师是这样对他进行疏导式批评教育的。林老师单独将小强叫到身边，说：“我能理解你的心情，但是你总是对老师怀有敌对情绪，认为老师处处和你过不去，自然不会喜欢老师所讲的课了，你说是吗?”

“就是这样的，”小强思索了一下说，“如果我讨厌哪个老师的话，根本不会听他讲课，我看到他生气的样子才开心呢。”

“所以，你上课有意违纪来气老师?”林老师问。

小强不好意思地点了点头。

林老师说：“你不喜欢读书其实根源于你有错误的想法……”接着，林老师就从这里开始帮助小强分析，对他进行疏导式的批评教育，直至小强完全领会了为止。

案例解读

落实批评艺术，关键在于合情合理。像“有理不在声高”“精诚所至，金石为开”等俗语说的就是这个道理。疏导式批评点到要穴，我们即使是只言片语，也能令学生心悦诚服。

疏导式批评就像水一样，水顺势而流，随器而变，虽无形而具百态。我们可以把它看做是批评的一种理想境界。案例中的林老师便抓住了疏导式批评的要领，逐步将批评艺术发挥得淋漓尽致。在疏导批评过程中，她从多角度寻找切入点，逐渐让小强在疏导教育中醒悟。

（二）疏导式批评重在“药引”

春秋战国时期，秦国进军赵国，赵国向齐国求救兵，而齐国一定要长安君当人质才肯出兵。长安君是当时当权的赵太后的小儿子，极受宠爱，因此，赵太后不肯答应。大臣们轮流劝谏，都被太后顶了回去。

无奈之下，左师触龙只好出面劝说。那时太后正在气头上，背对着他。触龙进来后慢慢坐下，先与太后聊些身体、吃饭之类的家常，又慢慢将话题转到子女上，在取得太后共识后，才顺理成章道出爱子女要为他们的长远利益考虑的道理，说明出齐当人质正是长安君建功立业的好机会，是为将来自立打基础。这样，终于劝动了赵太后。

通过和赵太后闲聊，触龙逐渐将话题引到关键之处，并成功劝动了赵太后。在古代，臣子对君王是不能直接批评的，而触龙的劝说在这里实际上是含有批评性的意见，只是他采用的是带“药引”的疏导式批评，间接让赵太后接受了大臣的意见。从中我们不难发现疏导式批评的魅力。

其实，不仅仅触龙会使用疏导式批评教育，现在大部分教师也懂得这样的道理。广州市花都区秀全中学优秀教师江海玲就是其中一位。

案例回放

江老师所教的班级是音美特长班。这个班的学生性格大都开朗、热情、奔放。这种个性有好的一面，但也有其不足之处。在课堂上，学生的自制力不够强，管不住自己，课堂上随便说话、开玩笑，跑题的事情常有发生。

课堂纪律是学生学习、获取知识的基本保证。作为老师，江海玲知道必须对课堂出现的一切情况做到心中有数，处理得游刃有余，才能保证一个良好的教学秩序。由于这些学生的自尊心很强，而且脾气直爽，如果对他们的批评方式不能让他们接受，他们甚至会在课堂上与老师“针尖对麦芒”。这样一来，不仅收不到教育学生，维持纪律的效果，而且还可能会导致师生关系紧张，影响自己在学生心目中的威信。

基于这样的考虑，江老师认为应从另外一个角度去批评学生，让他们在自己疏导式的批评教育下健康成长。

有一次，在讲解“国际社会形成”这一内容时，江老师用“一骑红尘妃子笑，无人知是荔枝来”来说明在封建社会，由于生产力不发达，交通工具落后，国与国，甚至是本国不同地区之间的交往和联系都比较困难，因而国际社会不可能形成时，学生却将这首诗的话题引申开去，大谈“唐玄宗与杨贵妃”“古代四大美女”，一时间课堂上说话声、笑声、议论声四起。课堂纪律陷入混乱，而且持续时间还很长。

这时，江老师便开始运用疏导式批评教育法教育学生。江老师给了学生一定的时间，还回答了“四大美女”的相关问题，并给学生讲述了杨贵妃和唐玄宗的爱情故事，还讲到白居易《长恨歌》的名句“在天愿作比翼鸟，在地愿为连理枝”。

当学生逐渐安静下来，认真听江老师说话时，江老师便话题一转：“咱们班的学生分 4 种人：第一种，认真听讲，不随便说话；第二种，爱说话，但也跟着老师的思路走；第三种，不说话，但人在课堂，心却不知道在什么地方；第四种，不但不听讲，而且还随便说话，不遵守课堂纪律。你们认为哪一种最好？哪一种最不好呢？”

学生齐声回答：“第一种最好，第四种最不好。”

江老师又接着问：“你们自我定义一下看自己属于哪一种人？”

思考过后，学生纷纷回答。有的学生很直率，甚至敢于当众承认自己属于第三和第四类，并且也表态，自己很想改掉这个坏习惯，希望老师给予及时的批评和监督。

看到自己疏导式批评教育初获成效时，江老师继续趁热打铁：“好的，以后我们达成共识，如果你们在上课时有走神，或出现随便说话等现象时，我会提醒你们，并直接告诉你们，你们现在的做法属于第几种人。我就不直接批评你们了，让你们自己心领神会、对号入座好了。”

学生们纷纷表示同意，欣然接受。在以后的课堂中，江老师一看到学生存在违纪现象就采用这样的方式，久而久之，学生在课堂纪律方面都做得很好了。

案例解读

江老师把批评的重点放在疏导上，先按照学生的思路走下去，接着在关键之处峰回路转，告诫学生该怎样做，应该向哪一类人靠近。这样便有利于学生跟上教师的思维，更有利于犯错的学生在教师的疏导式批评教育下，获得更深刻的反思，并及时改正自己的坏毛病。

（三）疏导式批评拒绝“高声”

从一定程度上说，中学生的承受能力远不如成年人，所以，作为成年人的老师在批评学生时，一定要注意场合和尺度，要尽量采用平和的疏导式的批评教育，以引导、激励为主，少用高声批评、责怪。

案例回放

“叮铃……叮铃……”上课铃响了，班主任李老师坐在办公室里看着课表，这节课李老师班上是生物课。听班上学生们反映，生物课的纪律很糟糕。李老师趁现在正好没课，便想去看看班里的上课情况。

李老师悄悄地向教室走去，当他走到离教室还有两三米远的时候，就听到班里有人在唱歌：“别问我爱你有多深，爱你有几分……”

李老师一听这歌声，而且还是上课时间，心中的怒火一下就燃烧起来了。当看到生物老师不在教室时，他便冲进教室把唱歌的那名学生从座位上揪了出来，开始大声批评起来：“你知不知道现在是上课？越来越大胆了！你想不想学好了，就你这样五音不全还想唱歌，想进音乐学院呀？你做梦去吧！想表现是不是？你当着全班同学的面再给大家唱一段，让我们也好好欣赏欣赏？唱啊（一声比一声高），怎么不唱了？刚才唱得不是挺好的吗……”

听着班主任老师声色俱厉的批评，那名学生丝毫没有意识到自己在课堂上唱歌是错误的。面对他的无动于衷，李老师的“情绪”又高涨了：“像你这样的学生真不知天高地厚，回去叫你家长来……”

案例解读

我们反思一下，这样的“高声”有效吗？扶余县蔡家沟镇职业中学的优秀教师聂洪利认为，对于类似事件，不同的教师处理的方式不同，方法也各异，有些教师能处理得很好，让学生把压力变成动力；有些教师则大声训斥，盛气凌人，让学生把原动力变成了负荷值；一见学生犯了错误，马上叫过来大声斥责，被批评的学生慑于教师的专横，嘴上不敢申辩，心里却不服气。教师高声批评过之后，不管学生接不接受，强行让其做不愿做的事，这样会使学生产生逆反心理，有时你越大声，学生的逆反心理越强，与教师的批评目的则越会南辕北辙。对此，聂老师主张通过疏导式批评教育法来解决这类问题。

他说：“针对类似的问题，教师首先应该平和自己的心态，改变批评策略，面对全班同学微笑着说：‘你的歌声很动听，我也很喜欢，以后你可以在适当的时候大展你的歌喉，我想其他用心听你唱歌的人也会有和我一样的认识的；今天你在大家都在认真上课的时候忘情地歌唱，你不觉得把这美妙的歌声浪费了吗？这么美的声音没有听众多可惜啊……’”

这样的疏导式批评教育方式既不怒不嚷不刚，又能起到“落花有声”的作用。我们应该明白，批评学生无需“高声”，冷静对待是良策，善于疏导是技巧，使之改正才是目的。

（四）运用疏导式批评教育的讲究

在批评学生时，我们如果能够摒弃命令式的批评，多从疏导出发，帮助学生认识自己的错误，此时教师的批评效果就会得到最大限度的展现。那么，运用疏导式批评教育又有什么讲究呢？

1. 把握时机，为疏导式批评号脉

当学生犯错时，教师应该把握批评的适宜时机，为疏导式批评教育号准脉搏，单独与学生进行交流，摆事实、讲道理，为让学生心悦诚服做好铺垫。即所谓的“表扬用喇叭，批评用电话”。在疏导批评教育时，我们要力求留有余地，给学生自我批评、自我教育的机会。

在对学生进行疏导式批评教育时，我们还可以采用“冷处理，热熨贴”的策略，给学生一个台阶下，不急于与学生论是非曲直，让学生在我们的疏导下进行反思，达到自我教育的效果。

2. 具体问题具体分析，为疏导式批评作决策

俗话说：一把钥匙开一把锁。在运用疏导式批评教育时，我们要注意具体问题具体分析，根据不同学生的不同生理和心理特征进行批评教育，但无论如何都不应伤害学生的自尊心。特别是那些犯有错误的学生，他们的自尊心表现得就更为复杂一些，因为做了错事，受到其他同学的责怪，产生了自卑，有时甚至会产生“破罐子破摔”的想法。而实际上他们的内心深处仍有上进的要求，渴望得到老师和同学的理解和帮助。

在批评教育时，教师要具体问题具体分析，保护学生的自尊心，用一些含蓄而不张扬的疏导式批评，这将比那种电闪雷鸣式的批评效果会更好。

3. 迂回启发，为疏导式批评护航

迂回启发是疏导式批评常用的手段之一，也是保证批评教育效果的保障之一。教师采用“明修栈道，暗度陈仓”的迂回启发的方式进行疏导式批评，就可以避免批评者与被批评者的直接交锋，引导、帮助犯错误的学生逐渐理解教师的苦心并醒悟，从而改正错误，达到批评的目的。这样的批评往往有事半功倍之效。

批评有法，但无定法。但有一点是教育者必须恪守的原则——尊重学生，爱护学生。尽管疏导式批评教育未必会有切肤之痛的深刻，但能从尊重学生，爱护学生出发，学生最终会领悟到老师的良苦用心。

十四、过渡式批评

卡耐基曾说："听到别人对我们的某些长处表示赞赏后，再听到批评，心里往往好受得多。"

批评是针对别人的言论、作为，指出缺点错误、提出改正意见的一种手段。在教育领域里，教师为了把工作做好、把学生的思想行为引导好，展开批评是必不可少的。但是，批评方式要是运用得不好，便会对学生的自尊心产生不同程度的伤害。作为教师，我们如果不注意批评艺术，那么批评就更容易引起学生的不快甚至逆反，从而产生更为严重的负面效应。例如，有的老师因为用了不恰当的语言方式批评某学生，结果学生写下纸条，离家出走了。类似这样的案例举不胜举。

要突破批评的困局，使批评取得正面效果，真正达到批评教育的目的，我们所采用的批评教育方式必须灵活且具有艺术性，注意对批评的话语进行包装，使之成为"不带刺的玫瑰"，让学生欣然接受。究竟什么样的批评方式会取得满意的效果呢？

1984年，里根和蒙代尔竞选总统。在进行电视辩论时，蒙代尔相比于里根的优势是年轻、有精力。在第一次辩论的时候，蒙代尔拿里根的年龄作为攻击目标，说里根年龄太大，难以应付总统繁重的内政外交活动。这种攻击，几乎让里根处于难以反击的自然劣势。但在第二次辩论时，里根这样说道："上次蒙代尔先生说我年龄太大，但是，我不会把对手的年龄和不成熟这类问题，在竞选中加以利用。"

这里里根巧用了"但是"，既巧妙地指出蒙代尔先生太年轻，不成熟的缺陷，又清楚地表明自己年龄大也是资历深、有经验的一种优势，而且还向选民表明：自己的作风是正派的，人格是高尚的——自己绝不会把对方年轻、不成熟的缺陷，当作攻击对方的武器。里根的批评反击，自然取得了相当好的效果：当时的民意测验表明，这次辩论里根占了上风。最后，里根果然成功登上了总统的宝座。

这就是过渡式批评，有时也称之为转折式批评。它通过巧妙运用转折句来进行过渡式的批评。转折句是前一部分先说一方面的意思，后一部分则是转到同前一部分相对、相反或部分相反的意思上去。由于转折句前后两部分的意思不一致，所以，用转折句进行批评可以使批评具有一褒一贬、一打一拉的性质，可以体现出过渡式批评的内涵。这便有效地避免了直接刺激，能获得较好的教育效果。

（一）改变方式，给予甜蛋糕

浙江省宁波市北仑区实验小学的优秀教师周赛红，就是巧妙运用过渡式批评，从而获得了满意的教育效果。

案例回放

这是一年级小朋友新学期开学的第三天，周老师面带微笑，迈着轻快的步伐，走进一（4）班教室。师生问好结束后，周老师刚要开始上新课，只见坐在最后一排的小璇趴在课桌上，一动不动。走下去一看，小姑娘双眼通红，晶莹的泪珠大颗大颗地滚落下来。

看到这样的情况，周老师的心霎时被揪紧了，是身体不舒服？还是同学之间发生了冲突？于是，周老师便试探性地问：“小璇，你怎么了？”小璇眼泪滂沱，无助地说：“我……我想妈妈了。”这时，教室里就像平静的池塘里被投进了一块大石头，瞬间激起了涟漪。

周老师心想：一年级小朋友刚从幼儿园过渡到小学，应该还处于心理未断乳期，情感依赖性很强。他们刚刚入学，还未找到新的情感寄托点，处于情感迷茫期。由于环境陌生，对纪律约束和学习压力的适应能力差，不由自主想到了妈妈的保护，想到了妈妈的安全感是很正常的。同时，周老师也知道，小璇的“想妈妈”其实只是一种借口、一种情绪，她只是借着“想妈妈”发泄一种情绪，缓解一下压力。

因此，周老师作了一下深呼吸，冷静了片刻，轻轻拍拍小璇的头柔声地说：“妈妈现在在上班，等你放学了就能见到妈妈了，你总不能让妈妈也来当老师的学生吧。你在学校里什么时候想妈妈了，就把老师当作妈妈，好不好?”听到周老师的话后，小璇不好意思了。周老师长长地舒了一口气，新课教学便有条不紊地开展了。

案例解读

我们知道，从一定程度上说，刚刚告别幼儿园步入小学一年级的学生大多数有新入学儿童心理适应困难的现象。

案例中的小璇对妈妈有情感依赖性。周老师通过满足孩子想妈妈的心理——把老师当作妈妈，以及那句“你总不能让妈妈也来当老师的学生吧”，较好地转移了学生的注意力，既巧妙地批评了学生，又兼顾了学生的情感需求，较妥善地解决了课堂中的突发事件。

在这过程中，学生小璇的情绪得到了抚慰，心理需求也得到了满足，精神宣泄也得到了一定的实现。同时，在周老师的过渡式批评教育中，小璇既有了台阶下，又找到了老师——“妈妈”的新的情感寄托点。这不能不说是周老师批评教育手段的高超。

为了构筑和谐的教学氛围，在教育教学过程中，教师有必要兼顾学生的情感需求，在批评低年级学生时多采用过渡式批评，充分激发学生的学习兴趣，转移学生的情感依赖，让学生在这样的批评环境中得到新的满足。

当老师在批评教育中，试着送出“甜蛋糕”，采用过渡式批评时，自然会体现出批评者的高尚和大度，修养与宽容，更体现出批评者的胸襟与情怀。这样的批评就像一个台阶、一种享受、一种关爱，容易顺理成章地被学生接受，从而收到意想不到的教育效果。

（二）巧用“三明治”，做好过渡

美国玫琳凯化妆品公司在初建时只有9个人，20多年后的今天，该公司已经发展成为拥有20万名员工的国际性大公司。它的创办人兼董事长玛丽·凯被人们称为“美国企业界最成功的人士之一”。

玛丽·凯一直严格遵循这样一个基本原则：无论批评员工什么事情，必须找出一点值得表扬的事情放在批评之前和批评之后说，而绝不可以只批评不表扬。

玛丽·凯说：“批评应对事不对人。在批评员工前，要先设法表扬一番；在批评后，再设法表扬一番。总之，应力争用一种友好的气氛开始和结束谈话。”

有一次，她的一名女秘书调离别处，接任的是一位刚刚毕业的女大学生。新来的女大学生打字总是不注意标点符号，这令玛丽·凯很苦恼。有一天，玛丽·凯对她说：“你今天穿了这样一套漂亮的衣服，更显示了你的美丽大方。”

那位女秘书突然听到老板对她的称赞，受宠若惊。于是玛丽·凯接着说：“尤其是你这排纽扣，点缀得恰到好处。所以我要告诉你，文章中的标点符号，就如同衣服上的扣子一样，注意了它的作用，文章才会易懂并条理清楚。你很聪明，相信你以后一定会更加注意这方面的！”

从那以后，那个女孩做事就显得有条理多了，也不再那么马虎，一个月后，她的工作基本上能令玛丽·凯满意了。

这个故事给我们展示了过渡式批评的另一个层面，就是通过对某人先表扬、再批评、接着再表扬的一种批评方式。这种批评方式并不是一味地采取批评的手段，而是通过过渡的手段在两层厚厚的表扬之间夹杂着批评，因此被形象地称之为“三明治”式的批评。

对于这种过渡式批评方法，教师应该熟练掌握，采取“赞赏——批评——激励”的方式来批评教育学生。

案例回放

有一次，一位学生扫完地后，垃圾并没有倒在垃圾箱里而是放在教室的墙角边。看到这种情况，有一位老师是这样批评他的。

第一步赞扬。老师对那位学生说："今天的地面扫得很干净。"

接着便是带有提醒的批评，"只是还有一个地方需要再完善一下，就是垃圾没有倒掉。"然后继续鼓励说，"这只是个小问题，我相信，你以后不会再出现这样的情况了。"

听完老师的话后，这个学生立即把垃圾倒掉了。

案例解读

卡耐基曾说："听到别人对我们的某些长处表示赞赏后，再听到批评，心里往往好受得多。"这位教师首先肯定学生的优点，然后指出其不足，之后再进行激励。这样，学生不但容易接受，而且会增强改正错误的信心和勇气。

在孙悟空保护唐僧取经的过程中，佛祖曾说过 3 句话：你这泼猴，一路以来不辞艰辛保护师傅西天取经；这次何故弃师独回花果山，不信不义；去吧，我相信你定能保护师傅取得真经。

这 3 句话褒中有贬，既肯定了孙悟空前面保护唐僧的所作所为，又批评了他这次的不信不义，最后提出目标和期望，恰到好处地激励了孙悟空的斗志。这个过程实质上就是过渡式批评的翻版。在进行过渡式批评时，我们应该特别注意过渡语句之间的衔接问题。

（三）巧用话语，间接提示

过渡式批评涵盖了许多内容，不仅仅包含转折性语句，它还可以通过其他语句来表达出过渡性的含义，从而达到过渡式批评的目的。例如，假设句、因果句等都可以达到这样的效果。我们先看假设句的运用。

案例回放

有一个学生学习成绩中等，但是有个坏毛病就是上课不认真听讲，课后也不仔细复习。对此，老师这样批评教育他：“你最近进步比较快，但是你上课不注意听讲，课后不认真复习。”这里虽然隐含了表扬，但是这样的劝告是不会收到好效果的，反而会让学生认为前面的表扬是虚情假意。

针对同一种情况，另外一位老师是这样做的。他说：“你最近进步较快，如果你能进一步抓好课堂听讲和课后复习这两个环节，我相信你的学习成绩会提高得更快。”对于这样的批评教育，学生自然乐于接受了。

案例解读

从上面这个批评教育案例中，我们看到了运用假设句进行过渡式批评所收到的效果，领会了这种批评教育的魅力。接下来，我们再看看如何运用因果句进行过渡式批评。

案例回放

有一次，两个学生激烈地吵架，时不时冒出脏话，都快要打起来了。王老师看到后马上制止了他们，并要求他们放学后去她办公室。

放学后，这两个学生准时进了办公室。王老师只是对他们善意地笑了笑，并没有说什么。他们一时弄不清老师到底要怎么惩罚他们，怯怯地说：“老师，我们来了，您为什么没责骂我们，反而对我们笑呢？”

王老师又笑了，说：“首先，因为你们都很准时，这点就足以表扬；其次，我也调查了你们吵架的原因，只是对学习上的问题有争议而引发的。可见你们都是有思想的学生，对同一问题有不同的见解，说明你们勤于动脑，善于思考。”

听到王老师的这番话，两个学生不好意思地说：“老师，可是我们在争吵中说了脏话，还差点打起来。这是我们不对，应该有话好好说。”

王老师始终保持着笑脸，说："很好，看来你们都知道了自己的错误，你们可以回去了。"

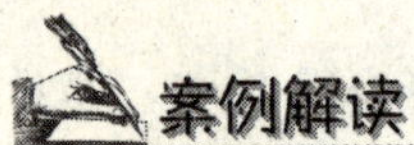

王老师轻松愉快地批评教育了这两个学生，其中并没有大声的训斥、严厉的批评，但是，我们相信他们在王老师的过渡式批评教育后再也不会犯相同的错误了。这就是过渡式批评中巧妙运用因果句所取得的效果，是值得其他老师学习的。

（四）运用过渡式批评的讲究

过渡式批评是思想教育的一种重要手段，正确地运用这一手段，便可以帮助学生认识并改正错误。面对那些天真活泼但又心理承受能力差的学生，我们的过渡式批评能达到什么样的教育效果，就要看教师是否注意批评的讲究了。

1. 良好氛围——过渡式批评的保鲜膜

学生做错事情或者是违犯纪律后，在运用过渡式批评时，我们应该注重良好沟通氛围的营造，让学生感到老师是真心帮助他的。这就要求我们要亲近学生，关心学生，做学生的知心朋友，为学生营造一个安全、平等、宽松、和谐的生活和学习氛围，形成一个健康、向上的心理环境。然后在亲切融洽的气氛中耐心地开导启发学生，从过渡性的角度帮助学生认识到自己所犯错误的性质及危害。像这种和风细雨式的过渡式批评，学生容易心服口服，也就能自觉知错就改了。

2. 自身示范——过渡式批评的催化剂

教育者必须先受教育，育人必须先育己。在运用过渡式批评时，我们应注意自身示范，凡要求学生做到的，教师应带头做到。教师率先参加社会实践，开阔视野，加强师德修养，使自己从政治思想、道德品质、文化科学素养等方面都成为学生的表率，在批评学生时便能更好地将重点归结到要害处，促进过渡式批评的开展。

在清扫垃圾池的劳动中，某班的“大力士”小涛手拿着铁锹在一边玩，就是不动手。当班干部批评他时，他还顶撞。老师闻讯后便放下板车走到小涛的面前，轻声说：“你累了，先歇会儿，累得个子长不高怎么办？我来装车。”说着便从小涛手中接过铁锹，奋力装了起来。自身示范性的过渡式批评，很快就让“大力士”醒悟过来了，只见他一把夺下老师手中的铁锹，一股劲儿将车装满后，拉起车子就走了……

3. 留有余地——过渡式批评的后方保证

运用过渡式批评时，教师要做到点到为止，留有余地，给学生一个自我批评、自我教育的机会。这样，学生不仅易于接受批评，同时又会对老师的过渡式宽容产生负疚感，从而有利于他们不断鞭策自己，尽量少犯或不犯错误。如果我们对学生的错误唠唠叨叨，直接否定或者贬低学生的自我认识、自我批评的积极性，那么学生可能会产生一种逆反心理，最后往往事与愿违，大大削弱批评教育的效果。

有位学生经常迟到。这次他又迟到了，到校后老师并没有严厉地批评他，而是采取留有余地的过渡式批评，让他将以往迟到的原因总结出来，并好好想想到底是什么原因不能克服，并许诺可以帮助他。到了第二天，他对老师说，迟到的原因都可以克服，自己是能够做到不迟到的。这时，老师便说：“我送你一句名言，‘岂能尽如人意，但求无愧我心。’你已经懂事了，自己好好想想吧。”后来，他果真想通了，不但极少迟到，而且还能认真学习了。

4. 注重情感性——过渡式批评的添加剂

面对一个态度和蔼、能与学生感同身受的老师，学生的心灵大门自然会敞开，而此时老师的过渡式批评自然也会顺利地进入学生的内心，取得较好的教育效果。

运用过渡式批评时，教师可以选择各种行之有效的方式，如不站在学生的对面，而是搬一把椅子叫学生坐在身边。像这样简简单单的一个动作，便向学生表明了老师的立场：老师和你在一起，老师很想帮助你。

这里的情感性并不是说老师批评学生时不能指出学生的错误，如果这样的话，也就不能称之为“批评”了。可怜天下教师心，没有一个老师不希望自己的学生更优秀。所以，学生迟到，教师比学生更着急：看着空座位，担心他在路上出了什么事，担心他因此落下功课，担心他因此成绩下降等。而在批评诸如迟到的学生时，关键在于我们要添加情感的成分，让批评教育显得更亲切、更自然。

作为批评的一种表现方式，过渡式批评运用的好与坏，直接关系到学生的接受情况，关系到批评教育的效果。作为批评教育的实施者，教师应积极借鉴过渡式批评，尝试着运用这种既先进又有效的方式改善对学生的批评，进而促进整个批评教育的和谐发展。

十五、刚柔并济式的批评

古语有云："刚能制柔，柔能克刚。刚柔相济，方能无往而不利。"

在一家餐厅里，有一位喝得酩酊大醉的客人，突然在座位上朝服务员大声嚷道："喂！过来！厕所在哪里？我要去大便啦！"

服务员微笑地打量了一下这位客人，非常礼貌地回答道："先生，厕所在右边走廊尽头的拐角处，入口的门上写有'绅士'两个字。不过，先生您也可以进去。"

"阳刚者气势浩瀚，阴柔者韵味深美。"上面小故事里那个服务员的回答，含蓄委婉中不乏刚毅之气。说它委婉，是由于她用十分热情而肯定的语气告诉这位顾客厕所的地点，而且还通过"不过"的转折，含蓄地否定了"您是绅士"的判断，曲折地表达了不卑不亢的态度；说它刚毅，是她对这位顾客粗鲁无礼、俗气十足的言行，进行了有力地抨击和嘲弄。

其实，服务员对顾客的批评，很多时候就像老师对学生的批评，轻也不行，重也不行。轻了，他们不听，就收不到批评的效果；重了呢，会伤了他们的自尊心。

在教育过程中，历来有"红脸"和"白脸"之说。有些老师喜欢总是扮演"红脸"教育学生，还有些老师喜欢扮演"白脸"教育学生。但我们有一点要搞清楚：单纯地以某一种面孔对学生进行教育，是很难总是收到好的效果的。

如果老师总是坚持着"白脸"，严厉地批评学生，就会激起学生的逆反心理，认为"反正我做什么都不对，随你们去吧，我做我的。"还有的学生会悲哀地认为，也许我天生就做不了让老师夸奖的事情，否则老师怎么会总是批评我一个人呢？既然这样，我就凑合着混吧！就这样，经常被老师严厉批评的学生，就开始破罐子破摔了。

而如果老师一味地扮“红脸”，用“吴侬软语”批评学生的话，则会纵容他们，让学生变得更为“娇气”，更听不进对自己不利的话。

学生时期是建立是非观念的一个重要阶段。如果学生的行为真的应该受到惩罚，那就让他接受这次痛苦的经历吧。如果在每次的惩罚中，都会有更大的温暖等待他，那他就会得到一个错误信息：“也许我的做法是对的，只是作为老师的一方不太喜欢而已。”

既然过于严厉与过于温柔的批评都不利于学生的成长，那么我们在批评学生时，就应该像那个服务员一样刚柔并济，该硬时就刚，该软时就柔。这样，学生才能既领会到老师的爱，又接受了老师的教育。

（一）偷书的女孩不是贼

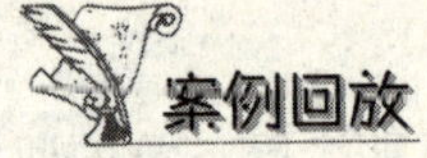

晓兰在学校是个公认的勤学上进的好女孩，这样的学生自然会受到所有老师的器重、同学们的艳羡。但是，最近一段时间里，总是有学生向老师反映，说班上常常有人丢课本、丢参考书。经过调查，偷书人竟然是晓兰。这太出乎大家的意料了。

尽管事实摆在眼前，她的班主任——重庆市奉节县梅子初级中学的市级优秀班主任刘滨老师，仍然不相信这是真的。为了搞清楚原委，刘老师把晓兰叫到了办公室。

面对刘老师，晓兰很是紧张。

“晓兰，你觉得你这样做，对吗?”刘老师盯着晓兰，严肃地说。

“我……我”晓兰结结巴巴地说不上来。

“从事实上看，你的行为确实值得我严厉地批评你一顿。但是，老师相信你是个好学生。你那样做，肯定是有不得已的苦衷。跟老师说说可以吗?老师一定会为你保密的。”

刘老师的话，让晓兰产生了一种信任感，终于不再紧张了，便开始了她的心灵倾诉。

原来，进入中学以后，晓兰的成绩每次都在下降，她自我感觉很糟糕。别人都在超过她，这使得晓兰特别烦躁。为了让成绩赶上去，晓兰总是第一个到教室学习。

这天早自习，她又是第一个来到教室，拿出课本想看书，可是眼睛盯着课本就是读不进去。一气之下，晓兰把书摔得远远的，随手又把同桌的课本也重重地摔到了地上。

以往，晓兰不小心碰掉同桌的书时，都会赶紧捡起来，拍拍干净，可是这次她的心中竟然产生了一种发泄的快感。也正是这种莫名的快感，让晓兰鬼使神差地拿起同桌的课本，趁着没人，干脆扔到了更远的地方。

自从发生了第一次之后，晓兰就一发不可收拾，连续好多次把同学们的课本、笔记本、课外辅导书等偷偷拿走了，找个没人的地方，先使劲地踩，然后再扔掉……

说着说着，晓兰的眼泪就流了下来。

“好了好了！别哭了！老师知道你不是‘偷’。因为偷窃的动机是把别人的东西窃为己有，可是你偷拿别人东西的行为动机却不是窃为己有，只是想把别人的东西损坏，使别人不能拥有而已。”说到这里，刘老师顿了顿说，“不想把别人的东西窃为己有，又不想让别人拥有，你想想看这到底是为了什么呢?”

晓兰沉默了，陷入了沉思。

“如果老师没猜错的话，你在小学时，一定是成绩特别好的尖子生，甚至总是第一名。”

“您是怎么知道的啊?”

“是你前面的话告诉了我。一个考了第三名，就以为自己完了的人，以前当然比这更棒啦。”刘老师笑着说，“但是，你应该知道，初中不同于小学，你面对的竞争对手有了很大的变化。对此，你却还没有足够的心理准备。再加上初中的学习生活与小学的学习生活有很大的不同，你就感到很不适应了。于是，你就很困惑：我这是怎么了？我这么努力，第一怎么可以不属于我？我不能让别人超过，这是不可以的。于是，你的心就陷入了困扰、混乱之中。为此，你就把别人的书和学习用具毁掉，让别人不能正常地学习……”

“是，是这样……”晓兰一听老师说的是自己当时的想法，就急忙点头说，“可是，当时我并没有这样清楚的目的……”

“呵呵！其实你不知道，我们许多行为的动机都是潜在的，是潜意识里的活动，是不知不觉就这么做了。可是静下心来好好想想，你就会看清自己了。”停了一下，刘老师又问，“你知道你这是什么心态吗？”

“是嫉妒。”晓兰马上接了上去，然后不好意思地笑了。

“真高兴你认清了自己。”刘老师继续说道，“嫉妒心和竞争意识的不同就在于：竞争意识是‘你好，我比你更好’；而嫉妒则是‘我不行，也不让你行’。所以竞争可以促进大家的发展，而嫉妒于己于人都不利。现在，关键是你要调整好自己的心态，以健康的竞争意识来面对自己的学习。不过……”刘老师话锋一转，“如果你以后不能把嫉妒心转化为竞争意识的话，这种情况就还会发生。所以，我希望你回去要好好反省一下。”

第二天，晓兰主动找到刘老师，和刘老师一起探讨怎样以一颗平常心面对学习。

案例解读

偷窃按说是比较严重的错误了。一旦老师处理不当，就会给学生造成一种“偷也不是什么大事”的错觉。所以在偷窃这个原则问题上，老师绝对不能有半点妥协——需要当一回“白脸”。所以，刘老师首先就强硬地批评晓兰，让她明白偷窃是不对的，是绝对不应该做的。

然而，刘老师知道，像晓兰这样的好学生，突然有偷窃行为，应该有迫不得已的苦衷。如果仅仅批评她，也达不到教育她的目的，最好先听听她的想法。可是，这其中的原因，又不是强硬的批评所能“套”出来的。此时，老师就需要使用温柔的手段。

当听完晓兰偷书的理由时，刘老师不再用强硬的态度教育她，反而变为“红脸”，想尽办法为她开脱，减轻她的思想压力。这样的温柔，让晓兰很快就明白了自己的错误，想着尽快改正过来。

然而，为了巩固教育效果，刘老师还是“强硬”地“警告”了晓兰一下：尽管老师可以原谅你的行为，但是你仍然要注意，否则你可能还会“旧病复发”。

就这样，在刚柔并济的批评中，晓兰主动承认了错误，并去除了让她犯错误的根源。

（二）混日子的学生长大了

这天，宁夏回族自治区石嘴山市第七小学的白玉娥老师，对着班里的学生发了今年以来的第一次火。原因是男生小康的练习册做得一塌糊涂，而这些题目是她刚刚一一讲解过的，可小康居然张冠李戴，乱写一气。

这下，白老师不得不追究一下其中的原因了。

看到老师生气了，小康很老实地说出了原因：他上课根本没听讲。

这下，白老师更生气了，索性新账旧账和他一起算了：开学两个多月了，他居然还是“麻木不仁”，对自己和风细雨的教育置若罔闻，屡教不改，作业态度一如既往地只求完成，不求质量。

更可恨的是班内类似他这种情况的男生还有几位。

白老师一直耐心地等待他们自我反省，自觉地改正。可是等了两个多月，他们没有一丝要改正的迹象。

想到这里，白老师狠了狠心——不能再听之任之了，我要借机来个杀鸡儆猴。于是，她把手里批改作业的红笔，重重地放下，然后把小康的作业本狠狠地甩在了讲桌上。

学生们从来都没见过白老师生这么大的气，顿时吓得大气都不敢出了。此时，就算是一根针掉在地上都能听得见声音。

白老师想起了前几天在报纸上看到过的一段话：“一个人，只有懂得珍惜别人给予的爱，在乎别人给予的爱，才会让爱生出不绝的力量，从而引领自己创造出人生一个又一个奇迹。”

看来那几个学生是不懂家长和老师的爱啊！

想到这里，白老师一字一句地说："人最可怕的是不懂得感恩。如果你们懂得感谢父母不辞辛劳的养育之恩，如果你们懂得感谢老师苦口婆心的教育之恩，如果你们懂得……你们就不会还是'混世魔王'——做一天和尚撞一天钟。你们自己好好想想吧！"

说完，白老师又拿起了课本，像没发生什么事儿似的，开始讲课了。

案例解读

批评学生时，语言一定要注意忌走极端：不能不痛不痒，也不能火急火燎。因为如果教师经常这样，很容易使学生思想疲软。最明智而有效的方法就是把二者适当地结合一下，尽量做到柔和中含有威严，威严时能让学生感到关心。这既能让犯错误的学生受到谴责，又能避免让他产生逆反心理。

刚讲过的题目，小康都做得张冠李戴，一塌糊涂，原因居然是没听课。这种事情，放在哪个老师身上，都会很生气，都会想批那个学生一顿。除此之外，开学两个多月了，他已经连续多次没有好好完成作业了。这样的学生，就应该给他来点硬的，采用"刚"的手段批评教育他，否则他依然会麻木不仁。

重重地摔笔、作业本，实际上白老师已经通过行动批评了小康，让他意识到了自己犯错的严重性，意识到必须要改了，否则老师该动真格的了。同时，白老师这一系列"刚硬"的"白脸"行为也让其他学生，尤其是那些混日子的学生，也不由得去反省自己，改正错误。

在重申了一下自己批评小康的良苦用心之后，白老师又换了一种"温柔"的"红脸"面孔，不再理会小康没完成作业的事情，而是开始授课了。尽管白老师没理会小康，但是谁都明白他行为中的批评和指责之意。

这种先刚后柔的教育手法，无不包含着白老师对小康的关心与教育，如此一来，他还能不被"点化"吗？

（三）对待特殊学生，就要刚柔并济

一天，在睡午觉时间，湖南省永州市蓝山县楠市镇中心小学盘晓红老师正在办公室批改作业。这时，值日生跑过来说，班上的学生小伟，在睡觉时哭闹。原因是小伟在玩东西，值日生把东西给没收了，于是他就闹了起来。

盘老师一听，火气就上来了，这不是添乱吗？扣分事小，影响到其他同学睡午觉就太不应该了。当即，盘老师就下楼，找小伟“算账”去了。

刚走到教室门口，盘老师就看到小伟在抽泣，两条腿还放在课桌上。班里有几个同学已经被他吵醒，正在不满地看着他。

盘老师径直走到他面前，喝问：“到底是怎么回事？”

小伟好像知道盘老师会过来一样，不仅没有反应，而且响动更大了。

盘老师只好再次问他怎么回事，并把他的腿放回了地面。可是，小伟仍然躺在椅子上没动。

当时有两个值日生在场，又有几个学生被吵醒了，都盯着老师看。这让盘老师很没面子，很想把他拉出去。但是又一想，小伟本来就有些特殊，有点坏脾气，以前还经常动不动就闹着收拾书包回家呢。如果硬拉他出去的话，情况只会越来越糟，关系会越来越僵。

盘老师随即冷静下来，温柔地拍了拍他的肩膀，说：“你先冷静一下，待会儿再告诉老师发生了什么事，可以吗？”然后平静地走出了教室，同时示意其他学生继续午休。

盘老师站在走廊上留心听教室里的动静。一会儿，抽泣声变小了。她又等了会儿，直到听不见抽泣声，才走进教室，轻声问小伟：“好点没有？现在能告诉我发生什么事了吗？可以出去说吗？以免打搅其他同学休息。”

小伟没有说话，跟着盘老师走出了教室。

原来，小伟当时在玩一块吸铁石，值日生看见就给没收了。而这块吸铁石是他从家里带来的，他爸爸还有用处现在被没收了，搞不好回去会挨打，于是他就想要回来，而值日生不给，所以双方就闹起来了。更为重要的是，值日生还对他说了一句“下午小心点!”对方是个六年级学生。他这么一说，毫无疑问，肯定有威胁的意思。

在这种情况下，小伟心里肯定会害怕：一怕爸爸打；二怕值日生的威胁，所以就只好无奈地哭了起来。

听到这里，盘老师首先肯定了他在睡午觉时玩东西这种行为是不对的，而且不应该和值日生发生冲突；然后又说，值日生也有不对的地方。首先，他说话不注意影响，也不符合自己的身份，处理问题的方式欠妥。

经过谈话，小伟认识到了自己的错误，说以后会好好睡觉，不玩东西了。

盘老师一看，就趁热打铁地说：“那以后无论发生什么事都不要再提什么回家的话了!”

案例解读

小伟在午休时间玩吸铁石，被发现了，不仅不认错，还哭闹，吵得别的同学也睡不了觉。小伟这样不自觉的行为，自然激起了盘老师心中的火气。

但是像小伟这样动不动就收拾书包回家的特殊学生，盘老师如果强硬地让他认错，他会吗？很可能不会。从盘老师问他怎么回事的时候，他连头都不抬，只顾自己“伤心”，甚至还虚张声势，哭闹的声音更大了就能判断出来。

硬的不行，就来软的。当盘老师温柔地拍拍他的肩，让小伟先冷静一下时，相信小伟此时的心情就不像刚才那么糟了，而会按照老师说的，平静一下心情后，该向老师说明情况了。

当盘老师明白了小伟的心思，站在小伟的角度上教育他时，小伟就不会再跟老师过不去了，而是老老实实地认错、道歉了。

作为一名老师，尤其是班主任，在班级管理中离不开严格的要求。但是，也不能过于严厉，否则学生会在私下埋怨老师太凶，以至于因为畏惧老师的“凶”而做起事来唯唯诺诺，没有主见。换句话说，我们在批评教育学生时，不能在任何时候都板着一张脸。

一味严厉的批评并不能解决所有问题，该“温柔”的时候还要“温柔”。

古语有云："刚能制柔，柔能克刚。刚柔相济，方能无往而不利。"如果我们在教育学生时，能够掌握刚柔之道，学生也会乖乖地听话的。

（四）批评时刚柔并济的讲究

不是学生犯下的所有错误，都需要老师严厉的批评，学生才能反省的。那么，老师需要怎样把握其中的尺度呢？

1. 讲究方圆之道

班主任是学校对学生进行教育的最基层的实施者。在教育过程中，班主任既要执行学校的规章制度，又要让学生乐于接受管理，因此，应该讲究一下"方"与"圆"的艺术。

"方"是指班主任工作的原则、准则，"圆"指班主任工作的情感策略。如果我们一味地按"方"行事，可能导致学生敬而远之；如果过于求"圆"，迎合学生的愿望，虽然师生皆大欢喜了，我们却不能真正落实教育任务，培养不出合格的人才。所以，我们应灵活处理好"方"与"圆"的关系。

例如，在"争夺小红旗"的活动中，因为某学生没戴红领巾，学校扣了其所在班级一分，同时还扣了他一朵小红花。同学们知道了，都纷纷指责他，而他此时也后悔得不得了，再加上胆子小，就哇哇地哭了起来。此时，如果老师再拘泥于原则，严厉地批评他的话，无疑会给他造成更大的心理负担。这时，我们应该"圆"一点，多关注一下学生的感情，安抚一下他。我们相信他一定会非常感激老师，并且会记住天天戴红领巾的。

2. 注意冷热变换

班级中，随时随地都会有学生犯一些或大或小的错误，对某些事情、某些学生，我们要趁热打铁，及时批评他们，以便让他们尽快反思、认识到自己的错误；而另一些事情、另一些人，我们则应该延缓时间，故意不加理睬，然后再不失时机地批评、教育他们，这样效果也许会更理想。其中的尺度，就需要我们对事对人的灵活把握了。

小风聪明调皮，任性自负。上课时，他可是个大忙人，不是碰碰前面同学的后背，就是拉拉同桌的小辫子。老师大声训斥他，虽然他会收敛些，可是却把腮帮子鼓得足足的，斜着眼看老师，满脸的不服和不屑。

对于这种情况，用“白脸”的方法硬碰硬对他显然不管事，甚至还会激起他的抵抗情绪。

老师调整了策略，通过了解，老师得知小风的妈妈是继母，而且最近又给他添了个弟弟，这一切让小风感觉受了冷落。也许他的“无理取闹”就是为了引起大家的注意吧！

老师没有严厉批评他，而是在课后采用“柔”的方法慢慢引导他。渐渐地，小风不再像以前那样调皮、任性了。

3. 严宽要适度

我们在批评学生时，要注意严宽适度。一句话，“严”要严得有理，“宽”要宽得有据。

通常，我们对学生思想上要严格要求，行为上要有严明的纪律进行约束。

比如，某学生爱玩不爱学习，早上很早就出门了，可是他不到校，而是在路上玩。像这样的情况，老师就应该严格一点，立刻找学生谈话，严厉批评教育他，要他必须遵守纪律，注意安全。

又如某学生随手丢了一张纸，老师让他捡起来，他当面乖乖地捡了，可是，趁老师不注意，他却在背后说老师坏话等这样的事情，就需要我们宽一点了。虽然尊师是学生必须遵循的，但是我们却没有必要因此对学生“出重手”。

4. 视学生个性决定刚柔

刚柔相济体现了教育转化艺术的多样性，批评的刚柔与学生的个性心理有密切关系。我们如何批评学生，不仅要看学生所犯错误的严重程度，还要视学生的个性差异而定，或者以刚制柔，或者以柔克刚，或者外柔内刚，或者刚中寓柔，这样区别对待才可以收到批评教育的预期效应。

通常，对那些消极颓废、行动散漫，或者自我意识淡薄、被动性强，或者不正视自己的过失，且爱察言观色、侥幸心理较强的学生，我们则应当“下猛药”，通过语言、语调的强刺激，以“刚”促使其醒悟；对于反应快、脾气暴躁、否定心理明显、行为情绪化的学生，我们最好采用“春风化雨，点滴入土”的方式，以柔克刚，用商讨的口吻，稳定他们的情绪，然后再平心静气地把批评的信息传递给他们，改变他们可能存在的对抗动机；而对性情机敏、疑心较重、自我防卫能力较强的学生，则应该刚柔并济，灵活多变地运用教育方法，以迅速冲破对方的心理防线，使他们较快地意识到老师的目的。

十六、风趣幽默式批评

苏联著名教育家斯维特洛夫说过，教育家最主要的，也是第一位的助手是幽默。

俗话说，伤人莫伤心。批评学生必然要指出学生的缺点或做的不当之处，这本来就很容易伤害学生的自尊心。那么，怎样才能使严肃的批评尽量少伤害学生的自尊心呢？一个有效的办法，就是创造愉悦的心理环境，用幽默的口吻进行批评。

法国大思想家伏尔泰的仆人有些懒惰。一天，伏尔泰请他把鞋子拿过来。鞋子拿来了，但沾满泥污。伏尔泰问道："你早晨怎么不把它擦干净呢?"

"用不着，先生。路上尽是泥污，两个小时以后，即便您穿新鞋子也要和现在的一样了。"

伏尔泰没有讲话，微笑着走出门去。仆人赶忙追上说："先生慢走！钥匙呢？厨房的钥匙，我还要吃午饭呢。"

"我的朋友，还吃什么午饭。反正两小时以后你又将和现在一样饿了。"听了这话，仆人感到很羞愧。从此之后，他再没偷过懒。

伏尔泰巧用幽默的话语，间接含蓄地批评了仆人的懒惰，结果收到了很好的效果。

苏联著名教育家斯维特洛夫说过，教育家最主要的也是第一位的助手是幽默。幽默式的批评，是指在批评过程中，老师运用诙谐的语言，使用含有哲理的故事、双关语、形象的比喻等，来缓解学生由于被批评的紧张情绪，以启发被批评者的思考，增进相互间的感情交流，让批评不仅能达到教育学生的目的，也能创造一个轻松愉快的氛围。

幽默式批评在于启发、调动学生积极思考。它以幽默的方式点到批评对象的要害之处，且含而不露，令人回味无穷，心生反思、悔改之意。

有些老师认为，教育学生要越严越好。其实，如果教师总板着面孔去训斥学生，学生就容易紧张害怕，教育的效果往往不好。如果教师能运用幽默、风趣的语言来表达所需要阐述的观点、道理，学生就能摆脱尴尬的处境，消除紧张的心理，在愉悦中明白道理，从而改正错误。

（一）巧用幽默

其实，不仅名人大家常用这种幽默批评法，现在很多老师也经常用。重庆市璧山中学优秀班主任、高级教师陈永明就是其中一位。

案例回放

有一段时间，陈老师班上有几个学生模仿一些社会青年，上衣纽扣不扣，把两个下摆结个疙瘩，穿着大肥裤子，裤带松垮到肚脐以下，头发上油，拂向脑后，嘴里不时打着呼哨，虽不伦不类，却自诩为时髦。

陈老师虽对个别学生讲过几次，但他们只是稍微收敛一下，过后又依然如故，而且在私下里说："老师管得太宽了吧？我们是新世纪的青年，岂能像老师那样衣冠楚楚，一副正人君子的模样。"

很明显，这些学生混淆了美丑界限，盲目追求所谓的时髦。看来，要想纠正他们的行为，首先应该从端正他们的认识入手，而仅靠正面劝教是难于奏效的。于是，陈老师想出了一个办法。

在一次班会前，陈老师也学着那几个所谓时髦学生的模样刻意把自己"包装"了一番，为了引起学生们的注意，他还故意迟到一会儿。来到教室门口，陈老师先用脚踹开本已半开的门，向学生还过礼后，马上站到讲桌的一边，为的是让全班学生能看到他的装束，然后又有意识地举起双手向脑后拂头发。学生们先是一惊，接着就哄堂大笑起来，有的还笑得前仰后合。陈老师故作惊讶地问道："大家笑什么？"

一个学生指着陈老师的衣服，笑着说："老师，您今天……"

陈老师强忍着笑，一本正经地说："笑我这身装扮啊？有什么可稀奇的？要努力跟上时代的步伐啊，咱也时髦一次。我虽然不是年轻人，但我也渴望年轻啊！青年人浑身洋溢着青春活力，举手投足充满力度。就说近来在青年朋友中时兴起来的这种装扮吧，就不失为颇具时代气息的潇洒。"

说到这里，陈老师开始摆弄自己的衣着，接着又轻松地笑着说："扣子不扣，这么打个结，既节省时间，符合现代生活的快节奏，又新颖别致；裤带松垮下耷，也别具风度，是现代人生活优裕、营养丰富和思想自由奔放的体现。虽然这种潇洒的青年为数不多，且往往招人侧目，我原也看不惯，以为有悖于《中学生行为规范》，有伤文明风度，也表明过自己的观点，但有的同学依然如故，把我也弄糊涂了，所以我今天也来学学。同学却如此大笑，是赞赏呢，还是笑我东施效颦？那我姑且恢复原貌吧。"

听了陈老师的话，学生们的笑声停止了，而此时陈老师所暗喻的那些学生们早已羞红了脸，低下了头。

陈老师趁势又补上两句："一个人的举手投足、衣着装扮是他的招牌，不仅体现着他年龄的大小，更能昭示他的气质、风度和修养品味的高低，同学们今后可留心观察。"

这以后，那几个学生再也没有像以前那样装扮了，拳打脚踢的鲁莽行为也有了不同程度的改变。

案例解读

有些学生总喜欢跟随所谓的社会潮流，做奇异的打扮，陈老师虽几次三番劝说，效果却不太好。怎么办呢？你不是认为这种打扮是一种时尚吗？那我就穿给你们看看是什么感觉？

陈老师把那些学生的行为装扮加以典型化，自塑出一个他们习以为常的形象，而这种形象附着在老师这个一向衣着端庄、衣着文明得体的人身上，就形成了极大的反差，使其不和谐、不合理的内涵集中凸现了出来，给学生以感觉上的强烈刺激。再加上陈老师借用学生的话进行一席亦直亦婉亦谐的自我解说，学生立刻听出了老师的弦外之音，从而产生了思想深层的震动，对过去自以为正确的言行进行了反思，做出了新的判断。

陈老师别出心裁、改头换面的一番精心包装，为的是以“身”试“教”“现身说法”，这种为了帮助学生对美的理解，敢拿自己作对比的精神也实在是令我们钦佩！

（二）“欲擒故纵”，让笑触动心灵深处

一天，陈永明老师上课时，发现班里有几个男生互打纸“飞镖”取乐，有的甚至趁着老师转身板书时对射起来。

当时，陈老师很想把这几名学生叫出来，狠狠地批评他们一顿，但转念又一想：嗨，多大毕竟也是孩子，爱玩爱闹也正常。

想到这儿，陈老师当即调整教学计划，停止上课，开口说道：“同学们，谁能给我一枚‘飞毛腿’，让我也享受和重温一下童年的欢乐？”

学生们开始有点愕然，继而大笑。

看到学生们笑了，陈老师也笑着说：“请你们设想一下，假如现在你们都增加50岁的话，都老头老太太了，你们还有兴趣互发‘飞镖’玩吗？（学生大笑）如果真的发了，那肯定会有人瘪着嘴说：‘这个该死的，老不正经！’（学生狂笑不止）……我告诉你们吧，这是一种青春活力的释放，也是未泯童心的迸发，更是分散自己注意力、搅乱课堂纪律的恶作剧！”（学生不好意思地笑了）“好了，”陈老师说，“现在我给你们讲一个我小时候偷人家枣吃挨打的故事吧！”

话音未落，掌声四起。

陈老师开始讲述自己童年淘气的往事，听得学生们一阵阵捧腹大笑。等到学生们笑够了，陈老师把话题又拉回来：“年幼无知的孩子，为本能所驱使，为求一枣而付出惨痛的代价还不知错，其情可矜，其过可恕。可是你们，都是有‘一把年纪’的人了，却还仅仅为了一点点刺激而空耗时间，荒废生命，这是多么的无聊啊！你们能不能再追求一些比枣子、‘飞镖’更大、

更有价值的东西呢？比如，聚焦于学业呀、事业呀等活动之中……”

整个教室鸦雀无声。沉默，沉默，继而“轰”的一声大笑起来——师生在开怀大笑声中融在了一起。

从此，“飞镖”在课堂上绝迹。

看到这里，我们能不为陈老师幽默而高超的批评教育艺术而拍手称赞吗？批评学生不良行为的方式有多种，但陈老师这种“欲擒故纵”的办法确实别具一格，可圈可点。这种方式先松后紧，不仅让学生在快乐的笑声中认识到自己的错误，及时改正错误，而且那一番结合老师自己儿时过错的借题发挥，更是震撼了学生的心灵。只有这种能触动心灵的教育才会让学生终身受益。

（三）无情的批评，“有情”地表达

批评是无情的，但我们可以“有情”地表达出来。怎么有情呢？风趣幽默的笑话就是很好的方法。

有一次，苏州市吴中区郭巷中心小学优秀教师仲方英在批阅作文时，又一次地看到了那几本令人哭笑不得的作文本：字体歪歪斜斜、模糊不清，还有很多空格。于是，仲老师决定在课堂上专门讲评这几个人的作文。

作文课上，仲老师拿起一篇字迹潦草的作文，通过实物投影给学生看，请大家用恰当的比喻来形容该同学的字迹。很多学生看了都说那是“螃蟹在爬”，而一位表达能力比较好的学生则说：“不对，螃蟹是横着爬的，是有一定规律可循的，是可以让人辨认的，但是它，我觉得倒像是‘醉虾’，你看，东倒西歪，难道不像喝醉酒的虾吗？”学生一片哄笑。

听了大家的议论，被批评的同学脸变红了。

仲老师觉得批评的目的已经达到，为了不至于太伤学生自尊，仲老师幽默地说道："看来，现在的他已经成了大红虾了，我想他一定是在下决心要认认真真地写字了。"课堂里一片笑声。

接着，仲老师又拿起一本有很多空格的作文本（该学生因为有些字不会写，又懒得查字典，结果作文本上空格很多），说："这本作业本让我理解了'千疮百孔'的含义。看来这位同学有意考考我，看我是不是能做出这些'填空题'。不过呢，我没有令他失望，全都填写好了，请这位同学检查一下，如果全对，那么请你以后不要再出这么简单的题目了。"课堂里又是一片笑声。

……

通过这节幽默的作文讲评课，仲老师发现学生们的作文不管是字迹，还是内容都大有好转。

案例解读

在一些班级里，极少数学生作业字迹潦草是常有的事，有的甚至错字连篇，有的还干脆不交作业了。对此，老师们总是想尽办法批评教育，但无论老师采用春风化雨似的说教，还是电闪雷鸣般的严厉批评，他们总是"虚心接受"，结果却依旧是"屡教不改"。

批评是无情的，严厉的斥责谁都不愿意听，所以仲老师巧妙地运用幽默的方式，"有情"地将批评含蓄表达了出来。这样既不伤学生自尊，还可以借学生的评论，让那些字迹潦草的学生深刻明白自己的错误，从而自觉地改正错误。

这就是幽默式批评的魅力。但愿我们的老师都能像上面这些老师那样，多运用一些让学生心情愉快的幽默方法来达到批评的目的，让批评变得"有情"起来。

（四）运用幽默式批评的讲究

学生犯了错误，教师在批评学生时如果巧用幽默，不仅能够避免激化师生矛盾，更重要的是能使学生在愉快的气氛中受到教育。可以说，诙谐幽默的批评能使学生在笑的同时，深思其内在的含义，领悟其中的道理。那么，运用幽默式批评时有什么讲究呢?

1. 装糊涂打岔

有些学生经常在公共场合中，口无遮拦地说一些不该说的话，故意引发“轰动效应”。处理这样的事情，装糊涂打岔是一个很好的方法。

一次，学校组织学生到报告厅看电影。看完电影回到班上后，学生们仍在谈论着电影中有趣的故事情节。临近上课，某老师走到教室门口，只听坐在前面的“淘气鬼”小乐兴奋地喊了一声：“武大伟来了!”学生们一见真是老师来了，哄堂大笑起来。

这位老师虽然有些生气，但并没有训斥小乐，而是故意装糊涂打岔说：“今天小乐怎么这样客气，竟叫我‘武大爷’!”学生们笑得更响了。接着老师一本正经地说：“其实，我们在校园里不必这么客气，不管老师年纪大小，只要叫‘老师’就好了，不要叫‘大爷’‘大叔’的，但也千万不能没有礼貌，直呼老师的姓名。”几句装糊涂打岔的话，说得小乐脸红了，以后，再也不当众喊老师的名字了。

2. 模仿

“不识庐山真面目，只缘身在此山中。”有的学生常常表现出一些怪异行为，但自己又感觉不到。面对这样的学生，教师采用模仿法比直接批评更有效。

东东是一个大胆活泼的学生，每当老师提出问题时，他就一跃而起，振臂高呼：“我!”待到老师真正请他回答时，他又什么都讲不出来，站在座位上不停地摇头。他那个头摇得与众不同，总是快速地左右两边用力摆动，一副很“坚定”的样子。刚开始，班主任语重心长地和他谈了几次话，告诉他这种行为的不良后果，但都不起作用。后来，每当他摇头时，班主任就面对面地模仿他的动作，当他的“镜子”。连续几次，东东渐渐改掉了摇头的怪毛病。

3. 以毒攻毒

有些学生脾气特别倔犟，暴躁易怒，好言好语相劝往往收不到教育的效果，严厉的批评更会激起他的逆反心理。对于这样的学生，以毒攻毒的幽默批评法往往会比较有效。

小进天生一副犟脾气。一次课间，因小亮以“打呆子”的方式同他开了个玩笑，众目睽睽之下，他的自尊心受到了伤害，便恼羞成怒，一把揪住了小亮扭打起来，嘴里还直喊：“今天被狗咬了！今天被狗咬了！”

此时已到上课时间，班主任走进教室，正好看到这“热闹”的一幕，于是立即叫他们松手再说。但小进就是“咬定青山不放松”。只见他额上青筋暴突，脸涨得通红，口中仍在喊个不停。看到这种情形，班主任灵机一动，接过小进的话茬儿说：“是呀，你今天是被小狗儿咬了一口，但是，我们只看到过狗咬人，哪有人咬狗的！狗咬了你，你也非要咬狗不可，这不是说明你与狗一般见识了吗？狗有狗的主人，你被狗咬了，你要去找狗的主人论理才对呢！”几句话，说得全班学生都笑了起来，小进也“扑哧”一笑，松了手。两人安安心心地上课了。

4. 比喻暗示

针对有些学生平时“大毛病不犯，小毛病不断”的现象，老师可采用比喻、类比等“借彼喻此”的方式，旁敲侧击，对他们进行适当的暗示，让他们认识到自己的言行已构成或即将构成过错，要避免再犯或及时预防。

寓严肃于轻松，寓庄重于诙谐，这样的批评是一种愉快教育。在接受愉快教育时，学生的神经中枢会处于高度兴奋中，在笑声中顿悟，他们受到的启发教育也就更深刻长远。而且师生这种愉快和谐，感情融洽的关系，还有助于良好班风的形成。

但运用幽默式的批评手法，教育的前提必须是善意的讽喻，而不是恶语讽刺，也不是浅薄的插科打诨，要有真情、有深度、有理趣，这样才能收到理想的教育效果。

十七、点名式批评

> 教育有时需要“棒喝”，但“棒喝”更需要艺术和智慧。对学生“棒喝”的底线是不伤及学生的身体与心灵。

一些常常被批评的学生中间流行这样一种说法，就是“不怕批评，就怕点名。”这从另一方面反映了公开点名批评的监督效果和威力。如果批评不点名或者不公开，对被批评者常常以“某位同学”冠之，其结果就是，对犯了错误或者做了一些不该做的事情的学生，往往缺乏有力的监督，事发过后他们依然我行我素，以至于小错酿成大错，直至不可收拾。

点名批评，是指老师在公众场合对学生说错话或者做错事后所采用的一种批评方式。点名批评的方法，不仅可以警告当事人，起到教育的效果，还会对在场的其他学生起到一定的警戒作用。

然而，点名批评的方法，不可避免地会让被批评者丢面子，下不来台。所以，对于这种特殊的批评方法，我们在运用时一定要慎之又慎，以免把事情搞糟，激化矛盾，无益于对学生教育工作的开展。

（一）不点名批评就达不到威慑作用

小华是某中学初二的学生，脾气暴躁，好打群架。班主任老师顾及到他是个自尊心极强的学生，批评他时，总是采用委婉的不点名批评。有一个星期，他连着不点名批评了小华好几次，以为小华会有所收敛。

可是，谁知道就在批评了小华的第二天下午，他就又纠集了几个伙伴和社会上的几个小混混打了一架，把对方打的住进了医院。

出了这样的恶性群殴事件，小华的班主任自然是非常生气，在处理完医院的事情后，就把小华和他的“同党”一起“请”进了办公室：“小华，你说因为打架，我批评过你多少次了？你怎么就一点也不收敛呢？”

“老师，我哪里知道您是在批评我啊？我一直以为您在说小军（班上和小华一样总是和人家打架的男生）呢？”

“你……”班主任气得一时说不上话来了。

“是啊？每次批评打架的同学时，您都是说某某。上次您说打架事情的时候，小军那天不是也和我们隔壁班的同学打架了吗？我们就以为您说的是小军呢！”小华依然在辩解。

这下班主任真的没话可说了。

事后，班主任找到班干部们询问为什么没有监督、制止他们时，班干部竟然也纷纷说，平时小华的表现还是可以的，只不过是受刺激了才会打架。老师没有批评过他，作为班干部，也没有权力总是盯着他，防止他再次去打架。

班长说：“老师，如果以前小华和别人打架后，你批评时点他的名字，明确地告诉他，以后不要再为一点小事就和他人打架，我们就比较有理由替您监督他了。”

“是啊！是啊！老师。其实，说起打架来，其他学生也难免会有，所以您不能总是用某某代替，不然那个打架的学生也就以老师又没点名说我来搪塞。这样的话，他就不好好反省自己了！”

同学们的一席话说得班主任陷入了沉思。

案例解读

有时候，尽管老师指明了严禁做某些事情，可是有些学生却明知故犯或者屡错屡犯。这是为什么呢？就是因为他们存在侥幸心理：反正老师又没指名道姓地说我，我凭什么主动“站出来”背这“黑锅”啊？

当这种心理占据学生的潜意识时，他们就不会积极地反省，不会积极地改正错误，甚至一些自控能力不好的学生还会明知故犯、屡次批评屡次犯。

比如小华。

相信小华自己也知道把人打伤了不好，可是为什么他还总是纠集一批人去打群架呢？一是他们打架造成的后果不够严重，没震慑到他；二就是恐怕老师的不点名批评，对他的震慑力度不够。

就像小华自己说的，不点名批评，根本就没让他意识到老师是在批评他；也像班干部们说的，不点名批评让他们也不好名正言顺地去监督小华。

相反地，如果老师批评小华时点他的名，小华就不会再给自己找借口了，而同学们也便于监督他，有理由劝阻他。

要想预防、降低一些屡教屡犯的学生做出违法违规行为，我们不妨试试公开点名批评这一非常有效的管理手段。

（二）点名批评，可有效制止不当行为

这天，黑龙江省抚远县第二小学优秀教师、2005年全国优秀班主任张淑伟老师，正在给学生们兴致勃勃地讲课。

讲着讲着，张老师忽然想起平时经常接自己话茬儿的小伟怎么那么安静呢！低头一看，原来坐在教室第一排的小伟又趴在桌子上，准备去见周公了。

作为老师，张老师想，必须采取措施阻止他睡觉了，否则刚上课就如此状态，接下来的课还怎么听？再说他又是坐在第一排的位置上。

张老师说道："每一个人都是有梦想的，大家说对不对呀？"

"对。"学生们大声作答。

张老师接着问："同学们猜猜，小伟妈妈会有什么梦想呢？"

这时小伟猛然抬起了头，疑惑不解地看着张老师，仿佛不相信自己的耳朵。

张老师不理他，径自说道："小伟的妈妈一定盼着他能上大学，至少能有一技之长养活自己，但是她老人家一定想不到他的儿子每天都在学校睡觉。"

同学们都看着小伟。班里很静。

张老师笑了笑，继续说道："其实啊，小伟比我们每一个人都累。因为睡一节容易，睡两节容易，难得是节节都睡，是不是？"

"哈哈！"学生们一下子全乐了，而小伟也不好意思地笑了。

下课后，张老师一直担心：毕竟小伟已经是初二的大孩子了，又是个自尊心很强的男生，我这样当众点名批评他，他能接受吗？

令张老师很欣慰的是，第二天上课时，小伟居然没睡觉，而且不仅是张老师的课没睡，其他老师的课，他也没睡，甚至还认真地回答了几个问题。

那天，张老师在他的作业本上写到：坚持就是胜利。

一个星期过去了，小伟的表现都很好，再也没有在课堂上睡过觉。

案例解读

当众点名批评学生，以前可能比较多见，如今却比较少了。因为新的教育理念要求教师把学生当作一个有思想的独立个体来看待，要求教师以尊重学生为基础。这样一来，教师们在尊重学生人格上就做得比较到位了，但是对于学生明显的错误，却很难做到既及时而有效的处理同时又很好地照顾到学生的自尊。

如果教师只一味地去维护学生的自尊，这样的教育不仅教育不好学生，对那些同样有类似不当心理的其他学生也不能起到警示作用。如此一来，班级的纪律将如何维持？

当坐在教室第一排的小伟在课堂上明目张胆地睡大觉时，如果作为班主任的张老师因怕伤害小伟的自尊心，就对其睁一只眼闭一只眼的话，小伟在任课老师的课堂上，会不会变本加厉，继续"睡过去"呢？这个毛病会不会很快就传染给其他同学呢？到那时，张老师又如何处理呢？

与其这样，还不如舍小求大，暂时"舍弃"小伟的自尊，点名批评他一下，从而顾全他认真听课的好习惯的养成和全班同学的上课秩序呢。

当然，我们点名批评学生虽然已经把学生的错误放在了全班同学面前，已经在一定程度上伤害到了学生的自尊，但这不是最后的结果。我们完全可以通过接下来的教育，帮助学生挽回一点面子，使批评对他们的伤害降低到最轻。

在小伟上课睡觉这个问题上，张老师的批评借助了小伟妈妈的理想。每个妈妈都希望自己的孩子成龙成凤，而不会希望他们以虚度光阴来回报自己的养育之恩。接着，张老师又以一句“难得的是小伟节节都睡”“不累吗”的幽默，化解了小伟的尴尬。

就这样，尽管是点名批评，但是因为运用的语言比较幽默，小伟没有太丢面子、伤自尊，而是深刻地意识到了自己的错误，暗中提醒自己以后不应该再睡了。

老师在对待严重犯错或屡次犯错的学生时，不要一味地纵容，一味地怕得罪学生，怕学生逆反，而应该对他们严一点。

（三）点名批评是把双刃剑

现在老师们越来越回避点名批评学生了，因为它的结果实在是不好控制，很容易就引火烧身了。但是如果我们能正确地运用，就会得到很好的效果。比如，一些老师经常用的批评技巧——赞扬式批评、转折式批评、肯定式批评、鼓励式批评、商讨式批评、提醒式批评、渐进式批评等。

这些批评，虽然实质上还是批评学生的错误，目的在于改变学生，但是因为批评的老师怀有一颗爱心，带着一种真诚地帮助学生认识、改正错误的情感，所以即便指名道姓地批评他们，学生们接受起来也较为容易，不会产生负面心理。

然而，另一方面，一些老师又过于看重点名批评的强大震慑力了，当学生犯了错误时，常常不论大小、不计后果地对学生进行点名批评，以至让学生无地自容，不敢再去面对老师和同学了。

“妈妈，我好难受。”5月1日晚上11点左右，某中学14岁的高一学生小雨，满脸痛苦地对妈妈说。小雨妈妈一看，急忙把女儿送进医院。不幸的是20分钟后，小雨就停止了呼吸。

医生说，孩子喝了农药，发现得太晚了。

次日，整理小雨遗物时，家人发现了她留下的一封遗书。根据遗书内容，家人找到学校，从知情学生和老师口中得知，小雨死前一天因考试作弊受到了学校广播的公开点名批评。

4 月 29 日晚，小雨所在的学校进行期中考试。当晚考数学时，小雨和同学传纸条，被监考老师发现了。因小雨有作弊行为，监考老师就向分管的副校长做了汇报。

4 月 30 日上午考物理，卷子刚发下来，学校的广播就响了，说“高一（4）班的小雨同学因考试作弊，数学按零分计。”

同学们听到广播后都很吃惊，小雨也是满脸通红，羞愧地把卷子一放就冲出了教室，当时没有人想到去拦她。

在教室外，学校的一名工作人员问她为什么不考试，小雨什么也没说，头也不回地跑出了校门。

4 月 30 日下午，高一年级放假，没有人知道小雨去了哪里。

小雨的舅妈说 4 月 30 日晚见到小雨时，就发现她与平时明显不一样，神情有些呆滞。5 月 1 日一整天，小雨都闷闷不乐地待在家里。当天晚上，小雨陪母亲吃过晚饭，一直看电视看到 10 点，之后就回屋睡觉了。

11 点左右，小雨妈妈突然听见女儿喊妈妈，说自己很难受。眼看小雨手扶着墙，快站不住了，她急忙跑过去搀扶小雨，却没能扶住，女儿还是倒下了。

在小雨的遗物中，有一只空农药瓶和一封显示出她的死与孙疃中学有关的遗书。

小雨在遗书中写道：“我这次失去的，不只是我自己的人格尊严，还有我们整个高一（4）班的尊严，我对不起他们。我也承认这是一个错误，我已无力再去想了，结束一切，也许是最好的办法……一切都变成了无形的压力，压得我喘不过气来。

“……我不敢去面对这次打击，我不敢想象，再回到班里，班主任会怎样对我，所以我只能逃避……”

案例解读

一次考试作弊的点名批评，夺取了一个 14 岁女孩的靓丽生命。可见，点名批评的杀伤力还是不容小觑的。

点名批评这样一种直接明显的批评方式，会给学生，包括被批评的学生和旁听的学生一种很强烈的震撼。但是，这种批评如果过火了，带给学生的伤害，也是非同小可的。

虽然说考试作弊要不得，但是严格地讲，也没有到需要用广播来点名批评的地步。虽然说小雨会在强大的舆论压力下，不再作弊，而其他同学也会收起作弊之心。但这对于一个十几岁的孩子来说，还是有些过头了。

即便点名批评可以对学生产生强大的震慑力，老师在运用时，也应该慎之又慎，而不能让一种本可以教育学生的批评方法，成为伤害学生自尊心的刀子。

（四）点名批评的讲究

点名式的批评，因其内容集中，语言明确，在批评个别学生时，确实能起到当头棒喝的作用，使学生翻然悔悟。但运用不当，也会给学生造成极大的伤害。

因此，在运用这种批评方法时，老师一定要特别注意一些讲究。

1. 不说伤害学生自尊的话

点名批评是直接把被批评的学生揪到“审判台”上的一种方法。这本身在一定程度上就是对学生尊严的挑战。所以，在进行批评教育时，老师应该采用委婉且较为模糊的语言，但又要让批评者和其他同学能感受到这种教育。在这种被点名的情形下，老师切忌用过激的语言，以免对学生造成伤害。

2. 对心理承受能力差的学生不宜用

如果某个学生的心理承受能力较差，老师就不宜使用点名批评这种直接否定学生言行且又对学生尊严有一定伤害的教育方法，否则不仅达不到教育目的，还会适得其反，激起学生的反抗心理，甚至给学生带来伤害。

3. 点名批评前要再三思量

发现学生犯了错误并打算对其进行点名批评前，我们应该确定一下，在大庭广众之下，把学生犯的错误及其名字晾出来，会不会有利于对该学生的教育，学生对老师的点名批评会不会有其他想法。我们应该三思而行，慎之又慎才好。

4. 非典型错误不直接点名

被老师点名批评毕竟不是什么好事，所以学生一般很厌恶这种让他们丢面子的教育手段。而作为老师也不能三天两头地总是点名批评学生，而应该多顾及一下学生的感受。

所以，如果学生犯的错误不典型，老师就没必要使出这个“杀手锏”。

5. 批评不要侵犯学生的隐私

点名批评学生时，老师还要注意不要拿学生的隐私说事，不要侵犯学生的名誉权，比如像小偷小摸这种事情，即便已经有证据表明就是某个学生做的，老师也不能点名批评他，而应该私下找他谈。

6. 要注意适可而止

学生犯的错误，就像小树上斜长出来的枝丫，不剪除会影响整棵树的正常成长，但是剪多了，剪得不合适了，同样也不会让小树正常生长。

在点名批评时，我们要注意尺度问题，即批评学生的话语要以给当事学生以震动为宜。但是这种震动应该是在学生的内心产生一种理智的启示，而不是简单地对学生进行一种情绪化的、肤浅的谴责。

点名批评，对所有老师来说，都是一件不得已而为之的事情，因为它在一定程度上，确实能给学生带来伤害。但对于一些屡教不改的学生，对一些非常严重的错误，有时教师还不得不进行点名批评。这就要求我们在运用点名批评的教育方法时，要以爱为出发点，以慎重为原则，以转化、教育学生为目的，确实注意一些讲究，使对这一批评手段的使用能收到良好的效果。

十八、暗示式批评

苏霍姆林斯基说："造成教育青少年的困难的最重要的原因，在于教育实践在他们面前以赤裸裸的形式进行，而处于这个年龄期的人，就其本性来说，是不愿意感到有人在教育他们。"

暗示式批评，就是指当学生出现一些不正确或者不恰当的言行时，老师不直接挑明事情的状况，而是委婉地劝导学生的批评方式。

学生做错了事，老师给以批评教育是天经地义的事。但是现在的学生大多自尊心都特别强，直截了当的批评，会使他们产生强烈的逆反心理，甚至导致更为严重的后果。

但暗示式批评则不同。它是通过老师的暗示，诱发学生自身的"内省"，使他们在内省过程中认识到自己言行中的问题，进而完成自我教育的心理过程。

这样既达到了批评学生的目的，又培养了学生的自我教育能力，从而增强了教育效果。这种"此时无声胜有声"的教育，往往是直接批评，尤其是训斥所不能达到的。

此外，由于不伤害学生的自尊心，不丢他们的面子，所以，暗示式批评不会使学生产生抵触情绪，他们一般都乐于接受。

（一）以身垂范的无声教育

"当我们坐在宽敞的教室里，你是希望教室里干干净净的还是希望它是

垃圾到处飞扬的呢?”当这个问题提出时,几乎所有的学生都会给出惊人一致的答案:当然是干干净净的!

谁会不喜欢教室里窗明几净呢?可是,尽管如此,在一个班级中,乱丢垃圾的学生却依然存在。

这天下午放学后,北京石景山永乐小学、全国优秀班主任于文辉班里的小成同学,一边欢呼,一边高举双手,来了个“天女散花”,把手中的纸屑丢得到处都是。

“唉!又轮到我们组打扫了!我怎么觉得我们组天天做值日呢!”小韦望了望那满地形形色色的纸屑,叹了一口气。

同组的小亚则不紧不慢地接上了一句,“扫什么扫啊?扫半天还不是一个样儿?我们辛辛苦苦地扫半天,人家随手就弄脏了。”

“没错。”同组的小铭马上把手中的扫把一甩,显得很不耐烦地说:“上了一天课,累都累死了,还要扫地!天理何在啊?”

看到这些值日生们要逃跑,卫生委员晓晓急忙拦住他们:“你们别走!一会儿学校还要大检查呢!”说着,她用身体挡住了教室门,紧盯着这些想逃跑的值日生。

没办法,大家只好拿起扫把乱扫一气。虽然他们都摆出了扫地的架势,但是在地没扫净桌子没摆齐的情况下就都悄悄地溜走了。

第二天早上,班主任于老师来了。刚到教室门口,他就不由皱起了眉头,看着有点狼狈的教室,无奈地摇了摇头。

所有学生都以为一会儿肯定会来一场“暴风雨”,所以就都乖乖地摒气凝息,等待老师的批评。

可是出乎学生意料的是,于老师居然什么话都没说,只是默默地看了大家一会儿,然后拿起课本,像往常一样上起了课。

可是,细心的小韦却从于老师那瞬间严肃的神情中读出了一丝失望。

其实于老师是想说些什么的,可是他却选择了沉默。想到这里,小韦的心开始惭愧起来。

当天下午放学时,于老师忽然说道:“既然同学们都嫌累,不愿意扫地,那就让我一个人来干吧!”

于老师的声音并不怎么响,可是却在教室里引起了一阵骚动。有些学生小声地议论着。

但是，于老师没有理会学生们的议论和不解，自己从教室后面的角落里拿起了扫把，开始扫起地来。只见他轻轻地握着扫把，旁若无人地认真扫着，似乎整整一个班的学生都不存在似的。

于老师的神情并不是严肃的，而是平和的，似乎在做着一件已经习惯了的事。扫地、拉桌子、再扫地、再拉桌子，一切都那么熟练，那么轻巧。

渐渐地，学生们的议论声没了，嬉笑声也没了，而于老师扫地的声音却响了起来，变得那么有力，一声声地回响在小韦的心里，响在全班学生的心里。

很快，于老师就扫到小韦这里来了。小韦急忙轻轻地搬起椅子，低着头在一边站着，静静地等于老师扫过去，而眼泪却不知不觉地在他眼里打着转儿。此时此刻，小韦真想对于老师说："老师，您别扫了，让我来扫吧！"可是话到嘴边却又不争气地咽了回去。

"于老师，我们错了，我们真的错了！"没有一位同学有勇气说出这句话，但是他们却都早早地拿起了自己的凳子，拉好了自己的桌子，眼睁睁地看着于老师从跟前扫过。

从同学们脸上惭愧的神情、紧咬的嘴唇可以得知：在心里，他们和小韦一样很后悔，都在默默地反思自己的行为。

终于，于老师站直了身子，拿着扫把若无其事地说："好了！扫完了。"说着，他抬起手腕，看了看表说："12分钟！还不到一刻钟。我一个人用12分钟就扫完了整个教室！你们那么多人，相信肯定用不了这么长时间。"

小韦羞愧地抬起头看了看于老师。于老师的脸上还是那么平静，好像刚才什么也没发生似的。

小韦的脸红了，很多学生的脸也红了。

虽然于老师什么也没说，但是他那"无声"的行动却告诉了学生很多很多……

从那以后，学生们再也没有为值日的事情发过牢骚，而教室里也总是干干净净的。

案例解读

老师是培养学生成长的园丁，是塑造学生灵魂的工程师，其一言一行、一举一动都是学生们模仿的样板，学习的榜样。

老师以身作则，用自己的实际行动引导和感化学生，主要包括两方面：第一，在日常教学过程中，老师要时刻注意自身的言行举止，时时刻刻给学生做榜样，用自己的人格力量感化学生；第二，当学生出现不当言行时，老师不要总是直接地批评、指责学生，而应以自己的实际行动来引导学生。

老师是学生的教育者，也是学生的一面镜子。通过老师的言行举止，学生能够从中看到自己的对与错。

值日生打扫卫生本来是职责所在，可是他们却因为累，因为打扫了还会脏而不想做。如果一个学生产生这种想法可以忽略不计的话，那么整组值日生都这样想的话，就不能算小事了。

这样的事情需要于老师对学生进行一次批评教育。可是另一方面，于老师又不能把所有不值日的学生，一个个地叫起来训一顿。

怎么办？聪明的于老师就想到了用自身的实际行动，让学生看看他们给自己找的犯错误的理由对不对。

就这样，于老师没有对学生进行只言片语的批评，但是却让他们真正受到了教育，认识到了自己的错误。

当我们的语言教育不能奏效时，可以试着用自己的行动，让学生明白什么是正确的，什么是需要摒弃的。

（二）寓批评于激励中

案例回放

在黑龙江省佳木斯市第十一小学全国优秀班主任张桂芹老师的课堂上，学生们总会发现一个积极举手、大胆发言的活跃身影。

这个让老师满意、让同学们赞许的学生，就是晓晨。然而，翻开晓晨的作业本时，没有一个老师不连连摇头，说可惜了。那马虎潦草的字已经不知害晓晨重新做了多少次作业，可是晓晨却说什么都改不了作业潦草的毛病。

前段时间，班级评选“课堂发言新星”时，晓晨凭借自己积极而大胆的发言，理所当然地当选了。

在他为自己的荣誉感到骄傲的时候，班主任张老师悄悄地把他拉到一旁，向他由衷地祝贺：“晓晨！最近表现不错嘛！这次被大家评选为‘课堂发言新星’，老师为你感到高兴。没办法，你上课时的优秀表现，是大家有目共睹的。大家不能不选你。现在啊，你已经成为同学们心目中发言的好榜样了。真是了不起啊！我再次为你成为发言小新星表示祝贺。”

听着张老师的表扬，虽然晓晨没有表现得很兴奋、很得意，但从他的眼神里，张老师还是感觉到了他对自己表现的满意。

这时，张老师话锋一转：“但是，一个人如果只为自己现在所取得的那一点点荣誉而满足骄傲的话，他就会止步不前。他只有找到自己存在的不足，然后下决心改正，才能取得更大的进步。晓晨，你说老师说的对吗?”

晓晨没有回答，只是若有所思地点了点头。

看到晓晨认同了自己的话，张老师又引导晓晨找到了目前他最急需改正的缺点——字写得太潦草了。

“如果你的作业本以后写得更干净、更整齐一点，我相信你会取得更大的进步的。”张老师说完，颇有深意地看了看晓晨。

晓晨似有所悟地点了点头。

虽然张老师这样说没有引出晓晨信誓旦旦的承诺，但是他却相信晓晨一定知道自己的意思。

果然，经过这样的交谈之后，晓晨作业时认真了些，还主动报名参加了学校开办的硬笔书法班。每次写字时，“提醒——指导——批阅”成为张老师对他必不可少的教育环节。

一个字写得好了，张老师就给它画上一个鲜红的五角星，告诉他好在哪里，要他学会观察字的结构；有了一定的进步，张老师就当众表扬他，肯定他付出的努力。

案例解读

批评学生如果只用教训的语气、贬低式的语言，相信没几个学生愿意心甘情愿地接受。对学生的这一心理特征，我们不妨换换思路，通过正面的表扬来激励一下学生。然后，再不露痕迹地把话题转到学生的错误与缺点上去。相信在老师的激励、表扬营造的和谐氛围中，学生是不会轻易地拒绝老师的建议的。

晓晨是个好学生，同时却还有一个让所有老师都反感的毛病——字写得过于潦草，以至于老师三天两头地让他拿回去返工。

相信在让晓晨返工的过程中，老师们批评晓晨的次数也少不了，但是晓晨却仍然没有改掉这个坏毛病。而这就相当于晓晨对老师的批评的软性对抗。

晓晨被推选为“课堂发言新星”后很高兴。此时，张老师再夸奖他几句，激励他一下，他的心情就更愉悦了。此时，张老师委婉地提到了晓晨的缺点，晓晨不但没有表示反对，而且听到心坎里去了。

后来，张老师还用“天下无难事，只怕有心人”这样的话不断地激励他，终于取得了很好的教育效果。

（三）独辟蹊径的沉默教育

案例回放

小群是江苏省邳州市赵墩中心小学六年级的学生，他经常去班主任崔敬之老师的办公室“报到”，整天地嬉皮笑脸，把“挨批评”当成是家常便饭。他经常迟到缺课，作业也不按时完成，尽管老师们一再批评教育他，然而却见不到任何效果。

不久前，他逃了一节课，悠然自得地听着随身听，躺在草地上晒太阳。他以为没人能发现他。没想到，崔老师早就得到了消息来找他了。

过了六七分钟，小群感觉到周围有双眼睛正在盯着他，就坐起来，往四下看了看，发现崔老师正好站在他的后边。只见崔老师双唇紧闭，一脸严肃地看着他。

在老师的注视下，小群一时也不知该怎么办才好：逃跑已经来不及了，也不能解决问题；想辩解吧，崔老师却一言不发。无奈之下，他只得一声不响地低下头。

崔老师还是一言不发，转身向教室走去；小群也只好跟在后面。

到了教室门口，崔老师看了小群一眼，用手一指。小群一看，顺从地进了教室，上课去了。

整堂课，小群一边听课一边琢磨一会儿下课后崔老师会怎么找自己算账。可是，下课以后，崔老师没有来找他。即便下午上崔老师的课和自习课时，崔老师都没有找他，好像小群不曾逃课似的。

几天后，小群终于按捺不住了，想问问老师到底怎么处置他。小群心事重重地问崔老师："老师，您什么时候批评我呀？什么时候告诉我爸爸妈妈？"

崔老师轻描淡写地说："你现在又没有犯错，我批评你干什么啊？"

小群如释重负地笑了，郑重地表示以后绝对不再犯类似的错误了。

后来，小群在日记里写道："如果那天老师骂我一顿，我可能早就忘了，也不会牵肠挂肚的。真那样的话，我也不会像现在这样成为老师口中的好学生了。"

案例解读

当小群逃课时，他肯定明白自己这样做是错误的，没准儿还想好了逃课的借口，等待老师的盘问呢。可是，他万万没有想到，崔老师居然一句话也不说，不给他一点解释的机会。而且，崔老师沉默不语的神情，在不知不觉中传递给小群一种压力，迫使小群不得不自觉地反思、自觉地改正自己的不良行为。

试想，如果崔老师在看到小群逃课后悠然自得的样子，就气不打一处来，狠狠地教训小群的话，小群肯定立刻就乖乖地上课去了。但是，这只是治疗了小群逃课的外表而没有治疗好其根本，过几天一旦小群不想上哪门课时，他还是会趁老师不注意再次逃课的。

老师的沉默不语，看似是对学生逃课的置之不理，其实质却是把知错就改的主动权给了学生，让他们自己去反思自己的对错。因为很明显，小群绝对不会认为逃课是对的。而既然知道逃课是不对的，他自然也会自动改正。

特级教师魏书生说，他的学生犯了错误，只受三种“处罚”：唱一支歌，做一件好事，写“说明书”。魏老师说，唱歌，可以陶冶情操；做好事，可以促其行为改变；写“说明书”，可以练其功。

就连对学生的批评，魏老师都能想出这种一举多得的好方法来。所以，在教育学生时，老师不妨独辟蹊径，也想出一些切实可行的教育方法来。

沉默有时也是一种力量，沉默有时更能使学生明白老师的良苦用心。很多老师在发现学生问题时，往往喜欢喋喋不休地批评，结果却使学生紧紧地关闭了心灵之窗，收不到理想的教育效果。

（四）暗示性批评学生的讲究

最好的批评，就是不露痕迹的批评。因为无痕的批评就好像武林高手的“踏雪无痕”一样，于平静舒缓中显示出它的强大威力。

苏霍姆林斯基说：“造成教育青少年的困难的最重要的原因，在于教育实践在他们面前以赤裸裸的形式进行，而处于这个年龄段的人，就其本性来说，是不愿意感到有人在教育他们的。”而不露痕迹的批评就正好体现了这一教育思想。

作为课堂教学主导者的老师，我们必须充分认识到：批评不仅是一种武器，更应该是一门育人艺术。只有那种不伤害学生自尊的批评，才能真正打开学生紧闭的心扉，使之翻然醒悟，改过自新。

在课堂教学中，老师对学生进行批评，应根据学生不同的个性心理，采取适当的方法，做到批评学生时不显山露水。

1. 眼神暗示

这种暗示性批评的方法适用于那些性情机敏、疑心较重的学生。因为他们在课堂上做小动作或者思想开小差时，往往会时不时地扫视一下周围，看看老师有没有注意自己。对于那些“一心只做自己事，两眼不顾老师看”的学生，老师眼神的暗示是没有作用的。

在学生做错事而左顾右盼时，我们要抓住这一瞬间，对他们投以责备的眼神。这时，他们往往会“心有灵犀一点通”，很快意识到老师的意思，迅速纠正自己的行为。

2. 声调控制

当学生在课堂上注意力不集中时，比如，和同学说悄悄话、偷偷地在课桌下看漫画书时，老师不要急着去责怪、批评学生为什么不好好上课，可以改变日常的讲课音调，使抑扬顿挫的声音加以变化，适当夸张地提高或者降低一下，以示警醒。

老师这种突然性的变调，往往能使“走神”的学生为之一惊，马上把注意力收回来。

3. 走动告诫

课堂上，当我们发现某个角度或者某个位置出现“异常情况”时，可以一边讲解，一边有意无意地在其附近走动，目的是“打草惊蛇”，以引起这些学生的注意。

如果我们用这种方式来监督、告诫和批评那些不注意听课的学生，往往能收到立竿见影的效果。

4. 微笑示意

面对学生的不良行为，老师的一个微笑往往能收到“润物细无声”的教育效果，不过这种方法只适用于细微的违纪行为或者偶尔为之的过错，而不能对那些“屡教不改”的学生用。

比如，课间学生迟到了一两分钟，我们用不着直接批评学生“上课守时最重要”“下不为例”，只需要一个微笑，就足以促使学生意识到自己的不对，并告诫自己：“老师原谅我了。下次我可不能再犯这样的错误了，否则老师就该动真格的了。”

5. 故事感化

学生爱听故事，犯了错误需要批评的学生也爱听。面对犯错学生“死不悔改”的固执，教师不妨摒弃苦口婆心的教导，找一个与学生犯错内容相关的故事，让学生缓和一下紧绷的神经，从我们讲的故事中得到一些启发、触动。

6. 声东击西法

当学生在听课过程中思想不集中或者做小动作时，我们可以灵活机智地请他们完成某项学习任务，比如，回答一个问题，朗读一段课文，默写一段文字，上讲台板演等，并借其完成的结果巧妙地实施批评。

这种声东击西的做法，也要比直接批评学生所起的效果要好得多。

7. 借题发挥

教师可以借助课本内容，做一下旁引型的发挥，巧妙地点出课堂中存在的不和谐因素，让那些违纪学生听到其中的“弦外之音”“言外之意”，从而改正自己的不恰当行为。这比尖刻地说教、粗暴地训斥有效得多，同时还保护了学生的自尊心，不让他们对老师产生“恨意”。

暗示性的批评，既不伤害学生的自尊心，也不会让学生有丢面子的感觉，更不会引来学生的抵触情绪。与此同时，它却在波澜不惊中，给学生带去一种震撼心灵的触动，让他们在心与心愉悦和谐的感应中醒悟；在心与心的碰撞中，升华思想，净化灵魂。

十九、换位思考式批评

每个学生都有自己的想法，不可避免地会和老师的意见发生冲突，这时教师站在学生的立场上，为他们的“错误行为”找个正当的理由，让学生有为自己的事做决定的机会，而不是仅从自己的立场出发来判断他们的行为是否正确。

学生不认真学习，不守纪律，做老师的自然是看在眼里，急在心里。可是，如果我们对他苦口婆心劝说半天，他却点点头佯装答应，屁股一转，就又不知天南地北了；或者我们对他严肃批评，他却摆出一副满不在乎的样子，即使我们磨破了嘴皮子，耗尽了精力，也收不到想要的效果，怎么办呢?

我们不妨与学生进行“换位思考”。换位思考，知己知彼，百战不殆。当我们知道学生心里是怎么想的时候，就基本知道了用什么样的批评教育，最能让他们心服口服了。

（一）培养学生的“换位思维”

一天中午，四川省巴中市巴州区石城乡中心小学教师、全国优秀班主任张德刚老师，刚到学校，就看见班里的学生川川匆匆忙忙地跑来，说：“张老师，不好了，出事了。”

“怎么了，川川？慢慢说。”看着气喘吁吁的川川，张老师急忙安抚她。

“坤坤同学在厕所玩水，被校长看到了……”

没等她把话讲完，张老师就生气了，大声说道："去，把他叫来！"

"可是，校长让他在厕所里拖地呢，还要求他拖干净了才能走。"川川为难地说。

张老师小跑着赶到了男厕所，一看：天哪！整个水斗里满是水不说，滴滴嗒嗒的水还不断地往外流，淹没了大半个厕所间的地面。那些来回上厕所的学生踩过的泥脚印到处都是。整个场面一片狼藉。

一年级的小学生哪会有模有样地拖地啊！只见坤坤越拖越脏，都已经累得满头大汗了。无奈的张老师只好自己撸起袖子，帮他拖完了地面，然后带着他回到了办公室。

在询问过程中，坤坤道出玩水的不止他一个，还有另外两个同学。于是，张老师就把那两个参与玩水的学生都叫了过来，又询问了一次事情的经过。

原来，他们 3 个一起去厕所洗手，洗着洗着，就相互斗起来，玩起了水。另外两个学生玩了一会儿就走了，只有坤坤玩得不尽兴，以至于忘记了吃饭，弄得整个厕所都进不去人了，正好被校长抓了个现行。

张老师班上有一部分男生爱在厕所玩水，坤坤只是其中之一。门卫也曾好几次向自己告坤坤的状，可能是自己没有足够的重视吧，当时对他们只是责备了几句，希望他们自觉改正过来。想不到，现在事情却发展成了这个样子。

张老师明白，处理这件事，可不能像以往那样轻描淡写了，这次要严厉批评他了。

张老师对坤坤说："坤坤，你现在可以说是屡教不改了。老师也拿你没办法了，我就给你布置一项家庭作业，算是作为惩罚吧！"

写点家庭作业当惩罚，太划算了，坤坤立刻高兴地问："老师，什么作业啊？"

"晚上回去后，你在自己家里，像今天在学校一样，把水龙头打开玩水，直到卫生间满地是水为止。记住，要请家长监督完成。我需要家长签字为证的。"

"啊？"一听是这样的"作业"，坤坤把头摇得像拨浪鼓似的，"老师，这怎么行？这不好！"

见坤坤能够辨别是非，张老师故意问道："这个作业为什么不好呢？这可是你喜欢做的事情啊。"

"妈妈会批评我的，没准儿爸爸还会打我一顿呢。"坤坤为难地说。

"为什么要批评你呢?"

"因为这样做实在太浪费水了，还会把地板搞得很脏，要辛苦妈妈重新打扫。"

"哦？你在家里玩水，会心疼水，那么在学校里玩，就不心疼吗？你弄脏了厕所的地板，不也需要保洁阿姨去打扫吗？你妈妈辛苦，保洁阿姨就不辛苦了啊?"

坤坤不说话了。

"你在玩水的时候，有没有想过老师说的这些问题？有没有想过如果这是我家，我会这样做吗?"

张老师的一步步提问，让坤坤陷入了思考。过了一会儿，他主动向老师道歉："老师，我知道错了，以后一定不会再干这种事情了。"

"好！老师相信你。你们两个呢!"张老师又问那些和坤坤一起玩水的学生。

"我们也知道错了!"他们都乖乖地回答。

"好！鉴于坤坤的情节严重，我再给你布置一个作业，回家后主动告诉妈妈今天在学校犯的错误。这个不难吧?"

"不难!"坤坤爽快地回答道。

第二天，在家校联系册上，张老师看到了坤坤妈妈的反馈。

从此以后，坤坤再也没有犯浪费水的错误了。

案例解读

批评学生，让学生受到教育，不仅是老师的事情，也是学生的事情。学生只有认同了老师的建议，接受了老师的意见，才能说老师的批评起到了作用。

老师站在学生的立场上，看待学生的问题，就能够很快找到"制伏"学生的好方法；学生站在老师的立场上，思考老师的话，就能够说服自己听从老师的“批评”。

坤坤玩水这样的事情，曾经屡次发生，尽管老师批评了他很多次，可是却不见成效。但是当老师让他换位思考时，他就很爽快地接受了老师的批评，并且下决心以后不会再犯。

试想，如果张老师不用这招，一个小学一年级的孩子，会轻易地改掉玩水这个不好的习惯吗？很可能不会。因为以他们的年龄与认知，做事时他们最初的想法就是让自己高兴，合自己的心意，而不会去考虑别人的想法与感受。

然而，如果老师教给学生换位思考的话，他们就能体会到老师的批评是对的，自己的行为是不好的。

坤坤玩水玩了多次，即便张老师批评了他，他依然乐此不疲。原因就是他没有意识到自己是在浪费水，没有意识到地板被自己弄脏了，同学们上厕所会不方便，还得要保洁阿姨重新清洁一遍。

如果让他意识到这些的话，他肯定不会这样做。所以，对于张老师布置的特殊“家庭作业”，他说什么也不去做。因为他知道那是在浪费水，那会让妈妈很辛苦。

在教育实践中，我们应该积极地培养学生的换位思考，这样他们就会在做了不该做的事情之后，及时进行自我反思，做出自我批评，甚至及时做出补救措施。同时，培养学生的换位思维，还会让学生在老师批评自己时，尽量控制自己的情绪，认真听取老师的批评指正。

（二）换位思考可以缓解师生矛盾

案例回放

江苏省徐州市八里中心小学语文老师、江苏省优秀班主任张忠诚老师的班里，有个男生叫晓星。

私底下，晓星与张老师的关系很好，是一个把张老师当朋友、“哥们儿”，与张老师无话不谈的学生。可是，有一次他却非常抗拒张老师，甚至让张老师当众下不来台。

那天，张老师正在讲台上绘声绘色地给学生讲《草船借箭》这一课，学生们听得也都很认真。

忽然，张老师看到晓星和他的同桌在低声地谈论着什么。为了制止他们俩，张老师故意咳嗽了一声，然后继续讲课。他以为这样的暗示性批评，会让晓星自觉地收敛点儿。可是，晓星居然没理会，仍然和同桌聊。

这下，张老师就真生气了，但他还是尽量控制了自己的情绪，走过去悄悄地拿走了晓星的“道具”——英语试卷。

可是，张老师刚返回讲台，就看见晓星顺手又拿出了英语书。

张老师更生气了，立刻又返回去拿走了他的英语书。

晓星一看张老师又拿走了自己的英语书，就作对般地拿出了数学书。

这下，张老师终于忍无可忍了，“啪”的一声，把晓星的英语书甩在讲桌上，气愤地叫道：“晓星，你过来。”

晓星也毫不示弱，大步流星地走了过去，眼睛却看也不看张老师。

“如果你再这样，别怪我以后不理你！”张老师说。

谁知道晓星反而冷冷地回敬道：“随便！”此时，晓星的同桌已经识趣地低头看语文书去了。

教室里的气氛很僵。

为了缓和局势，张老师只好把试题和书还给晓星：“先上课要紧。有事课下谈。”

课下，张老师仍然大惑不解：“我明明给了晓星面子，他为什么还是不听我的劝阻呢？”这个问题让张老师很郁闷。

当天下午自习课上，张老师在办公室批改学生作业。

忽然，一位同事说：“张老师，今天我们班的学生，可教了我几招。我给他们出了个作文题目，是《如果我是……老师》。结果，他们每个人都写出了自己怎么讲课的方法，而且还非常实用。比如，有同学写如果他是数学老师，就给数学老师支了一招，告诉他怎么教像他这种数学基础差的学生。”

“如果我是……”张老师一下子知道怎么“对付”晓星了。

如果我是晓星，我为什么要在语文课上看英语题呢？当然不是为了和自己喜欢的老师作对，而应该是别有隐情。如果我是晓星，为什么老师用咳嗽暗示了我，我却不听话，还要继续看英语呢？应该是英语的压力要大于语文吧。如果我是晓星，英语试卷被老师当场没收了，会有什么反应呢？很丢人，因为全班同学都知道我违反课堂纪律了。如果我是晓星，英语书也被老师没收了，会有什么反应？更丢人了，因为大家都会知道我故意和老师作对。

唉！如果我把自己当成晓星来想，就不会把局面搞得那么僵，以至于双方都下不来台了。

第二天早读前，张老师主动找到晓星，向他道歉："晓星，对不起！昨天是老师不好，不该冲动地没收你的书，也不该在全班同学面前说气话。"

听老师这样说，晓星也不好意思了："老师，我也有不对的地方！因为毕竟是语文课，您课讲得那么好，我不该不好好听课，更不应该在您暗示后还继续看英语。"

"那你肯定是有特殊原因，否则我三番五次地制止你，你怎么可能会不放弃？这可不像你的作风。"

"是我们英语作业太多了，其中有些题目不会，可是您的课后就是英语了。所以，我就想赶紧让同桌给我讲完。"

"原来是这样。都怪我，不应该让你在课间帮忙发作业本的，否则你可以在课间问嘛！"

"老师，是我不好。不应该故意发脾气，让您难堪。"

"哈哈！以后不这样做，就可以了！"

听张老师这样一说，晓星笑着点了点头。

案例解读

很多时候，我们批评了学生，即便批评得对，学生也有可能怨恨我们。比如，张老师批评晓星的事情。这是因为我们批评学生时，往往只针对学生所做的不该做的事情。但是，有时候，学生做出一些不恰当的行为，可能是由一些他们也不能控制的事情引起的。比如，晓星在语文课上看英语书，就是因为老师找他在课间发作业，耽误了他向同桌请教问题的时间；其次是英语课很快就要开始了，不在语文课上请教完问题，就来不及了。

如果不看这些原因，晓星在语文课上做其他科目的作业，就是对语文老师的不尊重，就是在挑衅语文老师。可是，事实是这样吗？不是！他只是迫不得已才这么做的。

如果我们能够站在学生的位置上去替他们想想，明白他们的苦衷，批评时就会把握好分寸了。

（三）换位思考可以促人自省

常州市新北区西夏墅中心小学教师、省级优秀班主任蒋丽清老师，在日常批评学生时，就很注意站在学生的立场上分析问题。

新学期到来了，许多学生都买了漂亮的新文具，如新文具盒、圆珠笔、钢笔、橡皮等。这天上完早间操后，星云整理上课的书、文具时，突然发现自己新买的钢笔不见了，就随口喊了一句："谁偷了我的钢笔啊？"

听星云这么一说，他的同桌也随之喊道："我们班出小偷了！"其他学生也开始议论起来。

蒋老师心想，事情在没弄清楚之前，自己不能随便批评，否则多伤害拿钢笔的学生的自尊心啊！于是她就说："别瞎说，你们有谁看见小偷了？"

教室里顿时鸦雀无声，但是很多学生的脸上都写着愤怒、惊讶。他们都在等待着，想看看老师会怎么做，会是一番严厉的训斥，还是一场地毯式的大搜查呢？

蒋老师此时却在琢磨着如何彻查出真相。班上发生失窃事件，如何妥善处理，确实非常棘手。如果感情用事、简单处理，搞"检举揭发"，不仅费时费力，还会搞得学生人人自危，甚至还会不自觉地伤害了那个可能或是偶尔犯错的学生。或许那个学生只是因为喜欢，暂时拿去玩玩，过几天就会还给星云呢？没准儿他现在已经后悔了，想还给星云却怕被星云发现了呢！如果他是这样想的话，我再把他揪出来就不好了，没准儿他会因此留下阴影。

想到这里，蒋老师决定通过讨论方式教育批评一下那个学生。

在迅速稳住自己烦乱的思绪后，蒋老师平静地说："事情哪里有那么严重！大家不要动不动就'小偷''小偷'地喊。我不相信我们班里会有这种学生。即使有，我相信他是因为有难处，是迫不得已才拿的，而且我相信他现在已经很后悔了，在深深地自责呢。这样吧，我们大家讨论一下，这件事情怎么处理比较合适?”

一双双小手高举起来，大家都争着要说说自己的想法。

“我们可以像超市那样装个监视器。”一个男生大声说道。

“不，那样不好！我可不想整天被人监视！我觉得我们可以组织个‘柯南道尔侦探组’，来查清楚这件事。”

“还用得着那么麻烦？同桌之间互相搜搜书包，不马上就找出来了?”一个女生不屑地说。

“这个办法才不好呢！谁会那么笨，拿了人家的东西，还放在自己的书包里？他肯定早藏在一个谁也找不到的地方了。”

一边听着同学们的发言，蒋老师一边独自思索。

“老师，没准儿是星云自己不小心把钢笔掉在了地上，被人扫进了垃圾桶呢!”

“有这可能!”坐在第一排的一个男生马上站起来，去垃圾桶里翻起来，可是没找到。

教室里又安静了。

这时，一个叫小亮的男生慢腾腾地站起来说：“老师，昨天我值日时，发现一支笔掉在地上了。”

“那你捡起来没有?”大家一听笔有着落了，马上充满希望地问。

“没有。”小亮干脆地回答。

这下，大家把矛头对准小亮，七嘴八舌地批评起他来。

“看见了不捡起来？骗谁呢？我见过那支笔，崭新的‘派克’。肯定是你自己想要。”“那还用说！白得的好东西，谁不想要啊?”

在同学们的议论声中，小亮很难过，只好一遍一遍地嘟囔“我没捡”。

看到他难受的样子，蒋老师示意大家安静，然后说道：“好！今天的事情就先到这里。我相信我们班的每个学生都是诚实的好学生！再说，小亮只是没捡起那支星云丢掉的笔而已!”

蒋老师一番真诚而信任的话语，顿时使刚才乱哄哄的教室安静了许多。

下课后，蒋老师刚走到办公室，就见小亮低着头，满脸通红地尾随而来。

“小亮，有事儿吗?”见到小亮的表情，蒋老师就明白了七八分，故意若无其事地问道。

谁知，小亮却一下子哭了出来：“蒋老师，笔确实不是我偷的，真的是我昨天在地上捡的。只是因为这支钢笔实在太漂亮。所以，我就把它放在书包里了，想用几天再还给星云。老师，我撒谎了，还捡东西自己用。我错了!”

“好了！这件事情就算过去了！你勇于承认错误，积极改正错误，所以你依然是个好学生。”蒋老师摸着他的头说道。

案例解读

一支“派克”钢笔的丢失，在班级里掀起了轩然大波，学生们起哄地喊着“小偷”“小偷”。而小偷这样的“罪名”任哪个想承认错误的学生，都会猛地“刹车”，不敢说出事实的真相，更不用说让老师批评自己了。

可是，如果这个学生不主动出来承认错误的话，大家就会人人自危、互相猜疑。而这样的班风是不利于班级的发展与建设，也不利于学生的正常成长的。

在考虑到小亮的处境后，蒋老师就通过讨论式的批评教育一下小亮。果然，在同学们七嘴八舌地给出的侦查方法的压力下，小亮胆怯了，终于站出来，变相承认了自己的“错误”。

如果此时，蒋老师再落井下石地对小亮进行一番严厉的批评教育的话，小亮恐怕就更害怕了，同学们也就更讨厌他了。可是，蒋老师没有这样做，而是给予了小亮信任，让小亮自己去反省。终于，小亮私下找到了蒋老师，说出了实情——只是借用几天，没有想过据为已有。

这样的教育效果，要比学生们提出的任何一种方法都要好，都更能让小亮改正自己的错误，同时也给其他学生提出一个警告——做错了，勇于承认最好，否则就会触犯众怒。

（四）换位思考式批评的讲究

教师站在学生的立场上思考问题，体验学生的感受，可以帮助我们找到教育教学的切入点，从而对症下药，解决学生的“错误”问题。作为教师，如果我们能够更多地站在学生的角度思考问题，那么在指正学生的一些问题时，就会感觉轻松许多。

那么，在面对犯了错误的学生时，教师怎样才能做到换位思考呢？

1. 善待学生

有人说，学生时代曾当过差生的老师，更容易体会差生的难处；学生时代曾调皮捣蛋过的老师，更容易摸清调皮学生的心思。而这些老师都比较容易成为好老师，教育好差生。

之所以这样说，是因为这些老师经历过的差生角色，给了他们一种独特的体验，他们会认为眼前犯错的学生就是某个时间段自己的再现。

比如，学生在课堂上多次故意顶撞某老师，我们磨破了嘴皮子，已经批评、劝导了半天，学生却执意认为自己是正确的，依然故我地“犯错误”，甚至都不想再听我们的任何建议了。这就说明我们的批评教育已经出现了危机，长久下去，学生将会连我们这个一心为他着想的老师都要一起讨厌了。

此时，如果该老师有过类似的体验，他要想让自己的批评教育见效，就会通过回忆自己的过去，进行“换位思考”，去考虑一下这个学生总是顶撞这个老师，会不会是因为这个老师做过什么伤害他的事情啊，会不会这个老师做事不公平啊，等等。

当我们从学生的立场去看他顶撞老师的事情时，一下子就能找到制止这个学生继续顶撞老师的方法了。

2. 理解学生

对犯错误学生的批评教育活动，在本质上是一种发生于老师与学生之间的双边活动，但有时由于教育双方分析问题、解决问题的角度不同，觉悟也不在同一个层面上，双方在认知上可能会出现冲突。这就导致了师生在批评教育的内容与方式上的理解和接受等方面存在很大差异，以致于导致教育过程中，学生不愿意接受老师的批评，而老师则找不出更好的方法建议和劝导学生。

要让自己的话顺利地被学生听进心里，教师就需要进行换位思考，从学生的角度出发，倾听他们的心声，从而帮助学生完成由是到非、由错到对的转化。因此，在批评学生的过程中，教师应该及时去了解学生的想法，随时把握学生思想的脉搏，从而更好地与他们进行心灵上的沟通，使他们对自己所犯的错误产生较为深刻的认知，进而督促自己向好的方向转变。

只要我们走进学生中间，就很容易听到一些凭自己主观想象了解不到的一些学生的心声，看到一些凭想当然了解不到的学生行为。

3. 体贴学生

作为教师，不管是任课老师还是班主任，我们在看到学生犯错误、做了出格的事情时，不要动不动就给学生上纲上线，而应该多为学生考虑一点，从学生的内心感受出发去寻找让学生接受批评、建议的捷径。

比如，学生退步了，我们不要张嘴就批评学生学习不用功或者成绩好一点就骄傲了，而要深入地了解一下学生退步的原因，帮助他们找到提高成绩的最佳方法；学生作弊了，我们不要在大庭广众之下指责他，而应该想想学生作弊的深层原因；学生上课迟到了，我们不要直接批评他们不守时，长大了会被社会抛弃什么的话，而应该想想他们迟到是不是另有隐情。

我们不妨深入到学生的内心世界，用心去品味学生，了解他们的思想、言行，并从中寻找问题的症结所在，引导他们走出思想的误区。

批评学生时用换位思考这种教育方式，可以避免使用过激的言辞，也可以摒弃冗长的说教，但是却能让学生从内心深处放弃不良心理，尽力“洗心革面”。

如果每位教师在学生犯错误时，都能换位思考，都尝试着引导学生进行换位思考，那么那些阻碍学生进步的难题就会变得很小。同时在师生的内心世界还会架起一座桥梁，使师生之间的沟通变得轻松、愉悦且有效果。

二十、批评时要注意控制自己的情绪

申远志先生曾在一书中写道："情绪是人对事物的一种最浅、最直观、最不用脑筋的情感反应。它往往只从维护情感主体的自尊和利益出发，不对事物做复杂、深远和智谋的考虑，结果常常会使人处在很不利的位置上或为他人所利用。"米开朗琪罗说："被约束的力才是美的。"

语文老师上课时，让学生背课文，可是全班没有一个学生能背下来，老师当即很生气，对全班学生发了火："你们这个班的学生不得了啦，看来老师教不了你们啦，你们干脆到校长那儿说一声，就说你们班不需要我上课了。你们去呀，现在就去说，只要你们说了，老师马上走人！"

这一节课，语文老师基本上没有讲什么课。全班学生也被语文老师一顿数落弄得没精打采，大家都恨自己太粗心了，竟然把老师布置的背书的事情忘得一干二净。两节课后，许多学生刚刚调整好状态准备投入学习，可是未曾料到，第三节班主任老师的英语课上，有几个学生读英语读得不太流畅，班主任立即变了脸，说自己早就不想做这个班的班主任了，每天都要被学生气死，早解脱早好。

结果，这个班上的大部分学生在这一整天中，都没有办法正常投入学习，甚至有的连续好几天都耷拉着脑袋，提不起劲上课。

由此可见，教师在气头上批评教育学生，难免会有一场暴风骤雨，给学生心灵极大的摧残。此时教师如果能先忍一忍，控制一下自己的情绪，等冷静后再选择适当的时间、适当的地点批评教育学生，效果会更好。

情绪是人对客观现实的一种特殊的反映形式，是对客观事物是否符合自己需要而产生的心理体验。作为教师，无论你是否有很好的教育能力，都应先有控制自己情绪的能力。让愤怒驾驭自己是不明智的，因为愤怒往往暴露了自己的无能、自卑。所以当老师因学生犯了“不听话”“说假话”等错误而要进行批评时，还是先忍一忍，让自己冷静一下，以便学生接受更公平、更公正、更高质量、更有效的教育。

（一）无心的伤害

一天，浙江省义乌市艺术学校吴华平老师正津津有味地上《一夜的工作》一课，学生们都被周恩来工作的辛劳，生活的简朴深深地感动了。大家入情入境地开始朗读……

正在这时，吴老师发现班里的学生小彦把头偏向同桌在嘀咕着什么。吴老师看了他一眼，他接触到吴老师的目光，马上低下了头。没过一分钟，吴老师发现他又跟同桌嘀咕着什么，还不时地撇撇嘴：“这周恩来有问题，放着好好的生活不过，非要跟自己过不去……”

吴老师走近他们，提高了声音问：“小彦，你在说什么？”

“老师，我没说什么呀！”

“你还不诚实，我都亲耳听到了。”

“老师，我在说周恩来，没说别的什么！”小彦根本没有承认错误的迹象，还一副振振有词的样子。

“一个不诚实的人是最不受欢迎的，读书读不好，难道最起码的做人道理都不懂吗？还像一个六年级的学生吗？这几年都白学了！去一年级班里重新学习！……”吴老师一顿狂轰滥炸似的批评，把小彦想要说的话给顶了回去。

吴老师本想小彦这回该老实了，不料，他瞪了吴老师一眼，歪着头，满脸的不高兴，嘴里还在嘀咕着什么。

吴老师的火“腾”地上来了，“怎么？还不服气，你到前面坐着听。坐在这条思考的椅子上好好反省！”

可小彦把书一摔，坐在位子上无动于衷。这节课是没法上了，吴老师扔下粉笔，气呼呼地来到走廊上，教室里静得出奇。

随着时间的流逝，这件事渐渐地在吴老师的脑海里淡忘了，吴老师依旧上着他的语文课，小彦依旧平静地听课。一切又恢复了往日的平静。

临近毕业了，学生们都在撰写《写给我的班主任》的文章。吴老师阅读着一篇篇热情赞扬的文章，心理上得到了莫大的满足。突然一个不和谐的音符跳入了吴老师的眼睛，吴老师硬着头皮看了下去：

“6年来，给我伤害最大的是您的那一堂《一夜的工作》。也许您已经记不清当时的情景了，可是我却依然历历在目。您在全班同学的面前将我定格为学业和品德都不及格的学生，让我这个六年级的学生很没有面子。说实话，我知道自己错了，只不过好面子而不想在全班同学面前重复我那低级的想法，成为大家茶余饭后的笑柄。所以才伪装，才不实事求是，才惹您生气。当时，我多么希望老师能不追究，给我一点尊严。可是，您却……事后，同学们似乎与我渐渐地远离了，我在同学中间说话做事也很没有自信，生怕他们会数落我。我感觉现在在班级里的生活很不愉快……”

看着小彦的这篇文章，吴老师首先很庆幸，因为学生的真情坦露，使他还有机会弥补对学生造成的伤害，同时也为自己的教育方式进行了检讨。

看完文章后，吴老师觉得必须要给他写一封信。信的其中一部分内容是这样的：

“首先要感谢你能够这样对老师敞开心扉，让老师了解你的心情。说明你对老师还是非常信任的。在这里，老师真诚地感谢你的信任。关于那天的事情，都怪老师没有控制好自己的情绪，说出了一些伤害你的话。你知道，那根本不是老师对你的真实评价。你在老师心中一直以来都是很可爱的孩子，你的幽默大度让老师欣赏，你办事的执着让老师欣慰……你也知道，生气的时候说出来的话都是不可信的，那不是真心话。所以，希望你不要放在心上。

感谢你给老师上了生动的一课，有了这次经历之后，老师一定不断地改进自己的言行……

在最后几天，老师很想成为你的朋友，愿意接纳吗？”

后来的日子里，小彦的变化很大。毕业的期末复习让很多人都开始有了腻烦的情绪。可是小彦每次上吴老师的语文课时总是那样精神抖擞。从小彦的眼神中，吴老师读懂了“接纳”，也读懂了真正意义上的“信任”！

案例解读

很多时候，对于学生的一些问题，有些老师往往无法控制情绪，在学生面前喋喋不休地“教育”一番，却不知自己失控的言行会给学生造成多大的伤害。自己是“舒服”了，而学生呢？他们或许永远也无法解开这个疙瘩。

案例中的吴老师批评小彦之后，他很快就淡忘了此事，而小彦并没有，因为吴老师的批评伤害了他的自尊心，打击了他的自信，使他感觉自己在全班同学面前抬不起头来。学生一旦有了这种心理，他还能像往常一样学习吗？还会像以前一样尊敬老师吗？不会，他可能会用另一种眼光来看待老师。

幸运的是，吴老师的批评没有成为小彦心里永久的伤疤。小彦的真情袒露使得吴老师有机会向他道歉，有机会解开他心里的疙瘩，使他变回了以前活泼自信的自己，甚至和老师成为了好朋友。

（二）良言结硕果，讥言伤童心

案例回放

河南省中原油田第十八中学外语教师骈留东在一次英语单元考试时，站在教室的前面注视着学生们。只见他们一个个都在认真紧张地答题，教室里静悄悄的。

正当骈老师感到一丝欣慰时，突然从教室后面传来了桌子的碰撞声，顺着声音望去，原来是班上的小平同学一边晃动着桌椅，一边用手够前排的同学。看着小平的举动，骈老师忍不住大声呵道：“这是考试，不要太随便！”谁知小平竟满不在乎地说：“我愿意，你管得着吗？”

听到这番话，骈老师顿时火冒三丈，真想狠狠地教训小平一顿，但转念一想，那样做不利于全班学生考试，就耐着性子没有理睬他。谁知小平变本加厉，竟一把抢过前排同学的卷子抄起来，这回骈老师不能不管了。于是，骈老师走上前去要抢小平的卷子，没想到小平一点儿也不示弱，不但不给，反而把卷子揉成一团踩在了脚下。

这时，骈老师再也压不住火了，一把将小平从座位上拽起来，当着全班同学的面连讽刺带挖苦地把他狠狠地数落了一顿。这下可激怒了小平同学，他一边骂着骈老师，一边拿着书包愤然而去……

这以后，小平同学在骈老师的课堂上故意捣乱，大声说笑，摆出一副破罐子破摔相。只要骈老师一批评他，他就顶撞，课堂简直成了战场。面对这种情况，经过反思，骈老师认识到小平当时扰乱考场固然不对，但如果自己当时头脑冷静些，不在全班同学面前刺伤他的自尊心，事情也不会发展到今天这种地步。

于是，骈老师利用一切机会想方设法接近小平，上课时在他周围巡视，下课时主动问他还有没有疑难问题。可是小平总借故躲开骈老师，一连几天毫无进展。但骈老师知道这也不能全怪学生，是自己当初伤害了他。因此，骈老师并没有失去信心，仍然充满希望。

一天，平时格外活泼的小平在上自习课时“打蔫”了，骈老师好生奇怪，走过去一摸他的额头，好烫手。骈老师二话没说，和班长一块儿把小平送到了医院。看完病又和班长一块儿把他送回家。第二天，骈老师又买了水果去看他，他退了烧，精神也好多了，但对骈老师还是一言不发。第三天他来上学了，放学后同学们都走了，只剩下小平一个人在教室里。这时，骈老师主动走进教室，双方的目光久久地注视着。突然，小平站起来说了一句：“老师，我错了。”然后就哭着说不下去了。

骈老师说：“那天老师的态度也不对，我不该在全班同学面前把你说得一无是处，过去的就让它过去吧，让我们从今天开始吧。快坐下来，我给你把这两天的课补上！”

案例解读

案例中小平的抄袭行为是完全错误的，骈老师的批评是完全正确的，但为什么会发生冲突呢？因为骈老师当时太冲动了，没能控制好自己的情绪，致使批评的语言太过严厉、刻薄，严重伤害了小平的自尊心，从而使小平变本加厉，破罐子破摔，处处与其作对。

虽然学生做得不对，但他毕竟还是孩子，考虑问题比较简单，遇事容易冲动，自尊心也很强；而老师是成人，是教育工作者，理应为人师表。因此，任何时候都不能太冲动，特别是批评学生时，更应注意控制自己的情绪，先让自己冷静一下，同时也是让学生冷静一下，然后再找到适当的时机和地点，用学生易于接受的言语去教育学生，这样才不至于和学生发生冲突，从而达到更好的批评效果。

骈老师虽然和学生小平最终得以冰释前嫌，但如果他当时能适当地控制一下自己的情绪，不用严厉的话语刺激学生，伤害学生的自尊心，学生也就不会和他过不去了，那样不是更好吗？

让我们记住“良言结硕果，讥言伤童心”这句话吧！在批评学生前，请老师们三思而后行，不要随意伤害学生幼小的心灵，而应竭心尽力地去培植、塑造一颗颗美好的心灵。

（三）哄堂大笑以后

三月，正是草长莺飞的季节。

天津实验中学刘晓婷老师班上同样焕发着盎然的春意。一篇《五月的青岛》以精巧的构思、优美的语言、壮阔的意境吸引着师生赏析、品味。

在老舍先生的笔下，“姑娘们总先走一步，迎上前去，跟花们竞争一下，女性的伟大几乎不是颓废诗人所能明白的。”“伟大”一词，往往和“祖国”“母亲”等庄重的字眼联系在一起，指“品格崇高、气象雄伟、超出寻常”等，这里的“伟大”指什么呢？刘老师问她的学生们。

学生有的说是“超前意识”，有的说是“敢于竞争”，有的说是“不颓废”，有的说是“勇于追求美”……答案异彩纷呈，整个课堂像小溪在流水潺潺，既活泼又欢快。

突然，教室后的一角传来了一个声音，这声音已被刻意地压低，但还是被听得清清楚楚——“小艳照镜子!”

仿佛平地起了个炸雷，一下子引发了阵阵笑声。

刘老师顿时变了脸色，批评之语差点脱口而出，但往事像电影一样从刘老师眼前掠过。

刘老师曾为自己的长相自卑，小时候尤甚。有一次上数学课，她鬼使神差地摆弄起铅笔盒，放在盒盖上的那个小圆镜里随即出现了她太过平凡的面孔。正在自怨自艾间，老师的一句话响了起来，“怎么，还愁嫁不出去吗?”

全班哄堂大笑。

从此，刘老师厌倦了数学课。

现在，刘老师眼前这个照镜子的学生不正和当年的她一样吗？是讽刺挖苦、罚站反省，还是克制情绪、随机应变？

《荀子·劝学》中说：“施薪若一，火就燥也。平地若一，水就湿也。”意思是说，柴是一样的，但燃烧起来，火势总是往干燥的方向走。地是一样的，但水流过来，会往有湿气的地方走。这是物性的力量。人也一样，总有一种趋众的本能。如果处理不当，影响的不是一个人，而是整个班级，整个课堂。

课堂教学应该是愉悦的，不必一味地讲求整齐划一，不必压抑个性自由。柯达伊说：“艺术的精髓并不是技术，而是心灵，一旦心灵可以毫无障碍地自由表达，这便创造出完满的音乐效果。”

想到这里，刘老师没有大声呵斥，也没有表现出任何不满的情绪，因为她知道自己既不能当场批评、指责照镜子的小艳，也不能责怪那个指出事实的学生。于是，刘老师稍停了片刻，缕了缕混乱的情绪，脑中蓦地闪出了一句来自于课文《五月的青岛》中的话。刘老师平静而舒缓地念出了它：

“女性的伟大几乎不是颓废诗人所能明白的。”

刘老师将“伟大”念得有点重。她的嘴角荡着笑意，她的眼神柔和而亲切。

全班学生会心地笑了。原本尴尬的小艳也不好意思地笑了，脸上显出一丝明亮与温暖的颜色。

一场风波在即将掀起的时候平息了。课堂又回归于活泼欢快。

次日，刘老师在放学路上“无意”中遇上了小艳，就很随意地和她聊起了“镜子事件”，从而顺利地了解了事情的原委。原来，小艳为脸上长的青春痘苦恼，觉得影响了容貌，不知不觉间就照上了。

刘老师跟小艳讲了自己遭遇青春痘的故事，并自然地过渡到青春期的心理健康、生理卫生，并将手中的剪报本递给她说：“看看这些，相信对你有好处的，说不定过不了多久，你还能写出一篇《小艳的战痘史》呢！”

案例解读

没有空洞的说教，只有贴身棉袄般的温暖。没有丝毫的责备，只有大海般的包容与理解。小艳心底的包袱已经实实在在地卸下了。

“上课照镜子”既是不认真听课的表现，也是对老师的不尊重。因此，很多老师可能都无法忍受，轻则当场指责学生，令其认真听课，重则可能像刘老师以前的那位老师一样，羞辱学生一番，严重伤害学生的自尊心。能做到像刘老师这样成功的并不多，这也归功于刘老师能很好地控制自己的情绪。她仅仅引用教材中的一句话，一语双关，不蔓不枝，既加深了学生对课文的理解（大胆地追求美），没有影响课堂教学，又巧妙地维护了学生的自尊。既使学生立即改正了错误，又使学生感受到了老师对自己的尊重。

学生为何要在课堂上照镜子，教师是有必要了解的，但不宜“高温作业”，趁热打铁。像刘老师这样，课堂上先稳住自己的情绪，既不影响照镜子学生的情绪，又不影响其他学生继续听课。而在课后再选择一个合适的时机，营造一种轻松的聊天氛围去了解学生犯错的原因，而后又现身说理，提供“科学资料”，使学生得到了很好的教育，事情得到了圆满的解决。

（四）“退一步”，给学生自由的天空

案例回放

湖南省湘潭市和平小学刘华辉老师曾接手一个“差班”，这个班班风不正，学生目空一切，有相当一部分学生从不完成作业。

今天第一次收作业，情形会怎样呢？刘老师带着疑虑走进教室，教室里

赫然站着十几个学生，询问之后才知道，这些学生的作业一个字也没写。

刘老师打算显示一下班主任的威严，狠狠地批评学生一顿，给他们一个下马威。但仔细观察那些学生，他们表现出的不是惧怕，而是一副无所谓的样子，甚至还夹杂着丝丝得意。那表情分明在告诉刘老师：我就是没完成作业，看你能把我怎么样！

多年的班主任经验告诉刘老师，这样的学生对批评司空见惯。于是，刘老师的头脑快速旋转：是坚持无用的批评，还是压下心中的火气，给他们一个意外？新学期，第一次不完成作业，教育他们就应该收到实效，否则以后的工作不好开展。

因此，刘老师极力控制自己的情绪，平心静气地问那些学生怎么回事？他们的回答在刘老师的意料之中，编出了一大串理由。不过刘老师还是没有生气，他想，学生能编出理由，说明他们还是能认识到自己的错误的，既然他们能认识到自己的错误，我就能对症下药。

于是，刘老师先一针见血地指出："是不是想考验一下老师怎样处理你们?"那些学生顿时神色一变，连连摇头："不是，绝对不是!"刘老师趁机说："其实这件事，也不全怪你们，老师也有责任。我留的作业可能不合你们的口味。我若少留一些适合你们的作业，你们肯定会按时完成的，老师说的没错吧!"他们很诧异，但仍有一个学生狡猾地说："我要是不会做呢?""那也不会挨批评，老师先把你教会就是了。""真的吗?""是真的，你们还可以自己给自己留适量的作业。"

刘老师话音刚落，学生们便不由自主地惊呼起来："太好了!"接着对刘老师说："我们也想完成作业，但有时真的没有能力完成，时间长了，也就懒得做了。"那一时刻，刘老师的真诚打动了学生。

案例解读

学生不做作业的现象是任何一个教师都曾遇到过的，也是教师很头疼的一个问题。更何况刘老师的这个"差班"呢?

学生不做作业，大多数教师都会批评、教育学生，这是应该的，否则就是对学生、对家长不负责了，就不是一个好教师。

但是，批评却是一门学问。有的教师一旦发现学生犯了错误，便立即叫过来不分青红皂白，先劈头盖脸地大声斥责一番，以消解自己心中的火气，却没想到这些冲动时刻说出来的话，不但起不到很好的教育作用，反而往往极易损伤学生的自尊心，使被批评的学生产生仇视的思想和自卑的心理，在错误的道路上越滑越远。

很幸运，案例中的刘老师面对不做作业的学生虽然当时也很生气，但他却很理智地控制了自己的情绪，原本打算狠狠批评他们一顿转而变成平心静气地把责任揽到自己身上，既使那些目空一切、“理直气壮”的学生被老师的真诚所感化，避免了正面冲突，又从侧面了解了学生内心真正的想法、犯错的内在原因，取得了很好的教育效果。

假如刘老师当时没有压制住自己的怒气，结果将会怎样呢？真的很难想象。那些学生一副“看你能把我怎么样”的架势真的不是严厉的批评所能解决的。你说他一句，他可能顶你 10 句；你说他一个不应该，他可能找出 10 个理由来解释。最终就算刘老师制伏了那些学生，他们以后不做作业的现象也得不到很好的改进，甚至可能变本加厉，因为被批评的学生慑于教师的骄横，嘴上不敢申辩，但心里很不服气，思想上也就不会接受老师的批评。

人们常说：冲动是魔鬼！所以，我们面对犯错误的学生时，千万不要冲动，一定要控制好自己的情绪，这样才能取得更好的批评教育效果。

（五）控制情绪的讲究

申远志先生曾在一书中写道：“情绪是人对事物的一种最浅、最直观、最不用脑筋的情感反应。它往往只从维护情感主体的自尊和利益出发，不对事物做复杂、深远和智谋的考虑，结果常常会使人处在很不利的位置上或为他人所利用。”米开朗琪罗说：“被约束的力才是美的。”一个人，控制好自己的情绪，让自己变得沉稳自信，行动才会始终积极有效，始终指向自己预设的目标并向着目标迈进。反之，任情绪控制自己，就容易使自己成为情绪的奴隶。

批评有时也是教师必不可少的思想教育手段。它能使学生不良的行为习惯受到谴责，能帮助学生消除思想作风上的污垢。但批评不当，也往往会产生不良后果，而要使批评得当，首先必须控制好自己的情绪，先冷静3分钟。如何控制好自己的情绪呢？以下几点可供参考：

1. 想想自己的教师身份

“师者，人之模范也。”在学生心目中，教师被视为社会的典范、道德的化身、人类的楷模、父母的替身。教师的言行举止，对学生有着潜移默化的深刻影响。

如果教师因学生犯了点错误就情绪失控，对学生大呼小叫，严厉呵斥，学生无形中就会受这种行为的影响，这对他们以后的发展是极为不利的。因此，当我们难以控制住自己的情绪而胡乱批评学生时，不妨想想自己教书育人、为人师表的职业特点，想想自己是一名教师，而面前站着的是学生，为了不给学生带来不良影响，我们是否应该做出点“牺牲”？

2. 试着转移注意力

当我们因学生犯了错而非常生气时，不妨想想那些开心的事情，想想学生可爱的一面，想想其他听话的学生，想想……或者可以看看窗外美丽的景色，呼吸一下新鲜的空气，感受一下明媚的阳光……

尽一切力量转移自己的注意力，去想能让我们放松心情、能让我们快乐的事情。这样，我们就不至于被学生的一点小错而气得七窍生烟，进而控制住自己的情绪，让自己冷静下来。

3. 站在学生的角度思考

当教师因学生犯了错误正要进行批评时，不妨先站在学生的角度上思考一下，学生为什么要这样做？如果是我，我会怎么做？如果是我犯了错，我想听到老师的什么话？

学生犯错往往是有一定的原因的，只要我们转换思维，站在学生的角度思考一下，就能了解学生的内心想法。

4. 以他人的事例警醒自己

教师个人的教育经历总是有限的，我们不妨从他人的经历中获取经验和教训。因此，当我们因学生的错误而生气，正要采取不理智的做法去批评学生时，不妨想想曾经某老师因冲动批评了学生，而遭学生“报复”的例子；想想曾几何时看到一则因教师冲动误罚了学生，致使学生走上不归路的新闻；想想某老师因严厉批评学生而致使师生关系僵化的例子。

以别人的失败作为前车之鉴，以避免自己的工作出同样的毛病。

作为教师，面对学生的错误，请做到冷静3分钟！让自己冷静3分钟，是非常可贵的做人的品质。冷静3分钟，控制好自己的情绪，让自己变得沉稳自信，行动才会始终积极有效，始终指向自己预设的目标并向着目标迈进。反之，任情绪控制自己，就容易使自己成为情绪的奴隶。

先让自己冷静3分钟，不仅能够控制好自己的情绪，而且常常能在这3分钟内找到更好的解决矛盾的办法。

二十一、批评时应注意学生的情绪变化

不存在“放之四海而皆准”的批评策略，批评策略的正确性取决于教师在运用相关策略时，对环境的分析和对学生的观察。

某日，某中学校园内发生了一起砍伤事件。一名初一学生，被老师批评后不服气，“请”来社会上的“哥们儿”M到学校，将老师砍了10余刀（法医鉴定为轻伤）。案发后，两人欲翻墙逃跑，但M被紧追上来的另一名老师抓住，并报当地派出所。事后，这名初一学生也被当地警方刑拘。

像这样的新闻我们可能都听说过，一些学校也确实发生过类似事件。有一些学生被老师批评后，往往不同程度地存在着怨恨、误解、抵触等消极情绪，轻则表现出自卑、情绪低落、意志消沉、故意与老师作对、逃学等抑制性反应，以示不满；重则出现出走、破坏、报复、轻生等过激行为。

树怕剥皮，人怕伤心。批评是一剂苦药，有时是一剂学生不得不服的苦药。这剂苦药包含了教师多少望生成才的良苦用心和无奈心情，但这苦心并不一定能为学生体察到，反而一不留神会伤了学生的心。

因此，为了尽量使批评不伤到学生的心，教师应随时关注学生的情绪变化。一方面，教师在批评学生的过程中，一定要注意犯错学生的态度和心理变化，要根据其态度与心理变化的状况而适时调整批评的策略，不能将准备好的方式、方法和语言一成不变地进行下去，要以变应变，灵活准确地把握批评的科学性和有效性，使批评取得最佳效果；另一方面，批评的目的是促使学生改正错误，所以不要认为批评结束后就万事大吉了。批评后我们还要采取适当的方法向学生表明为什么要批评，为什么要这样批评，以消除感情上的隔膜，并进行有意识的观察、辅导。当他们有了进步时更要及时表扬。

当然，对确属自己认定事实有误或批评过火的，要坦诚地向学生表示歉意。

（一）从哭到笑的启示

一天，安徽省明光市城西小学司贵芳老师在上语文课，正当她和学生们一起探究的时候，发现学生小岳竟然老低着头，好像用手在抽屉里摆弄什么。

因此，司老师停了下来，想暗示一下小岳，但小岳还是没有停下来。这时，司老师有点生气了，便走了过去，发现小岳竟然在抽屉里摆弄一个飞机模型呢！这下，司老师真的生气了，课堂上竟然做这些与学习不相干的事？司老师一把拿开小岳的手，然后把飞机模型拿过来，直接放在了讲台上。

然后，司老师发现小岳还是低着头，眼圈红红的，哭了。这下，司老师知道，这个孩子知道自己错了，这说明他确实很心疼自己的飞机模型，毕竟那是他的心爱之物啊！想到这里，司老师平和而又坚定地说："小岳你抬起头来，坐端正，课堂上，我是不允许你把注意力分散到其他事物上的。你的东西被我没收了，你也哭了，但是，你分散注意力是事实，我还是要求你集中注意力，在课堂上认真地学习。"

小岳依旧在哭。司老师没有理他，回到讲台，依旧和学生继续探讨。但司老师也时不时地瞥向小岳，看他认真学习了没有。第一次，司老师看到小岳还沉浸在失去飞机模型的悲痛中，便说："小岳，你抬起头，坐端正，认真学习。"第二次，司老师见小岳还在悲伤中，又说："小岳，认真学习。"第三次，司老师瞅准了一道题让小岳来做。第四次，司老师找机会让小岳来回答问题……

渐渐地，司老师发现小岳坐端正了，注意力也集中了。一节课下来，司老师又发现他不知举了多少次手。做了课堂作业后，司老师发现小岳的作业竟然全对，这时候，司老师顺势表扬了小岳："同学们，咱们的小岳同学知错能改，认真听讲，真是好样的！我们大家都要向他学习。"班上立即响起一片掌声，小岳也喜笑颜开了。

案例解读

从这个案例中我们发现，司老师的批评教育方式很一般，又很特殊。为什么这么说呢？说它一般，是因为面对学生犯错，无论从责任还是从道德上讲，老师都会给学生指出来；说它特殊，是因为很多老师指出学生所犯的错误后，一般的做法就是对其简单地进行批评并令其改正，能做到这一点就算仁至义尽了。而司老师并没有像一般老师那样，仅仅停留在批评上，而是关注了学生的情绪发展。

司老师在批评小岳之后，发现小岳哭了，因为他虽然知道自己错了，但老师没收了他心爱的飞机模型还是让他很伤心。于是，司老师在关心、爱护、安慰学生的同时也坚持了自己的原则，那就是——学生错了是事实，必须让学生清楚地认清事实，认识错误，从而改正错误。这正是司老师批评的绝妙之处。如果一味地安慰则会让学生觉得自己没什么错，而是老师的批评太过分，向自己道歉来了，这样他必定不能认清自己犯错的事实，不利于其改正错误；而如果教师一味地进行批评，那么也只会增加学生的心理负担，招致学生的厌恶，甚至痛恨。

也正是司老师关注小岳被批评后的情绪变化，抓住他的心理，在批评之后一次次及时地引导他，对他提出要求，给予机会让他回答问题，并通过表扬让他开心，从而平衡了他的心理需求。这样使小岳很快地走出了被批评的郁闷心情，改正了错误。否则，批评很可能在他心里造成阴影，影响他以后的学习。

（二）一张试卷引起的逃课

案例回放

一次数学段考结束后，下午的讲评课上，杭州市拱墅区文晖中学傅广丽老师让课代表把试卷发下去。

在发试卷的过程中，傅老师注意到男生小松匆匆看了一眼分数后，便把试卷放进了抽屉。分数固然重要，但是查找缺漏更重要，为什么不订正卷子呢？傅老师皱起了眉头。紧接着傅老师要求学生拿出试卷，把会订正的先订正。

可是，等到傅老师讲评的时候，小松还是没有拿出试卷，一直低着头坐在座位上。傅老师连说两遍，“请还没有找出试卷的同学动作快些”，可是小松还是没有任何反应。这时，傅老师觉得小松连卷子都不愿意订正，他是不是不想读书了？于是，傅老师板起了脸，当着全班学生的面狠狠地批评了小松：“如果你对待试卷是这种态度，那好，下次你的试卷我就不改了。我不想看到辛苦批改的试卷受到这样的对待，也不想看到不愿意读书的学生……”

说这话时，傅老师非常生气，声音响亮且带着怒气。过了好一会儿，傅老师才继续讲评试卷，而被批评的小松也始终没有把试卷拿出来。一节课就这样过去了。

接下来的一节课仍是傅老师的数学课。上课时，傅老师发现上节课被批评的小松不见了。这还了得，竟然敢用这种方式来与老师对抗？傅老师只觉得刚刚平抑下去的愤怒又开始一点一滴地涌了上来。可直到下课了仍然不见小松的身影，这使傅老师在愤怒的同时又夹杂着些许对小松的担心：他到哪儿去了？

下课后，傅老师着急地问了小松的班主任，看小松是不是在他这里，结果班主任说不在。傅老师就开始担心了：他去哪里了？傅老师不禁联想到经常在报纸上看到中学生受到批评后动不动就离家出走或者自杀的事情，要是这事发生在自己身上，那我岂不是惹祸上身了？想到这里，傅老师对小松的愤怒已完全变成对他的担忧了。

好不容易又熬完了一节课，傅老师急急忙忙走进教室，一看小松还是不在。这时，傅老师更担心了。他找了班上的一个学生，打听小松来了没有，直到得到了肯定的回答，傅老师心中的那块大石头才算落了地。

放学的时候，傅老师把小松叫到了办公室。这时办公室里的其他老师都走了。傅老师问小松为什么上课不愿意订正试卷。

刚开始小松不愿吭声，过了好一会儿，他才说：“我不希望被批评。”

“可我对你也并不是总批评啊！我不是也在全班同学面前表扬过你吗？”

“我也不希望被表扬。”

“为什么?”

“我知道，我被人家认为是差生，有的老师对我也带有偏见！我只想做一个普通的学生!”

“无论做什么样的学生都会有起伏，都会受到老师的批评和表扬的！不过话说回来，今天老师当着全班同学的面批评你，是老师的不对，我先向你道歉!”

听到傅老师说道歉，小松的脸色终于缓和了一些，说话也没有那么冲了。

“你能告诉我，今天你拿到试卷时的举动是不是对老师有意见?”

“其实，那份试卷您放到桌面上时，我就已经看到我的分数了。这次没考好，所以不想再看了。”

“逃避也不是一个办法啊！你有不懂的地方，老师可以帮你辅导，不好吗?”

看着傅老师真诚的脸，小松点了点头：“我会好好努力的……”

案例解读

自己辛辛苦苦批改的试卷，学生只看一眼就扔进抽屉，也难怪傅老师会感到很伤心，既为自己的辛苦劳动没得到尊重而伤心，也为学生不懂珍惜学习的机会而伤心。换作其他老师也会对学生的这种学习态度进行批评，因为这也是对学生、对家长负责。

批评是应该的，但是，批评也完全可以做到不用严厉的措辞，不伤害学生的自尊心。傅老师看到学生不订正试卷，就认为学生藐视自己、不尊重自己，于是“怒火中烧”，大发雷霆，只站在自己的立场上，完全没有顾及学生的感受，没有给学生辩解的机会，说出一些伤害学生情感的话。

自己考试没考好，心里本来已经很难过了，可没想到不但没得到老师的安慰，反而遭到严厉的批评，这对学生来说无疑是很大的打击。因此，学生选择了逃避，既是逃避自己低分的现实，也是逃避老师批评的现实。

万幸的是，小松没有像傅老师所担心的、报纸上所刊登的那样，做出一些偏激行为，只是以逃课来宣泄自己的不满。而傅老师也及时注意到了学生情绪的变化，并做出了相应的补救措施。结果一次心平气和的交谈终于化解了小松心里的不快，使小松以平常心正确看待老师的批评。

（三）误会引起的批评

语文课上，河北省唐山市丰润区韩城小学张素艳老师正津津有味地讲《我的战友邱少云》一课，学生们都被邱少云那严守纪律、不怕牺牲的精神深深感动了。正在这时，张老师发现班里的小阳把头偏向同桌，像在嘀咕着什么。

张老师看了他一眼，小阳接触到张老师的目光，马上低下了头。没过一分钟，张老师发现他又嘀咕着跟同桌说什么。张老师提高声音："小阳，请你认真听讲，别捣乱。""老师，我没捣乱""你还顶嘴，怪不得成绩那么差，我看你下次非考个倒数第一不可！"张老师见小阳犯了错还嘴硬，便一顿狂轰滥炸似的批评，把小阳还没说完的话给顶了回去。

可是，接下来的几天，小阳的语文作业总是完不成，上课也无精打采，一副漫不经心的样子。看到他这样，张老师既生气又焦急，不禁想起自己上次批评他的事情，是不是自己批评错了？是批评太严厉了还是误会了学生？

小阳自从被批评后，就不愿意接近张老师。于是，张老师想，如果直接找他谈话，可能他会对自己有抵触情绪。于是张老师给小阳写了一封短信，并嘱咐他自己一个人看。信是这样的：

小阳：

你好！首先老师想向你道歉，那次对你的批评过分了。你是个聪明的学生，老师很喜欢你。想想看，你在课堂上偷偷说话，是不是影响了同学们听讲，影响了老师上课呀！怎么样？想不想和老师交朋友？不过，对待朋友可要真诚。老师真诚地希望你敞开心扉，和我说说你的心里话，好吗？看到你这几天不完成作业，上课不积极回答问题，老师心里可着急了。

……

小阳看过信后，第二天便在日记中写到："老师，我知道那天我做得不对，让你很伤心，对不起。不过，那天我是想和同桌说说我对课文的看法，我发现了一个问题'为什么邱少云全身都着火了，可他身上的手榴弹不爆炸呢？'"

多聪明的孩子呀！看到这里，张老师更加懊悔，原来真的是自己误会了，当时竟没有察觉出来，没有给机会让他解释，幸亏自己注意到了他的变化，还有机会挽回。

之后，张老师又找小阳谈心："小阳，你真了不起，肯开动脑筋，敢于质疑，不简单。不过，以后再有这样的重大发现可别只和同桌分享，提出来让老师和全班同学一起分享你的智慧，行吗？"

小阳明白了张老师的意思，说道："老师，我保证以后上课遵守纪律，有问题举手提问，做一个好学生。"

案例解读

著名心理学家斯金纳认为，对某一行为的肯定或否定，在一定程度上决定着该行为是否能被重复。可见，作为一种负强化手段的批评，既可以督促当事人改正错误行为，又可以教育周围的学生，使他们不至于犯类似的错误，但一些老师往往忽视了批评对学生心理造成的不良影响。心理学家在调查中发现，批评产生的消极影响主要有以下几个方面。

其一，批评有时会导致学生的逆反心理，乃至加剧学生的不良行为。

其二，特别是对于一些表现欲强的学生来说，过分的批评会使学生产生挫折感，大大损伤学生的自尊心，造成学生对学习缺乏兴趣。

其三，不适当的批评会影响师生关系的和谐，甚至会使学生对老师产生敌意。

案例中的小阳在受到批评后情绪急速大转弯，不服气、顶嘴，对老师的讲课漠不关心，甚至连作业都不做了。照这样下去，何止是学习退步呢？他和老师的距离也会越来越远了，会变得不愿再动脑筋思考问题了，不愿与人交流了……后果真是不堪想象。

张老师比较细心地注意到了小阳的情绪变化，及时反思了自己的教育行为，找出了问题的根源，并采取了相应的弥补措施，使小阳原谅了老师，改正了错误，阻止了自己不良情绪的蔓延，又重新变回了那个聪明活泼、勤于思考的好学生。

（四）扑克背后的真相

新学期开始了，上海市青浦区第一中学童芸老师刚接任了班主任的工作。从没担任过班主任的她，开始品尝这其中的酸甜苦辣了。

四月的一天早上，童老师像往常一样早早地到教室，学生们大都在认真早读，除了小元和小伦以外。小元是一个比较受大家欢迎的学生，十分重义气，犯了错误也敢于承认，但由于大部分时间都在玩，所以学习成绩不怎么样。小伦则是一个特别腼腆的学生，不太爱说话，老师布置的各项任务都能按要求完成，学习成绩属于中上等的水平。

看到这样的场景，童老师脑海里蹦出来的第一个想法就是：临近期中考试了，其他学生都在抓紧时间复习，你们不仅不复习，还在玩扑克，真是太不懂事了！

童老师故意重重地跨着步子走到他们后面，想以脚步声提示他们赶紧把扑克收起来，好好读书。可他们由于玩得太专注，根本没有发现童老师过来了。童老师气极了，抓起扑克就扔在了地上，并当着全班学生的面把他们俩狠狠地批评了一顿：

"你们是不是不想学了，快期中考试了，你们不仅不抓紧时间复习，还在教室里玩扑克。你们喜欢玩的话，回家里去玩，学校不是让你们玩这种东西的地方。

小元，你自己学习成绩不好，还拉着其他同学和你一起玩。你自己不好好学也不让别人好好学吗？……"

小元和小伦显然被童老师这突如其来的举动和严厉的措辞吓蒙了，都傻傻地站在那里，眼泪不停地往外流。这时正好下课铃声响了，童老师由于急着要去开会，便扔下一句"你们自己好好反省反省吧。"就匆匆走了。

刚出教室，童老师还觉得自己刚才挺威风的，以后学生再也不敢做与学习无关的事了。但走在开会的路上，童老师回想起自己批评学生的言行举止又觉得不太妥当，想起他们的眼泪，童老师突然觉得特别难受。

“我当时是不是太冲动了？我是不是应该先把情况了解清楚？他们在教室里玩扑克是非常不对的，我这样做也没什么不对。”两种矛盾的心理一直在童老师心里不停地挣扎，小元和小伦泪流不止的画面在童老师的脑子里闪过一遍又一遍。

开完会，童老师回到办公室向其他有经验的老师诉说了此事，并冷静下来，仔细想了想，觉得自己在这件事的处理上有失偏颇，没弄清事情的真相就批评学生，太武断了。他们真是在玩还好，万一不是自己想象中那样的呢？他们心里会有多委屈、多难过？

想到这里，童老师立即赶到了教室，站在窗口观察了他们好久。小伦趴在桌子上，一只手不停地擦拭着什么。小元两只手撑着脑袋，愤怒的眼神透露出他内心的委屈。下课了，两人也一动不动。整整一上午，小元和小伦都没听进去什么内容，也许他们心里有太多想不通的吧。

想着自己早上的批评对学生造成这么大的伤害，上午放学后，童老师迫不及待地赶到教室找他们。看着其他学生都在一边吃着美味的饭菜，一边讨论着发生的趣事儿，而小元和小伦却依旧在座位上坐着，童老师心疼极了。

童老师把他们请到了办公室，说：“请你们俩把那边的椅子搬过来坐。”

他们不明白童老师什么意思，站在旁边动也不敢动，脸上写满了诧异和不解。

“老师只是想让你们坐下来，和你们聊聊。”

他们依然没有动，低着头，似乎犯了天大的错误。童老师意识到自己真地把他们吓坏了。于是把椅子搬到他们旁边，请他们坐下来，可他们还是没动。

“难道你们这么不愿意和老师一起坐吗？”童老师开玩笑地说，也希望能缓和一下紧张的气氛。在童老师的再三邀请下，他们终于坐在了她旁边。

“老师首先想向你们道歉。老师没了解情况就批评了你们……”在接下来的谈话中，童老师了解到，扑克是另外一个学生带来的，因为他要在劳技课上变魔术。他们觉得特别好奇，也觉得很好玩，就拿过来想自己试试。刚准备玩的时候，就被老师看到了。

听完他们的解释，童老师觉得自己真是太冲动了，为什么当时没有放下姿态听他们解释呢？为什么不以一种更科学的方式去引导他们，而是一味地批评呢？教育的目的是让学生提高辨别是非的能力，而不是维护教师的权威。童老师承认了自己的冲动，但也指出他们早读时间玩扑克是不对的。

小元和小伦理解了童老师的用心良苦，异口同声地说："老师，是我们不对。我们不应该在教室里玩扑克。"一边说着，眼泪又流了出来。童老师向他们保证说："这是第一次，也是最后一次，以后老师再也不会这么冲动了。如果你们原谅老师，就和老师一块儿去吃午饭好吗？"

案例解读

很多缺乏经验的班主任，虽然一心替学生着想却太过心切，想在学生面前树立威信却忽略了先尊重学生。

虽说眼见为实，但有时候眼睛也会欺骗我们。我们有时看到的只是事物的表面，而不是实质。就像案例中的小元和小伦，虽然他们玩扑克不对，但我们也应该先肯定他们的好奇心和求知欲。

批评学生之后，我们应该随时关注学生的情绪变化，既让他们受到教育，又不能让不满情绪影响到他们的学习、生活。更何况有时我们也确实错怪了学生，如果不及时"治疗"他们受伤的心灵，久而久之就会形成一道难以愈合的裂痕，甚至造成无法弥补的遗憾。

（五）关注学生情绪变化的讲究

学生总是不喜欢受到批评的，尤其是那些在家中做惯了"小皇帝""小公主"的学生。学生受了批评后，情绪上不免有些低落，而且由于年龄和经验的限制，他们往往无法顺利、正确地找到调节和宣泄不良情绪的方法。如果批评较激烈，往往还会使师生之间产生隔阂、矛盾，甚至怨恨等。很多"问题学生"和恶性事件都会在这样的条件下产生和酿成。

教师要想办法消除这种批评带来的副作用，努力做好批评的善后工作，进而让学生正确对待批评，使批评产生积极作用。

做好批评的善后工作，就是要在对学生实施批评后，观察被批评学生的情绪反应和表现效果，以便决定是加强批评教育的力度，还是改变批评教育的方法。

那么，如何关注学生的情绪变化，做好批评的善后工作呢？

1. 保持自身心理健康

心理健康，是对教师的最基本要求，只有心理健康的教师才能培养出心理健康的学生。

课堂教学的组织者是教师，教师的心态直接影响着学生的情绪。教师因受社会各种环境因素的影响，难免产生一些不良情绪。如果将这种不良情绪带入教学中，在批评学生时发泄到学生身上，那么，这种批评本身就是不公正的，会对学生产生不良影响，引起学生不良情绪的产生。

要做到关注学生的情绪变化，最好的办法就是在批评的过程中，不要对学生的情绪造成不良影响。而教师要做到这一点，首先必须确保自身的心理健康。

2. 跟踪观察学生的反应

心理学认为，任何一个人因过错或偏差受到批评后，都会产生某种反应。做好批评的善后工作，就必须及时对受批评的学生的心理和言行进行了解和观察，获取信息，并根据其心理和言行的表现程度，对其进行后续教育。

在观察中，我们还要注意被批评学生对自己的错误言行是否认同并在逐步改正，学习上是否有消极情绪等。一般来说，被批评的学生如果受到的批评得当，就能认识到自己的错误，并在一定时间内以崭新的姿态出现在师生面前；而有的学生可能不会认识到自己的错误，不能正确对待批评，对批评想不通，并会把这种不满的情绪转化为言行在班上张扬，甚至产生辍学的念头。

这就要求我们要做好批评的善后观察和了解工作，及时掌握学生的情绪变化。

3. 及时疏导沟通，化解矛盾

批评者与被批评者本身就是一对矛盾。如果教师批评学生的方法欠妥，师生之间就很容易产生更深层次的矛盾。

学生受到老师的批评，本身就觉得自尊心受到了伤害，很丢面子，心里很不愉快。如果老师再加上“讽刺”“挖苦”“乱扣帽子”“随意责骂”，再惯用“经常”“一贯”“屡教不改”等词，就会造成学生讨厌老师，产生自卑心理，导致辍学等行为的发生。

一旦造成这样的事实，老师就要疏导、沟通，及时消除学生的对立情绪，改变自己欠妥的批评。批评错了要及时为学生挽回影响，向全班学生解释说明。但是对正确的批评要坚持，并以理服人，诚恳地、与人为善地说服教育，帮助其改正错误，树立信心，努力促进学生的进步。

4. 注重方法，强化效果

做好批评的善后工作，不是跟学生讲好话，无原则地解释和调解，而是既要遵守班规、校规，坚持正确的批评，同时又要化解误会，使学生在心理上得到疏导，达到强化批评的效果。

教师一定要尊重被批评学生的自尊心。因为中小学生的心理尚未健全，受到批评之后，总希望得到教师和同学的同情、信任和尊重。如果教师对受到批评的同学带有成见而对其疏远，甚至厌恶，从此漠不关心，导致学生得不到信任和爱抚，他们就会自暴自弃。教师也就达不到批评的目的，收不到好的教育效果。

另外，对待被批评的学生，我们不能用老眼光看人，应该在批评的同时，对其所取得的成绩甚至微小的进步给予表扬。如果我们只看到其错误而忽视了其“闪光点”，肯定会挫伤他们改正错误的积极性。

教师要让学生每天都有一份好心情，促进学生身心健康，不仅要勤练内功，确保自身有健康的心理，而且要教给学生忍让、自慰、转移、回避、改变环境、适度宣泄等舒散积郁的方法，使他们消极的心理能量及时得以释放。我们要时时处处关注学生的情绪变化，尽心尽力做好批评的善后工作。

二十二、以情动人，以情感人

苏霍姆林斯基说过："教育的全部奥秘就在于如何爱护儿童。"感人心者，莫先乎情。情感是人与人之间心灵沟通的媒介，是学生接受批评教育的前提。

从教育心理学的角度来看，教育过程是教育者和被教育者"心理需要"相互印照的过程，是师生"心理交流"的过程。心理学的研究表明：只有心心相印、情感交融的教育，才会引起学生感情上的共鸣。反之，在师生"心理需要相抵触，心理交流多梗阻"的情况下实施教育，则会引起学生心理上的对抗。

因此，当学生犯了错，教师在批评教育的过程中，要以真挚、强烈的情感走进学生的心灵深处，与学生进行心与心的沟通，才会收到良好的效果。

一般情况下，学生会认为自己是受教育的一方，和教师是一种"对立"关系。尤其是在他犯错误之后，会产生一种本能的自我掩饰、隐瞒或者说是一种缺乏理性的"自我保护"。这时我们绝对不能和学生针锋相对，而应以真实的感情投入，以真心为学生着想、为学生的未来负责的态度来拨动学生情感之弦，使其明白老师的良苦用心。这样学生才会对我们敞开心扉，真心交流，认识到自己的错误并勇于改正。相反，虚情假意的说教、远离实际的唱高调，只能引来学生的反感和厌恶，更谈不上认识、改正错误了。

（一）以情动心

何铭昌是广东三水华侨中学的一名优秀数学教师，他不但课教得好，在批评教育学生方面，也做得很出色，尤其善于以情感人。

案例回放

小浩是一个学习成绩很好的学生，平时很喜欢问问题，并且一问到底，何老师也很喜欢他这种爱钻研的精神。但小浩也有很多毛病，比如，在课堂上，当所讲授的内容是副科或他自认为已经掌握了的时候，他就开小差、说话、搞小动作，甚至在自习课上玩游戏机。他和同学的关系也不太好，自我中心意识太强，纪律观念、集体观念都比较淡薄，爱贪小便宜，值日马虎了事。

何老师从他的初中同学处了解到，他在初中时就这样，纪律性很差。

面对小浩的违纪行为，何老师觉得如果单靠批评是收不到什么效果的，过几天他还会重犯，要想彻底使其改正，必须改变他的想法，改变他狭隘自私的观念。

一天晚自习课上，何老师到班里查看，发现小浩正在用文曲星玩电子游戏，而且玩得兴致盎然，何老师走到他的身旁，他都浑然不觉。何老师当即没收了他的文曲星，并把他叫到办公室。

小浩以一种无所谓的态度跟着何老师来到办公室，漠然地站在那里，似乎对此已司空见惯。在他看来，被老师叫来办公室不过就是一顿训斥、狠批而已。然而何老师并没有骂他，而是搬了一把椅子让他坐下。

小浩很不情愿地坐下了。

“小浩，你是不是很喜欢玩电子游戏啊?”何老师微笑着问他。

“嗯。”

“从什么时候喜欢的？是不是班里有很多学生玩这个?”何老师仍然没有批评。

“小学的时候就喜欢了，现在很多学生都喜欢玩这个。”见何老师毫无批评的意思，小浩话渐渐多了起来。

“呵呵，看来老师落后了。最近学习成绩如何？有没有什么困难?”

“没有，挺好的。”

“嗯，这点老师相信。你很聪明，也喜欢问问题，这说明你是一个十分好学、要求上进的学生。老师很喜欢你这种爱钻研问题的精神，也对你寄予了很大的期望。但你的有些行为却不大好。”

听了老师的话，小浩低下头，小声地说：“老师，我错了。”

何老师知道他这句话是真心的，于是鼓励他说：“知道自己错了，就要下决心改正过来，用心搞好学习。本来你就很不错，我相信以后你会做得更出色！”

小浩默默地点了点头。后来，小浩果然有所收敛，上课认真听讲，自习课上再也没玩过电子游戏，而且在集体活动中也变得积极了很多，与同学的关系也越来越好。

还有一次，何老师去上课，他习惯性地扫了一眼教室，发现小敏的座位上是空的，看来她又迟到了。

过了大概四、五分钟，小敏慢悠悠地来到教室门口，看不出一丝着急的样子。何老师皱了皱眉，但什么也没说，示意她赶紧回到座位上，然后继续上课。

课后，何老师把小敏叫到了办公室。和小浩一样，小敏也是一副麻木的神情，显然她对此已经习惯。

“来，坐下谈！”何老师搬来一把椅子。

“哦，谢谢老师！”何老师的举动让小敏有些吃惊。

“小敏，昨天是不是又睡晚了？”何老师笑着问，他没有直接问小敏为什么迟到，而是以婉转的语气表示了自己的关心。

“嗯！”小敏再次流露出了吃惊的神情。

“以后要早点睡，不要学习太晚了，那样对身体不好。”何老师继续表示自己的关心，“你知道吗？我曾经在你本子里发现过这么一句话：自己大了，应该懂点事，别让大人再操心了。你能这么想，老师很欣慰，这说明你是个很懂事的孩子。”

听到老师的夸奖，小敏低下头，脸红了。

第二天，小敏提前到了学校。

第三天，也是如此。

第四天，仍是这样。

……

案例解读

像小浩和小敏这种经常犯错误的学生，简单的批评根本起不到任何作用，因为他们已经习惯了老师的责骂。在他们看来，老师批评的手段不过就是斥责而已，没什么新鲜的。这个耳朵进，那个耳朵出，之后该怎么做还怎么做，这种抓痒似的批评无法从根本上纠正学生的错误行为。周老师恰恰反其道而行之：你不是认为我会批评你吗？我还就不批评你了，我用情感来渗透。

这招是很管用的，周老师以聊天的方式对学生表示了关心和爱护，更表达了对他们的期望。结果，周老师一句批评的话没说，就让学生主动改正了错误。这就是情感的力量。有谁会对别人的关心和爱护产生排斥心理呢？哪个学生不希望老师多关注、关心自己呢？但有些老师却不懂这个道理，一遇到学生犯错，就大声斥责，这样不但收不到批评的效果，反而会增加师生间的矛盾。

批评教育的目的是使学生纠正其错误行为，使其上进。所以，在批评教育学生时，要出于一种爱心。有了爱心，才能让学生感到老师对他的关心和爱护，而不仅仅是批评指责。这样以情动人，教师才能走进学生心灵深处，使学生易于接受批评，从而收到“以心换心，顽童成金”的效果。

（二）一语胜万言

大连市旅顺大华小学的胡桂琴老师是一名优秀的班主任，每当学生犯了错误，她从不恶言相向，而仅仅是通过一句话或一个动作就能取得很好的教育效果。原因何在？

学校就要召开庆祝“六一”儿童节合唱比赛了，每个班都在紧张地排练着。胡老师自然也不敢掉以轻心。每天放了学，她都组织全班学生站好队伍，排队形、练动作。

由于连续几天紧张的排练，学生们都感到十分疲惫，一个个就像霜打的茄子——无精打采。胡老师有些生气。不过累归累，在老师面前大家也只能乖乖地练。正当胡老师想给学生们鼓鼓劲时，小胜——这个“不识时务”的“捣蛋鬼”，偏偏这时候站出来与老师作对。他先是站得七扭八歪，接着又对周围的同学嘻嘻哈哈、做鬼脸，最后他竟然把手放在前排的同学身上打闹起来。

好好的一个队伍，就这样被小胜搞得乱七八糟，别的学生也开始小声说起话来。胡老师很生气，她径直走到小胜面前，死死地盯住他。霎时，学生们都安静下来，大家齐刷刷地望过去，敛气摒声地等待着暴风雨的到来。“捣蛋鬼”小胜倔强地望着胡老师，眼神中带着一丝惧怕和一丝委屈，但更多的是坚持。

怎么办？“狠狠地批评他，然后拖到教室外罚站。”这个念头一闪而过，胡老师的脑海里随即浮现出小胜一副反叛、不服的神情，正用冷冷的眼光瞥着自己。想到这里，胡老师的心平静下来。她知道那样做虽然能够维护自己作为老师的威严，却也会极大地伤害小胜的自尊心，使一颗反叛的心离自己更远。难道放任不管吗？不行！

两三秒的时间，胡老师的大脑却似运转了千百遍。突然，胡老师有了主意，她轻轻地俯下身子，凑到小胜耳边说道：“我知道你很累，但老师相信你能坚持下去，并能做得很好。”顿了顿，胡老师接着说，“这是我们之间的秘密，好吗？”正等待着挨训的小胜，怎么也没想到老师竟然这样跟自己说话，他睁大眼睛望着胡老师，惊异的眼神逐渐被感激所代替，然后他重重地点了点头。

胡老师带着满脸的微笑，走到队伍前面，在几十双惊诧的眼睛中，她看到一双透亮的眼睛在闪烁着，那双眼睛里蕴涵着与老师共有秘密的骄傲和感动。胡老师笑了笑，继续指挥合唱。这以后，排练效果出奇的好。

案例解读

苏霍姆林斯基说过：“教育的全部奥秘就在于如何爱护儿童。”只有从爱护学生出发的教师，才能在面对学生出格的表现时表现出宽容、忍耐和智慧。当小胜捣乱时，胡老师也曾有过教训他的想法，但这种想法仅仅是“一闪而过”，马上便被自己坚决地否定了。因为她想到这样做的结果不但会伤害小胜的自尊心，还会让小胜的心与自己越来越远。如果不是怀着爱护小胜的心情，也许胡老师是不会想到这种结果的。

正是这种真诚的爱，才使胡老师对自己哪怕是“一闪而过”的念头也毫不留情地加以深刻反省。也正是这种对学生的真心爱护，使胡老师急中生智想出一个巧妙的办法，既保护了小胜的心灵免于伤害，又用这种充满温情的话语及时纠正了他的缺点，有效地维护了排练秩序。

批评何须言重？有时候只要一两句温暖话语或一个温情动作，就能收到意想不到的教育效果。

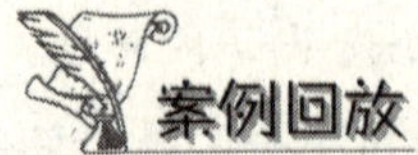

案例回放

在胡老师的班里，还有一个男生特别好动，上课精神不集中，喜欢跟同学打闹，遇事斤斤计较。有一次，上早自习的时候，学生们都在读英语，只有这名男生坐在座位上没有读。胡老师走过去，发现他正在摆弄书玩。这时，胡老师没有大声斥责他，她看到男生摆弄书的手指甲挺长，就温和地问：“你自己会剪指甲吗？”

“会剪。”

胡老师拿出指甲刀，刚想让他自己剪，忽然想到：“如果是我自己的孩子，我会让他自己剪吗？”

想到这里，胡老师便弯下腰来，拿起他的手，一个一个地给他剪起指甲来。剪着、剪着，胡老师便听到了从他口中发出的：“What is your favourite sport? My favourite sport is football. …”他终于和同学一起读了，胡老师的心里感到很欣慰。当她剪到最后两个手指的时候，由于眼睛离得太近了，一个小指甲屑蹦到了她的右眼里。胡老师赶紧用手揉，揉了一会儿终于揉出来了，但眼泪却流个不停。第一节课已经开始了，她的眼睛还在流泪呢。但是，胡老师却很高兴，因为她看到了那个男生噙满泪水的双眼，也仿佛看到了他的内心世界。

案例解读

学生犯了错误，胡老师不但没有批评他，反而蹲下身子为学生剪指甲，这代表着什么？代表着一种爱，一种情感付出。虽然胡老师没有说一句话，更没有任何批评的警示，但就在她蹲下身体为学生剪指甲的那一刻，早已感动了学生，而且感动的不只是一个学生。面对这样一位爱学生的老师，谁不尊敬、爱戴呢？谁还会好意思违反纪律呢？

当教师将情感渗透到每一个动作、每一句话里的时候，感动已深藏其中，这比千言万语的教训来得更深刻，教育得更加彻底。

（三）以情感人的讲究

古语说："人非草木，孰能无情？"人是受一定情感支配的，因此，我们在批评学生时，要尽力做到动之以情，以情感人，切忌"吹胡子，瞪眼睛"。

1. 设问引导

一位学生，上课迟到了。下课之后，老师找到这位学生，和颜悦色地问："是家里有什么事，还是身体不舒服？你可以告诉我吗？"

学生摇摇头，表示既没有什么事，也没有身体不舒服。

"这么说，是你今天起床晚了，是晚上睡得太晚了吧？以后可要早睡早起啊！"这位老师嘱咐道。

学生感激地点头。

这位老师的设问引导，没有一句训斥、指责的话，没有一丝讽刺、挖苦的意思，却既问清了迟到的原因，又使迟到的学生认识到了自身的不足，受到了一次教育。

2. 爱心感染

每个学生犯错误后都会感到惊慌恐惧、局促不安，对教师有一种戒备心理。这时，教师在批评学生时，可以给学生一个灿烂的微笑，一束真诚的目光，一个轻柔的爱抚，一句嘘寒问暖、和风细雨的话语，这些都能传达我们对学生的爱意，使批评的氛围变得轻松融洽。这种以情感人的批评方式，往往会有奇迹出现——师生之间产生情感共鸣，学生会坦诚地吐露心声，便于我们把握教育的时机。

3. 感恩心切入

有的学生在学校里可能是一个成绩差、自由散漫、不服管教的后进生，但在家里可能是一个孝敬父母、吃苦耐劳的好孩子。

在批评教育这类学生时，我们要将关于家庭、父母的话题渗透到批评教育中，使学生在思想上产生共鸣，做到以情感人。

实践证明，这种情感教育法，不但能够触及学生心灵，使其对自己的错误做出深刻反思并勇于改正，还能由此加深师生之间的感情。

4. 常怀宽容之心

“人非圣贤，孰能无过?”学生犯错误更是不可避免的。学生犯了错误，都渴望得到老师的理解和帮助。如果老师当众批评指责，可以使学生无话可说或立刻认错，但这样做往往令学生口服心不服，不思反省。

苏霍姆林斯基说过：“有时宽容引起的道德振动比惩罚更强烈。”这就是说教师的宽容会使学生感受到一份关爱与抚慰，它所收到的效果远远胜于惩罚。因此，我们要宽容对待学生的一些错误，不要过于斤斤计较。这样学生会因为感激老师对他的宽容与谅解，而诚心诚意地接受老师的批评教育，从而彻底改正错误。

5. 多一些鼓励

在批评学生时，我们恰如其分的鼓励不但会产生事半功倍的效果，而且还会有效地加固师生之间的感情。

有一位学生平时作业潦草，老师找他来没有直接批评他，而是说：“你很聪明，作业正确率也很高，凭你的能力和智慧，只要不断努力，把作业写得工整些，你就能参加学校的优秀作业展览了。”

这位学生在宽松和谐的气氛中感受到了来自老师的真心关怀，他不觉得老师在批评自己，而是感到老师是在鼓励他，给了他克服缺点的勇气。这样就会使他在改正错误的同时也很感激老师。

6. 向违反错误的学生提供帮助

有些学生犯的错误，是无意中犯下的。对于这样的学生，比较合适的批评教育就是帮助他们弥补自己的过失。例如，学生出于活泼好动，不小心打碎了窗户玻璃，这时我们可以用富有人情味的话语说："这块玻璃是你不小心打碎的吧？伤着你没有？……没有伤着你就好！现在咱们想想办法，一起把玻璃修好吧。"这种饱含人情味的批评教育，不仅维护了学生的自尊心，拉近了师生距离，还会让学生从心里感激教师："他不但没有批评我，还在帮助我。"在以后的日子里，他就会自觉地提醒自己玩时要注意爱护公物。

师生融洽的情感是学生接受教育的前提。教师在批评教育学生时，要多注意运用一些情感因素：一个微笑的表情，一句亲切的话语，都能让学生感到可亲可近，从而愿意敞开心怀。这样，我们就能准确把握学生的情感脉搏，然后对症下药，使他们轻松地改正错误。

二十三、道理讲得明，批评才会有成效

批评的目的不是伤害学生，而是帮助他们辨明事理。知道错了很重要，而知道怎么做才是最有价值的。

讲道理是老师开展思想教育工作的有效方法，会讲道理是老师具备教育能力的一个重要指标。同一件事，同一个批评对象，批评时道理讲得透不透，受批评者的感受就不同，由此产生的教育效果也会大不一样。批评的目的不在伤害学生，而在帮助学生辩明事理。

只有道理讲得明，批评才会有成效。

（一）道理明白了，学生才会心服口服

教师对学生要求严格一点，本也无可厚非，但在学生犯错误后，我们一定要先把道理给他们讲得明确、透彻一些，让学生真正明白自己错在什么地方，要改正什么，这样他们才会顺着我们的思路改正自己的错误。

案例回放

河南省濮阳市第四中学老师、全国优秀班主任刘青山身边就发生了这样一个故事：

一天，刘老师给别的班上课回到办公室时，看见自己班上的一个女生——小丽正在里边听一位任课老师讲题。

在小丽的左手无名指上带着一个大戒指，明晃晃的，很是扎眼。

这让刘老师很生气：十三四岁的小姑娘，带个那么晃眼的戒指，像什么话？于是，他立刻生气地嚷了一句："小丽，你过来！把手上的东西摘下来。

瞧瞧你，像个什么样子？哪里像个初中生？”

刘老师的这一声怒喝，惹得办公室的其他老师和学生都朝这边看了过来。

在众目睽睽之下，小丽的脸涨得通红，但是她没有反驳，而是把戒指摘下来，然后低着头，匆匆地离去了。临出门时，她还瞪了刘老师一眼。

刘老师以为，小丽虽然不高兴，但毕竟接受了他的批评。可没有想到的是，刚出门，他就看见小丽随手又把戒指戴上了。

换句话说，刘老师的这次批评教育失败了，根本没有收到一点效果，甚至还让小丽“恨”上了他。

看到小丽的反应，刘老师也感觉到自己错了。他觉得自己应该把道理给她讲清楚。因为从日常表现来看，小丽绝对不是那种蛮不讲理的人。

学校有规定，中学生不许戴饰物。小丽戴了戒指，确实违反了学校的校规。但是仅仅以这个为理由，自己也很难真正说服小丽，让她放弃为了美而戴戒指。

左思右想了一番后，刘老师想到了戴戒指是有讲究的，如果戴错了，是要闹笑话的。那么，给小丽讲明戴戒指的学问，相信她就不会随意戴戒指了。

隔了两天，刘老师找到小丽谈戒指的问题。

话题还没开始，小丽就表现出一副冷冰冰的样子。刘老师知道，她还在为前天挨的批评生气。

为了舒缓小丽的情绪，刘老师真诚地说：“小丽，首先我向你道歉。那天，老师的态度是粗暴了点。但是，事实上，你戴戒指是不对的。因为它违反了‘中学生不许戴饰物’的校规，还违反了戴戒指本身的讲究。”

“戴个戒指，不就是为了漂亮吗？哪里还有那么多讲究？”小丽有点不相信。

“有！很多呢！如果你戴错了，就会闹笑话！不信，现在，我慢慢地讲给你听：第一，戒指不能戴在右手上。呵呵！你还戴对了。因为戴在右手上，只能说明两点，一是你在向别人炫耀，我有你没有，给人一种暴发户的感觉；二是在告诉别人，我无知。在这一点上，你做得不错，没闹笑话。”

听老师这么一说，小丽的情绪缓和了许多。

“不过，你戴在左手上，也是不合适的。为什么呢？因为左手大拇指上，不能戴戒指。戴上去，那就是顶针。戴在食指上呢，表明你要求偶，是在告诉人家‘我要找男朋友’，男生们可以尽情地来追我。你有这个意思吗？”

小丽一听，脸红了，急忙摇头。

“那你现在可能会说，我不戴在食指上，戴在中指上，总可以吧？事实上，那也不可以。因为戴在中指上，表明你在热恋中或者说你已经订婚了。你目前是这个情况吗？”

小丽的脸更红了，但是转而她蹦出来一句话：“老师，我可是带在无名指上的！”

“呵呵！那你的麻烦就更大了。这表明你已经结婚了。你什么时候结得婚啊？老师怎么不知道啊？”

小丽一听更尴尬了，赶紧把无名指上的戒指，摘了下来，想往小手指上戴：“那我戴在小手指上，总可以了吧？”

“啊？你刚才不是说没结婚吗？怎么现在就想表明自己已经离婚了呢？”刘老师故意夸张地惊叫了一下。

小丽一听，哭笑不得地说：“老师，照你这么说，我这戒指还真不能戴了！”

“呵呵！你说，你戴在哪里合适？戴在哪里都不合适！所以，你就趁早别戴了。等以后长大了再戴吧！”

小丽只好把戒指摘下来，放进了衣兜里，无奈地摇了摇头：“不戴就不戴吧！总不能因为戴一个戒指，让大家笑话我吧！”

案例解读

学生只要知事理，教师通过耐心的开导、说服，对他们进行批评教育是能起到教育作用的。很多时候，不是我们不可以采用批评的教育方式，而是我们进行的批评教育，往往不能解决学生的认识问题，甚至让学生心生不快、不满。

没有预期的效果，反而激化矛盾，走向教育的反面，这样的批评，即便出发点是为了学生好，我们也不应该采用。只要我们讲明了道理，学生即使暂时心有不满，经过思考后，相信他们也都会接受的。

（二）道理清楚了，学生就会知错、改错了

案例回放

小粲是河北省保定市徐水县义联庄乡西丁庄小学刘文举老师班上的一个很帅的男生，再加上他嘴特甜，第一次和人见面往往就能赢得对方的好评。但这只是他的表象，事实上，他可是个“火爆小王子”呢！仗着力气大，再加上他的火爆脾气，在班上打架简直是家常便饭。

这天，刘老师刚准备去班里带领学生早读，班长就急匆匆地跑来了：“老师，小粲又打人了，还拿了凳子。”刘老师一听，赶紧跑到了教室，大吼一声，把凳子从小粲手中抢了过来，然后把两个人拽出了教室。

虽然对于刘老师的生拉硬拽，小粲没说什么，也没表示反抗，但是从他的眼神中，却能看出不服气来。

“你们谁先说啊？”

“老师，我只是不小心把他的书碰下来了，他就打我。”和小粲打架的小余一脸委屈地说。

“碰掉人家的东西，要说对不起！老师没教过你吗？可是你一不捡起来，二不道歉，我不打你打谁啊？”小粲振振有词地还击道。

“我只是想先把书包放下就去捡。可是还没来得及，你就……”

理由竟然如此简单，可是后果却不简单。小粲的脸被小余抓了一把，而他也把小余的胳膊打青了。如果他那一凳子抡过去，相信小余的伤情会更严重。

刘老师一边用手抚摸着两个学生的伤处，一边严肃地说：“看看你这脖子和胳膊，再看看你这脸，不疼啊？”

“怎么不疼啊？”小粲皱了皱眉头说。

“疼？你怎么还先动手打人啊？你难道不知道你打了人，人家也会还击吗？我不是早就跟你们说过了吗？什么事情都可以好好商量，只要动了手，那就有理也变得没理了。我说过没有？小粲！”

“说过！”小粲小声说。

“小余，你没听老师说过吗？”刘老师又问小余。

“说过！”

“既然你们俩都听我说过，就不应该动手。小粲，固然你的书被小余碰掉了，是你受到了损失，但是因为这点小事情，就动手打人，是不对的。你看，就因为这么点事情，你都把小余打成这样了。要是他在你更在乎的方面惹了你，你岂不是更得想办法打他，打得更惨？刚才如果不是我抢下你的凳子来，凭你的力气，抡过去，还不把小余打晕了！那样的话，你看到自己把小余打伤了、打残了，不怕被老师批评、被家长打、被警察抓吗？再想想，你本来是想通过打小余，让他意识到碰掉了书就应该捡起来。可是，要是你把人打坏了，谁还认为是你打人有道理呢？更何况那点小事，值得动手吗？”

“老师，听你这么一说，确实不值！”小粲不好意思地笑了。

“就是嘛！你们俩前辈子没仇，这辈子没怨的，当然不值！”看到小粲有所醒悟，刘老师笑着说，“那你们……”

小粲主动拉了拉小余的手说：“对不起！我真不该因为这点小事打你的。”

“没关系！以后，我不小心惹了你，你记得要先听我解释啊！”

说完，两个人拉着手，给刘老师鞠了一躬，上课去了。

案例解读

因为自己的书被碰掉，小余没有及时捡起来，小粲就把“肇事者”小余打了一顿，甚至当小余还手后，他还顺手抄起凳子，想跟小余“拼命”。

对这样的学生，如果老师不好好批评教育的话，等以后他打习惯了，很可能会因为做事不计后果闹出大事来。可是，像这样的学生，老师用严词训斥他，用强制手段对付他，都是没用的，否则打架就不会成为小粲的家常便饭了。

其实，每一个学生都是通情达理的，只是限于年龄、经验、认知水平，他们可能对一些问题、一些道理还看不透，处理不得当。对此，我们要做的就是在他们犯错时，给他们讲清楚其中的道理，让他们自己去反省自己的错误以及接下来如何做的对策。这比老师强迫学生接受自己的意见，改正错误，要见效得多。

打人事件发生以后，小粲并不认为自己是错的，而且还把责任往小余身上推。尽管他知道打人不对，但是，他也认为在特殊情况下，自己是可以打人的。比如，这次打人，就是为了教训小余，让小余知道自己错了。可是他却忽略了打人本身就是不对的问题。

为了让小粲意识到打人的错误性质，刘老师从小余打人的起因、后果等方面，一一做出了分析，让他意识到打人会造成严重的后果。而这些后果是打人之初，小粲自己所不能预见的，更不是小粲打人的初衷。

明白了这个道理后，根本不用老师教，小粲自己就知道向小余道歉了。

（三）道理不明白，学生何去何从

“理不辩不明。”如果我们不给学生把道理一点点地梳理清楚，以学生们目前的能力，就有可能出现因不知怎么分析利弊而最终稀里糊涂的情况。

案例回放

小谭是某中学初二的学生，脾气暴躁，喜欢结交朋友，为人也特别义气。这样的性格使得他动不动就和人家打起架来了。每次打架，不是把对方打得鼻青脸肿，就是被对方打得满身是伤。

这天，小谭和同住一个楼里的嘉嘉在操场上打篮球。两个人打得正热闹的时候，隔壁班一个同样喜欢打篮球而且性格又暴躁的男生——大熊，带着几个同学也过来打篮球了。

因为双方曾经有点过节，所以小谭不想和他们一起打，就没有理会那帮人。

大熊看小谭丝毫没有搭理自己的意思，就站在篮球架 3 米远的地方说：“小谭，我们一起玩玩。看看是你们俩厉害还是我们厉害!”

小谭自顾自地继续玩球，就好像没看见大熊这个人似的。

大熊看小谭根本不把自己放在眼里，就气不打一处来，大声说道：“小谭，我跟你说话，你听不到啊?”

小谭依然没有理会大熊。

“哈哈！小谭是个聋子！”不知是谁轻蔑地喊了一句。

这下可惹火了小谭。只见他把嘉嘉刚传到手的篮球使劲往地上一摔，然后愤怒地盯着大熊及其带来的同学，凶狠地说了一句：“刚才的话，是谁说的啊？给我站出来。”

小谭的凶相好像吓住了对方，对方没有人回答。

“一群胆小鬼！”小谭轻蔑地吐出一句，然后转过身就继续打篮球。

谁知，正在这时，大熊快走几步，一拳就打了过去，同时嘴里还念叨着：“小子，敢骂我的人是胆小鬼！”

小谭中了一拳后，马上就调转了头，也一拳打向了大熊。

此时，大熊带来的人一声大吼：“教训教训这小子，敢跟我们熊哥打。”

在这句话的怂恿下，双方打起来了。嘉嘉一看小谭被群殴了，也立刻加入了战圈。但是很快，他就被大熊的人打得趴在地上起不来了。

小谭一看，嘉嘉被打得很严重，就更疯狂了。拳头没头没脑地乱打着，脚也不管不顾地乱踢。

双方正打得不可开交之际，传来了一声“给我住手”。原来是小谭的班主任杨老师赶到了。在杨老师死命地拉扯下，双方终于松手了。

“小谭，立刻到我办公室去。”杨老师怒气冲冲地说道。

到了办公室，杨老师二话不说，先批评了小谭一顿：“你说说你，上个星期刚因为打架批评了你，还让你叫了家长。这才几天啊？你怎么又和人家打起来了呢，而且还是打群架？”

面对老师的批评，小谭没有做辩解，只是在那里低头站着。

杨老师却还在那里絮絮叨叨：“你说嘉嘉多么老实的一个学生啊，居然被你怂恿去打架？你说说你，除了打架还会干什么？是不是就会给我们班抹黑啊？”

做老师的是越批评越生气，而当学生的也是越听老师的批评越觉得委屈：“我今天做了什么坏事啊？不就是打了一架吗？再说了，打架又不是我起的头。如果不是大熊的人故意挑衅，如果不是大熊先打我那一拳，我会和他们打吗？嘉嘉今天打架，也不是我怂恿的啊？是他主动为我打抱不平造成的？”

想到这里，一种不服气的表情不知不觉就出现在了小谭的脸上。

看到小谭那副不服气、不情愿的样子，杨老师更生气了："我批评你，是为你好！你反倒一副受了委屈的样子！既然这样，我还懒得理你了呢！去把你爸爸叫来，看看他怎么教育你！"

"叫就叫！有什么了不起的！"小谭二话没说，就走出了办公室。但是，他没有叫家长，而是又去操场上打篮球去了。

就这样，杨老师的一番批评，被小谭生硬地拒绝了，而且没有给老师留一点面子。

案例解读

批评的本质是以理服人，如果道理站不住脚，即使方式方法很好，也难达到目的。在批评小谭打架的这则案例中，该班主任的批评就是缺少道理的。他只是在看到小谭打架的情况时，斥责了小谭一顿，而没有给小谭讲道理，没有告诉小谭打架的坏处，也没有去深入地调查一下小谭打架的起因。

固然，小谭打架是不对的，是应该受到批评的。杨老师对其进行批评，是应该的。但是，像他这种只告诉学生错了而不告诉学生哪里错了，错到什么程度的情况，学生是不会接受的。因为在某些情况下，学生并不知道自己错在哪里，相反，还会给自己的错误找理由。

教师要让学生心服口服，就一定要在批评学生时，首先把道理一条条地摆出来。在"理"字面前，学生自然会心甘情愿地接受老师的批评。

（四）批评学生时讲明道理的讲究

"你简直错得离谱""你怎么这么不懂事？"一些教师经常这样批评学生。然而，学生却不知错在哪里，该懂什么事。因此，这样的教育语言发挥不了多大作用或者说根本就无济于事。

在很多情况下，由于老师没有把充足而恰当的理由讲给学生，让学生去反思、领悟，以至于学生们要么不接受老师的批评教育，要么就与老师玩"明修栈道、暗度陈仓"的游戏。而这样的教育，对学生是没有丝毫价值的。

我们在批评学生时，一定要讲明道理，让学生心悦诚服地接受批评。

那么，在批评时，我们应该如何给学生们讲道理才能让学生彻底明白，真正“改过自新”呢？

1. 分析、比较利害关系

一个学生的行为错误与否，引起的危害严重与否，是通过比较得出来的。当老师想批评学生的错误言行时，可以帮助学生分析他做与不做分别导致的结果，在比较中帮助学生认识对错，然后让学生自行抉择。

比如，当批评学生比较自私，只会无休止地索取时，我们可以给他把索取与给予作一个比较，讲明他的索取是不劳而获，以后获得的成功的机会会很少。而给予是指通过自己的劳动所获，有能力给别人帮助的表现，或是一种责任的体现。一个有责任和能力的人会受到别人的尊重。通过这样的讲述，让学生明白奉献比自私有意义，给予总比索取愉快。

当两者的利害关系摆在学生面前时，他们就知道如何选择了。

2. 讲明递进关系

有些时候，学生犯错误造成的影响，不是暂时性的，还可能具有潜伏性的深层影响。对此，教师要让学生知道自己的不恰当言行与想法，不仅会产生不好的结果，而且还会产生程度更深、范围更广的负面影响，从而引起他们的深思，进而决定以后不再这样做或者不再产生这样的想法。

例如，批评学生上课不认真听讲时，教师要让学生明白，今天的不认真听课确实可能只会留下一两个知识盲点，但是明天、后天再这样呢？日复一日，不懂的知识就会越积越多，而成绩也会越来越差。差的成绩则会引发学生的自卑心理。当学生产生这种觉悟时，自然不会在课堂上捣乱了。

3. 讲明假设关系

教师可以针对学生犯下的错误，进行一下可能出现后果的假设，给学生以警告。

例如，批评学生在教室里乱丢水果皮时，可以告诉学生这样做不仅污染学习环境，是不珍惜同学们的劳动成果的表现，还有可能发生意外。如果某些粗心的学生没看准脚底下踩上的话，可能会摔倒，危及人身安全，造成更为严重的后果。

这样，通过讲述一种思想和言行的出现可能会导致的某种不利结果，也能让学生自觉地控制自己的行为，预防不良结果的发生，或者使学生的言行向着良性方向发展。

4. 讲明因果关系

批评学生时，教师首先应该让学生知道自己的不恰当言行将会导致怎样的后果，从而让他们最终认识到这样的言行是对还是错，然后他们才能决定是否尽快改正以及怎样改正。

例如，批评学生上课跟老师顶撞的行为时，老师要给学生讲明，他这样跟老师顶撞，一方面会影响老师讲课，影响其他同学听课，同时还会破坏原本和谐的师生关系。又如，批评学生不按时上课时，要告诉学生迟到是一种不守信的行为。偶尔一次，虽无大碍，但同样需要老师中断课堂等待他入座，同样会分散其他同学的注意力，而经常性的迟到，则会养成拖拉懒散的坏习惯。

当学生知道自己的所作所为引起的不良后果时，自然会接受老师的批评，向好的方面改进。

5. 讲明连锁关系

每件事物都会或多或少地与其他事物之间存在着联系，正所谓“牵一发而动全身”。所以在批评学生时，教师可以试着从学生犯的错误向更宽更广的方面拓展，让学生由此种思想和言行推及其他，举一反三，触类旁通。我们还可以告诉学生，事情没有固化状态，或者是没有一成不变的，有时会发生一连串意想不到的后续反应，所以要预防错误言行产生的拓展结果。

例如，在批评学生没有分享和感恩的心理和言行时，我们一定要讲清其后续反应，即你不和别人分享，不对别人感恩，别人反过来也不会跟你分享，也不会对你感恩。这样人人都会表现得自私自利，冷酷无情，你将不会有知心朋友，你的生活就会毫无意义。我们还可以试问一下：“如果在学校里，没有一位同学理你，你会变成什么样?”

无论如何，我们在批评学生时，不要总想着用老师的权威与优势地位，让学生反思、改正自己的言行，要懂得用道理让学生自然而然地明白和接受劝诫，从而引导他们用正确的思想和言行武装自己，发展自我。

《名师工程》系列丛书

征稿启事

《名师工程》系列丛书是西南师范大学出版社策划、组织出版的大型系列教育丛书。丛书以新课程下的新教学为背景，以促进施教者的教育能力为落脚点，以提高教育质量、提升教师水平为宗旨。

丛书首批推出的“名师讲述”“教学提升”“教学新突破”“高中新课程”“教师成长”“大师讲坛”“教育细节”“创新语文教学”“教育管理力”“教师修炼”“创新数学教学”“教育通识”“教育心理”“创新课堂”“思想者”“名师名课”“幼师提升”“优化教学”“教研提升”“名校长核心思想系列”“名校”“高效课堂”“班主任专业化”等系列，共110多个品种，其余系列也将陆续出版。为了让广大教师有一个交流、借鉴的机会，同时也为了给广大教师提供更多、更好的图书，《名师工程》系列丛书编辑出版委员会特向全国教育工作者征集稿件。

稿件要求：

1.主题鲜明、新颖，有独创性。

2.主题以提升教育能力为主，也可适当外延。

3.主题要有一定规模、有典型案例支撑。

4.案例要贴近教育实际，操作性强。

5.文章、书稿结构清晰，语言精彩。

书稿作者在选题确定之后，请及时与我们做好沟通，具体事宜确定好之后再进行创作；也欢迎用已经完稿的稿件投稿。一线教师如希望参与图书案例的创作，可联系我社策划机构，由策划机构备案，在适合的图书中参与创作。

真诚欢迎各位教师踊跃投稿。

联系方式：

西南师范大学出版社高教分社

电话：023-68254356　　E-mail：zcj@swu.cn

西南师范大学出版社高教分社北京策划部

电话：010-68403096

E-mail：guodejun1973@163.com

西南师范大学出版社
《名师工程》系列丛书目录

系列	序号	书　　名	主编	定价
高效课堂系列	1	《让作文更轻松——小学作文高效教学 36 锦囊》	李素环	30.00
	2	《让研究性学习更高效——研究性学习施教指导策略》	欧阳仁宣	30.00
	3	《让母语融入学生心灵——提升学生语文素养的高效施教艺术》	黄桂林	30.00
班主任专业化系列	4	《神奇的教育场——打造特色班级文化创新艺术》	李德善	30.00
优化教学系列	5	《让教学更生动——激发兴趣让学生快乐认知》	朱良才	30.00
	6	《让教学更高效——策略创新让教学事半功倍》	孙朝仁	30.00
	7	《让教学更开放——拓展延伸让学生触类旁通》	焦祖卿　吕　勤	30.00
	8	《让教学更生活——体验运用让学生内化知识》	强光峰	30.00
	9	《让知识更系统——整合与概括让学生建构体系》	杨向谊	30.00
	10	《让思维更创新——思辨与发散让学生思维活跃》	朱良才	30.00
名校长核心思想系列	11	《成为有思想的校长》	赵艳然	30.00
名校系列	12	《好学校，从关注每个学生开始——石梅小学优质教育多元感悟》	顾　泳　张文质	30.00
教研提升系列	13	《今天我们应怎样评课》	张文质　陈海滨	30.00
	14	《今天我们应怎样进行教学反思》	张文质　刘永席	30.00
	15	《一节好课需要的教育智慧》	张文质　姚春杰	30.00
幼师提升系列	16	《全国优秀幼儿健康教育活动课例评析》	教育部教育管理信息中心	30.00
	17	《全国优秀幼儿艺术教育活动课例评析》	教育部教育管理信息中心	30.00
	18	《全国优秀幼儿社会教育活动课例评析》	教育部教育管理信息中心	30.00
	19	《全国优秀幼儿语言教育活动课例评析》	教育部教育管理信息中心	30.00
	20	《全国优秀幼儿科学教育活动课例评析》	教育部教育管理信息中心	30.00
思想者系列	21	《教育，细节的深度反思》	许传利	30.00
	22	《追寻教育的真谛——许锡良教育思考录》	许锡良	30.00
名师名课系列	23	《名师如何炼就名课》（美术卷）	李力加	35.00
教师修炼系列	24	《班主任工作行为八项修炼》	杨连山	30.00
	25	《教师心理健康六项修炼》	李慧生	30.00
	26	《教师专业化五项修炼》	杨连山　田福安	30.00
	27	《课堂教学素养五项修炼》	刘金生　霍克林	30.00
	28	《高效教学技能十项修炼》	欧阳芬　诸葛彪	30.00
	29	《教师新师德六项修炼》	王毓珣　王　颖	30.00

系列	序号	书名	主编	定价
创新课堂系列	30	《如何实现三维目标——让学生与文本共鸣的诵读教学》	张连元	30.00
	31	《想说　会说　有话可说——突破作文瓶颈的三维教学法》	杨和平	30.00
	32	《综合课的整合创新教学》	周辉兵	30.00
	33	《如何打造学生喜欢的音乐课堂》	张　娟	30.00
	34	《理想课堂的构建与实施——一个教研员眼中的理想课堂》	张玉彬	30.00
	35	《小学语文：决定教学质量的关键策略》	李　楠	30.00
	36	《用〈论语〉思想提升数学教育智慧》	胡爱民	30.00
	37	《童化作文——浸润儿童心灵的作文教学》	吴　勇	30.00
创新数学教学系列	38	《小学数学：名师教学目标落实艺术》	余文森	30.00
	39	《小学数学：名师高效教学设计艺术》	余文森	30.00
	40	《小学数学：名师易错问题针对教学》	余文森	30.00
	41	《小学数学：名师魅力课堂激趣艺术》	余文森	30.00
	42	《小学数学：名师同课异教》	林高明　陈燕香	30.00
	43	《小学数学：名师抽象问题艺术教学》	余文森	30.00
教育通识系列	44	《做最受学生欢迎的老师》	赵馨　许俊仪	30.00
	45	《做有策略的校长——经典寓言与学校管理智慧》	宋运来	30.00
	46	《做有策略的教师——经典故事中的教育启示》	孙志毅	30.00
	47	《从学生那里学教书》	严育洪	30.00
	48	《突破平庸——提升教育质量的31个跳板》	严育洪	30.00
	49	《教育，诗意地栖居》	朱华忠	30.00
	50	《好班规打造好班级》	赵　凯	30.00
	51	《做学生成长的引领者——学生终身成长的素质培养》	田祥珍	30.00
	52	《如何管出好班级——突破班级管理的四大瓶颈》	刘令军	30.00
	53	《青春期性教育教师实用手册》	闵乐夫	30.00
教育心理系列	54	《做最好的心理导师——中学生心理健康咨询手册》	杨　东	30.00
	55	《每天学点教育心理学》	石国兴　白晋荣	30.00
	56	《学生心理拓展训练与指导》	徐岳敏	30.00
	57	《好心态成就好学生——学生心理问题剖析与对症教育》	李韦遴	30.00
教育管理力系列	58	《名校激励管理促进力》	周　兵	30.00
	59	《名校安全管理执行力》	袁先潋	30.00
	60	《名校师资团队建设力》	赵圣华	30.00
	61	《名校危机管理应对力》	李明汉	30.00
	62	《名校校本研究创新力》	李春华	30.00
	63	《学校文化力建设策略》	袁先潋	30.00
	64	《名校长核心教育力》	陶继新	30.00
	65	《名校长高绩效领导力》	周辉兵	30.00
	66	《名校行政管理细节力》	杨少春	30.00
	67	《名校教学管理提升力》	张　韬　戴诗银	30.00
	68	《名校学生管理教导力》	田福安	30.00
	69	《名校校园文化构建力》	岳春峰	30.00
创新语文教学系列	70	《小学语文：享受对话教学》	孙建锋	30.00
	71	《小学语文：名师教学目标落实艺术》	刘海涛　王林发	30.00
	72	《小学语文：名师魅力教学设计艺术》	刘海涛　王林发	30.00
	73	《小学语文：名师魅力课堂激趣艺术》	刘海涛　豆海湛	30.00
	74	《小学语文：单元整体教学构建艺术》	李怀源	30.00
	75	《小学作文：名师情趣课堂创设艺术》	张化万	30.00

系列	序号	书　名	主编	定价
教育细节系列	76	《名师最具渲染力的口才细节》	高万祥	30.00
	77	《名师最有效的沟通细节》	李　燕　徐　波	30.00
	78	《名师最有效的激励细节》	张　利　李　波	30.00
	79	《名师培养学生好习惯的高效细节》	李文娟　郭香萍	30.00
	80	《名师人格教育的经典细节》	齐　欣	30.00
	81	《名师营造课堂氛围的经典细节》	高　帆　李秀华	30.00
	82	《名师最有效的赏识教育细节》	李慧军	30.00
	83	《名师最有效的批评细节》	沈　旎	30.00
大师讲坛系列	84	《大师谈教育心理》	肖　川	30.00
	85	《大师谈教育激励》	肖　川	30.00
	86	《大师谈教育沟通》	王斌兴　吴杰明	30.00
	87	《大师谈启蒙教育》	周　宏	30.00
	88	《大师谈教育管理》	樊　雁	30.00
	89	《大师谈儿童人格塑造》	齐　欣	30.00
	90	《大师谈儿童习惯培养》	唐西胜	30.00
	91	《大师谈儿童能力培养》	张启福	30.00
	92	《大师谈早恋与性教育》	闵乐夫	30.00
	93	《大师谈儿童情感教育》	张光林　张　静	30.00
教师成长系列	94	《学学名师那些事》	孙志毅	30.00
	95	《给新教师的建议》	李镇西	30.00
	96	《教师心灵读本：成为有思想的教师》	肖　川	30.00
	97	《教师心灵读本：教师，做反思的实践者》	肖　川	30.00
高中新课程系列	98	《高中新课程：教师角色转变细节》	缪水娟	30.00
	99	《高中新课程：班主任新兵法细节》	李国汉　杨连山	30.00
	100	《高中新课程：教学管理创新细节》	陈　文	30.00
	101	《高中新课程：更有效的评价细节》	李淑华	30.00
教学新突破系列	102	《把教学目标落实到位——名师优质课堂的效率管理》	冯增俊	30.00
	103	《拿什么调动学生——名师生态课堂的情绪管理》	胡　涛	30.00
	104	《零距离施教——名师和谐师生关系的构建艺术》	贺　斌	30.00
	105	《一个都不能落——名师提升学困生的针对教学》	侯一波	30.00
	106	《让学习变得更轻松——名师最能吸引学生的情境设计》	施建平	30.00
	107	《让知识变得更易学——名师改造难学知识的优化艺术》	周维强	30.00
教学提升系列	108	《方法总比问题多——名师转变棘手学生的施教艺术》	杨志军	30.00
	109	《用特色吸引学生——名师最受欢迎的特色教学艺术》	卞金祥	30.00
	110	《让学生爱上课堂——名师高效课堂的引导艺术》	邓　涛	30.00
	111	《拿什么打开思路——名师最吸引学生的课堂切入点》	马友文	30.00
	112	《没有记不牢的知识——名师最能提升学生记忆效果的秘诀》	谢定兰	30.00
	113	《让学生的思维活起来——名师最激发潜能的课堂提问艺术》	严永金	30.00
名师讲述系列	114	《施教先施爱——名师讲述班主任的核心教导力》	杨连山　魏永田	30.00
	115	《在欢乐中成长——名师讲述最具活力的课堂愉快教学》	王斌兴	30.00
	116	《让学生做自己的老师 ——名师讲述如何提升学生自主学习能力》	徐学福　房　慧	30.00
	117	《引领学生高效学习 ——名师讲述如何提高学生课堂学习效率》	刘世斌	30.00
	118	《教育从心灵开始——名师讲述最能感动学生的心灵教育》	张文质	30.00